民航运输类专业系列教材

高等职业教育规划教材

2019年度湖南省社科基金教育学专项课题
《“课程思政”背景下高职专业课程<机场运营管理>实施路径研究》
（课题编号：JJ193708）阶段性成果

机场运营管理

JICHANG YUNYING GUANLI

张　君　主编

温宝琴　龙海燕　副主编

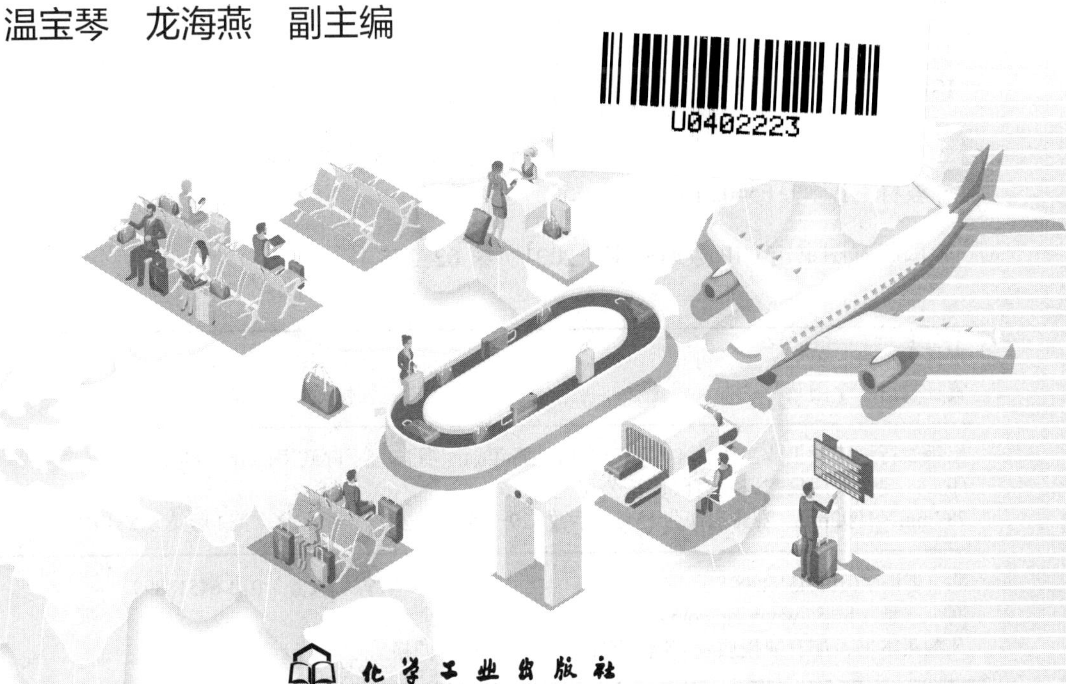

化学工业出版社

·北京·

内容简介

《机场运营管理》对接国家职业教育专业教学资源库——空中乘务专业，以机场作为研究对象，分三大部分来介绍机场的运营管理。第一部分为机场基础篇，主要介绍民用航空系统和民用机场；第二部分为机场运营篇，主要介绍机场净空区域、机场飞行区地面运行、机场货运经营、机场航站楼运营、机场陆侧交通系统、机场容量和航班安排、机场飞行区安全维护；第三部分为机场管理篇，主要介绍机场管理模式、机场精益管理、机场融资管理、机场服务质量管理和机场营销。本教材内嵌微课视频、课件、拓展阅读、配套习题及答案等立体化表现形式，通过扫码可获取相关信息。

本书适合民航类高职高专院校中的机场运行专业、通用航空航务技术专业、民航安全技术管理专业、空中乘务专业、民航运输专业等作为教材用书，也适合从事民航相关岗位的人员学习和阅读，还是社会人士了解和学习民航运营管理的有益参考读物。

图书在版编目（CIP）数据

机场运营管理 / 张君主编. —北京：化学工业出版社，2021.3（2024.9重印）
高等职业教育规划教材
ISBN 978-7-122-38517-8

Ⅰ.①机… Ⅱ.①张… Ⅲ.①机场－运营管理－高等职业教育－教材 Ⅳ.① F560.81

中国版本图书馆 CIP 数据核字（2021）第 028375 号

责任编辑：旷英姿 王 可　　文字编辑：李 曦
责任校对：李雨晴　　装帧设计：王晓宇

出版发行：化学工业出版社（北京市东城区青年湖南街13号 邮政编码100011）
印 装：大厂聚鑫印刷有限责任公司
787mm×1092mm 1/16 印张15½ 字数329千字 2024年9月北京第1版第4次印刷

购书咨询：010-64518888　　售后服务：010-64518899
网 址：http://www.cip.com.cn
凡购买本书，如有缺损质量问题，本社销售中心负责调换。

定 价：43.00元

前言

根据民航强国建设总体目标，我国到2035年将实现从单一的航空运输强国向多领域的民航强国跨越，到2050年将实现由多领域的民航强国向全方位的民航强国跨越，全面建成保障有力、人民满意、竞争力强的民航强国。而运输机场在民航强国建设中起着举足轻重的作用，它是支撑民航生产运行、高质量发展必不可少的基础设施。

本教材立足现实，结合我国机场的发展现状，以机场为研究对象，从机场基础、机场运营、机场管理三个部分较系统、完整地介绍了机场的运营与管理。本教材的主要特色如下：

（1）编写目的明确，针对性强　本教材力求与高职高专类院校培养目标一致，在内容上每章有“趣味阅读”，中间穿插“拓展阅读”“微课堂”等，紧靠立体化教材建设目标，尤其适合作为相关专业课教材使用。

（2）编写体系完整，结构新颖　本教材的编写从机场基础、机场运营、机场管理三个部分着手，注重学生“专业课程思政”的培育，在每章明确了知识目标、能力目标和素质目标，章后“本章小结”“本章练习”注重知识总结和知识巩固，完成知识传授、能力提升和价值引领的有机统一。

（3）编写内容深入浅出，通俗易懂　本教材在编写过程中对一些相关的基础知识和基本概念均做了详细的介绍，除此之外，以“图、文、视”的方式增强趣味性和可读性，更适合高职高专学生的学习特点。

本教材对接2019年第二批国家职业教育专业教学资源库——空中乘务专业，该资源库由西安航空职业技术学院、长沙航空职业技术学院、武汉职业技术学院联合主持。

本书具体编写分工如下：第1章由长沙航空职业技术学院兰琳编写，第2～4章、第6～8章、第11～12章由长沙航空职业技术学院张君编写，第5章和第13章由长沙航空职业技术学院龙海燕编写，第9章和第10章由长沙航空职业技术学院温宝琴编写，第14章由邵阳武冈机场有限责任公司刘义编写。

限于作者水平和机场运营管理的快速发展，书中难免存在不妥之处，敬请读者批评指正。

编　者

2021年1月

目录

机场运营管理

第一篇 机场基础篇

第二篇 机场运营篇

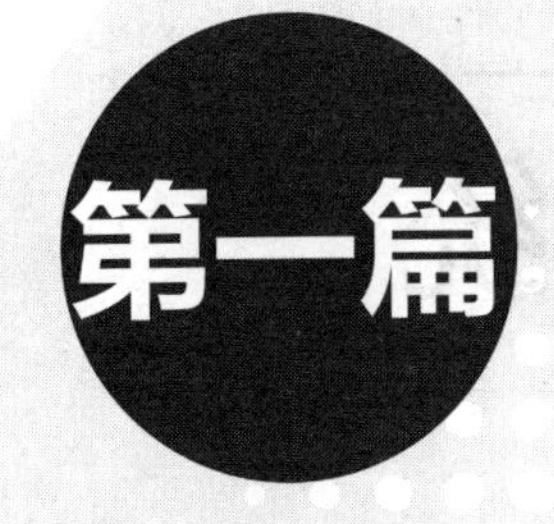

第一篇

机场基础篇

第 1 章

民用航空系统

事件聚焦　中国最早的民航运输

1920 年 4 月 24 日，京沪线的京津段进行试航。首航试飞时，英国飞行员驾驶一架由亨得利·佩治式轰炸机改制的 0-004 型 14 座客机，名为“京汉”号，从北京首飞天津获成功。1920 年 5 月 7 日，京津航线正式开航，上午 10 时，飞机飞离北京南苑机场，载着十几名英国侨民和乘客，顺带邮件，由英国空军驾驶员担任机师，经过 50 分钟的飞行，飞机顺利抵达天津赛马场。下午该飞机载运驻津英军、侨民及民众的邮件从天津返航北京，这是中国最早的航班。

第 1 章
民用航空系统

知识目标

1. 识记民用航空的定义。
2. 理解民用航空的分类。
3. 掌握民用航空系统的构成。

能力目标

1. 能分析民用航空系统各组成部分之间的关系。
2. 能理解民用航空在国家发展中的重要作用。

素质目标

1. 激发学生对航空知识学习的兴趣。
2. 培养学生对民用航空事业的热爱。

1.1　民用航空概述

1.1.1　民用航空的概念

民用航空是指使用各类航空器从事除了军事性质（包括国防、警察和海关）以外的所有的航空活动。

依据民用航空的定义，可以看出：

① 民用航空是航空活动的一部分。

② 民用航空属于航空器使用商。

③ 民用航空和军事航空等国家航空活动不同。

1.1.2 民用航空分类

20 世纪 50 年代以来，民用航空的服务范围不断扩大，民用航空已成为一个国家的重要经济部门。民用航空可分为两类：

（1）商业航空　商业航空（航空运输）指以航空器进行经营性的客货运输的航空活动。

（2）通用航空　通用航空指使用民用航空器从事除公共航空运输以外的民用航空活动，包括从事工业、农业、林业、渔业和建筑业的作业飞行以及医疗卫生、抢险救灾、气象探测、海洋监测、科学实验、教育训练、文化体育等方面的飞行活动。

商业航空服务内容主要包括旅客和货物，其具有快速、安全、舒适和不受地形限制等一系列优点；通用航空服务内容较广泛，其具有工作质量高、节省时间和人力的突出优点。相对于通用航空而言，商业航空在交通运输结构中占有独特的地位，促进了国内和国际贸易、旅游和各种交往活动的发展。

1.2 民用航空系统的构成

民用航空是一个庞大而复杂的系统，其中有事业性的政府机构，有企业性质的航空公司，还有经营性事业单位性质的民航机场，以及大量参与通用航空各种活动的个人与企事业单位，各个部分需协调运行才能保证民用航空事业的迅速发展。

1.2.1 政府部门

民用航空业对安全的要求高，涉及国家主权和交往的事务多，要求迅速协调和统一调度，因而几乎每个国家都设立了独立的政府机构来管理民航事务，我国的民航事务是由中国民用航空局（图 1-1）来负责管理。中国民用航空局（英文简称 CAAC）是中华人民共和国国务院主管民用航空事业的由部委管理的国家局，归交通运输部管理，其前身为中国民用航空总局，中国民用航空总局在 1987 年以前曾承担中国民航的运营职能。

图 1-1　中国民用航空局标识

中国民用航空局的主要职责如下：

① 提出民航行业发展战略和中长期规划、与综合运输体系相关的专项规划建议，按

规定拟订与民航有关的规划和年度计划并组织实施和监督检查。起草相关法律法规草案、规章草案、政策和标准，推进民航行业体制改革工作。

② 承担民航飞行安全和地面安全监管责任　负责民用航空器运营人、航空人员训练机构、民用航空产品及维修单位的审定和监督检查，负责危险品航空运输监管、民用航空器国籍登记和运行的评审工作，负责机场飞行程序和运行最低标准的监督管理工作，承担民航航空人员资格和民用航空卫生监督管理工作。

③ 负责民航空中交通管理工作　编制民航空域规划，负责民航航路的建设和管理，负责民航通信导航监视、航行情报、航空气象的监督管理。

④ 承担民航空防安全监管责任　负责民航安全保卫的监督管理，承担处置劫机、炸机及其他非法干扰民航事件的相关工作，负责民航安全检查、机场公安及消防救援的监督管理。

⑤ 拟订民用航空器事故及事故征候标准，按规定调查处理民用航空器事故　组织协调民航突发事件应急处置，组织协调重大航空运输和通用航空任务，承担国防动员有关工作。

⑥ 负责民航机场建设和安全运行的监督管理　负责民用机场的场址、总体规划、工程设计审批和使用许可管理工作，承担民用机场的环境保护、土地使用、净空保护有关管理工作，负责民航专业工程质量的监督管理。

⑦ 承担航空运输和通用航空市场监管责任　监督检查民航运输服务标准及质量，维护航空消费者权益，负责航空运输和通用航空活动有关许可管理工作。

⑧ 拟订民航行业价格、收费政策并监督实施，提出民航行业财税等政策建议　按规定权限负责民航建设项目的投资和管理，审核（审批）购租民用航空器的申请。监测民航行业经济效益和运行情况，负责民航行业统计工作。

⑨ 组织民航重大科技项目开发与应用，推进信息化建设　指导民航行业人力资源开发、科技与教育培训和节能减排工作。

⑩ 负责民航国际合作与外事工作，维护国家航空权益，开展与港澳台地区的交流与合作。

⑪ 管理民航地区行政机构、直属公安机构和空中警察队伍。

⑫ 承办国务院及交通运输部交办的其他事项。

1.2.2　民航企业

民航企业是指从事和民航业有关的各类企业。其中最主要的是航空运输企业（航空公司），其他类型的航空企业都是围绕运输企业开展活动的航空企业。

（1）航空公司　航空公司是以航空器为主要运载工具从事一线生产运输，为社会机构和公众提供服务并获取收入的企业，是民航业生产收入的主要来源。

航空公司的基本业务职能包括以下内容：

① 负责处理整个公司有关飞行和空中服务的事务。

② 负责保持航空公司的航空器处于适航（意味着航空器符合民航当局的有关适航标准和规定）和完好（表示航空器保持美观和舒适的内外形象和装修）状态，并保证航空

器能够安全运行。

③ 负责航空公司运输的销售、集散和服务环节。

④ 负责航空公司的管理和运行。

趣味阅读 2019 世界十大综合竞争力航空公司排名

2019 年 5 月 15 日，第十届世界航空公司排行榜新闻发布会暨第九届世界空姐节颁奖典礼在香港举行。会上发布了“2019 世界十大综合竞争力航空公司排行榜”（如下表所示）。航空公司综合竞争力的主要特征是：运营规模大、运营管理强、航线网络广、服务质量佳、安全水平高。《GN 综合竞争力航空公司评价指标体系》包括资源规模指数、能力指数、环境指数 3 个一级指标及 12 个二级指标。

2019 世界十大综合竞争力航空公司排行榜

排名	航空公司名称	得分
1	美国航空集团公司（American Airlines Group）	95.16
2	美国达美航空公司（Delta Airlines）	94.05
3	法国航空-荷兰皇家航空集团（Air France-KLM）	92.87
4	中国国际航空公司（Air China）	91.90
5	中国南方航空公司（China Southern Airlines）	90.33
6	英国国际航空集团（UK International Airlines）	89.54
7	中国东方航空公司（China Eastern Airlines）	87.68
8	德国汉莎航空公司（Deutsche Lufthansa）	85.47
9	阿联酋航空公司（Emirates Airlines）	84.73
10	日本全日空航空公司（All Nippon Airways）	83.66

（2）其他类型航空企业　其他类型的航空企业，如油料、航材、销售等企业，都是围绕着运输企业开展活动的。

① 中国民航信息集团有限公司 2002 年 10 月，经国务院批准，中国民航信息集团有限公司（图 1-2）成立，其作为中央管理的国有大型科技企业，是国家授权投资机构和国家控股公司。

图 1-2　中国民航信息集团有限公司标识

目前主要业务面向航空运输企业、机场、销售代理人、旅游企业及国际组织等，提供电子分销、数据处理、结算清算等服务；从事计算机工程项目承包，计算机产品的研发生产、销售、租赁及技术贸易、技术服务、培训、咨询等延伸业务；从事国内外广告、展览、工程建设、房地产开发、物业管理、招标投标、中介服务、外贸流通经营、信息技术国际合作、对外承包工程和对外劳务合作、投融资等辅助业务。

② 中国航空油料集团有限公司　中国航空油料集团有限公司（图 1-3）成立于 2002 年 10 月，是以原中国航空油料总公司为基础组建的国有大型航空运输服务保障企业，是国内最大的集航空油品采购、储运、销售、加注为一体的航油供应商。

③ 中国航空器材集团有限公司　中国航空器材集团有限公司（图 1-4）是在中国航空器材进出口总公司的基础上于 2002 年 10 月组建的，以民用航空产品进出口业务为主的综合性服务保障企业。经营范围包括飞机、发动机、航空器材、各种设备、特种车辆的进出口、租赁、维修、寄售，以及与民用航空有关的各种工业产品和原材料的进出口业务，从事与此相关的招投标，技术咨询、培训、服务、展览，航空表演业务，开展合资经营、合作生产、加工装配以及多种形式的对外贸易。

图 1-3　中国航空油料集团有限公司标识

图 1-4　中国航空器材集团有限公司标识

1.2.3　民用机场

民用机场指专供民用航空器起飞、降落、滑行、停放以及进行其他活动使用的划定区域，包括附属的建筑物、装置和设施。机场是民用航空和整个社会的结合点，为保障民航运输，民航机场不仅提供飞机起飞、降落和停靠所需的一系列保障设施，还必须提供旅客候机、转乘的航站楼、行李服务和货物运输的相关设施设备与场所。机场作为民航运输体系中的一个重要组成部分，是连接民航运输市场供给和需求的纽带，是一个地区的公共服务设施。机场既带有盈利性质，同时也带有为地区公众服务的事业性质。世界上大多数的机场是由国家、地区或当地政府所有的。

1.2.4　参与通用航空各种活动的个人与企事业单位

参与通用航空各种活动的个人与企事业单位包括飞行学校、通用航空公司、为通用航空服务的各类企业、航空研究单位、航空体育活动单位以及拥有飞机的个人和企事业单位。这是一个庞杂的群体，其活动形式多种多样，满足人们对航空活动的多种需要。

本章小结

民用航空指使用各类航空器从事除了军事性质（包括国防、警察和海关）以外的所有的航空活动，可分为通用航空和商业航空两类。民用航空系统由政府部门、民航企业、民用机场、参与通用航空的各种活动的个人与企事业单位四个主要部分组成。

本章练习

一、选择题

第1章
练习参考答案

1.（　　）指以航空器进行经营性的客货运输活动。

A. 民用航空　　B. 通用航空

C. 商业航空　　D. 公务航空

2.（　　）是民航业生产收入的主要来源。

A. 政府部门　　B. 民航企业

C. 民航机场　　D. 航空公司

3.（　　）既带有盈利性质，同时也带有为地区公众服务的事业性质。

A. 中国民用航空局　　B. 民航机场

C. 民航保障企业　　D. 航空公司

二、填空题

1. 负责管理我国民航事务的政府部门是 ____________。

2. ____________ 指使用各类航空器从事除了军事性质（包括国防、警察和海关）以外的所有的航空活动。

3. 民用机场是指专供民用航空器 _________、_________、__________、_________ 以及进行其他活动使用的划定区域，包括附属的建筑物、装置和设施。

第 2 章 民用机场

事件聚焦　中国最早的机场

中国最早的机场是 1910 年修建的北京南苑机场。南苑在元朝时开始被皇家占用，因地势低洼，水草丰盛，小动物和鸟类繁多，附近一带成为元、明、清三朝皇家猎园，后来成为清朝军队的演练校阅场。1904 年，法国为向中国推销刚刚起步的飞机，把两架小飞机运到北京进行表演，见南苑地势开阔平坦，便选择在南苑进行飞机起降和飞行表演。1910 年，清朝政府从法国买进了 1 架“法曼”(Farman) 双翼飞机，并在南苑“毅军”(毅军为清朝政府的主力陆军，因其将领宋庆的勇号为“毅勇巴图鲁”，故称“毅军”) 的操场上建立了中国最早的飞机修理厂，由留学日本归来的刘佐成、李宝焌开始研制飞机，同时修建了简易跑道。这是中国拥有的第一个机场。

知识目标

1. 识记民用机场的概念及分类。
2. 理解民用机场的定位。
3. 掌握机场系统的构成。
4. 理解民用机场运行等级划分。

能力目标

1. 能解析商业机场在经济活动中的作用。
2. 能分析我国现有枢纽机场的运行等级。

素质目标

1. 树立较全面的民用机场发展格局。
2. 培养学生对机场岗位的热爱。

2.1 民用机场概述

2.1.1 民用机场的概念

《中华人民共和国民用航空法》指出："民用机场是指专供民用航空器起飞、降落、滑行、停放以及进行其他活动使用的划定区域，包括附属的建筑物、装置和设施。"

趣味阅读　我国 2025 年将形成三大世界级机场群

2017 年 2 月 13 日，国家发展和改革委员会、中国民用航空局联合印发了《全国民用运输机场布局规划》。根据规划内容，未来将统筹东中西部机场协同发展，重点增加中西部地区机场数量，鼓励相邻地区打破行政区划分割，合建共用机场。计划到 2020 年，运输机场数量达 260 个左右，北京新机场、成都新机场等一批重大项目建成投产，一批支线机场投入使用。到 2025 年，形成三大世界级机场群、10 个国际枢纽、29 个区域枢纽。京津冀、长三角、珠三角世界级机场群形成并快速发展，北京、上海、广州机场国际枢纽竞争力明显加强，成都、昆明、深圳、重庆、西安、乌鲁木齐、哈尔滨等国际枢纽作用显著增强。到 2030 年，机场布局进一步完善，覆盖面进一步扩大，服务水平持续提升。

2.1.2 民用机场的分类

民用航空是指与人民生活息息相关的各种航空活动，它是一个庞大的行业，包括航空运输与通用航空两大部分。根据飞行活动的性质，民用机场则包括商业机场和通用机场。相对来说，商业机场主要是经营客货运输服务的民航机场，通用机场主要适用于通用航空，为专业航空的小型飞机或直升机服务。除此之外，民用机场根据划分方法不同，也有不同的分类。

（1）根据航线性质划分　可分为国际航线机场和国内航线机场。

① 国际航线机场　国际航线机场是有国际航班进出并设有海关、边防检查（移民检查）、卫生检疫和动植物检疫等政府联检机构的机场。

② 国内航线机场　国内航线机场是专供国内航班使用的机场。我国的国内航线机场包括地区航线机场。地区航线机场是指我国内地（祖国大陆）城市与港、澳、台等地区之间定期或不定期航班飞行使用的机场，并设有相应的类似国际机场的联检机构。

（2）根据机场在民航运输航线网络系统中的作用划分　根据机场在民航运输航线网络系统中所起的作用，可将机场划分为枢纽机场、干线机场和支线机场，如图 2-1 所示。

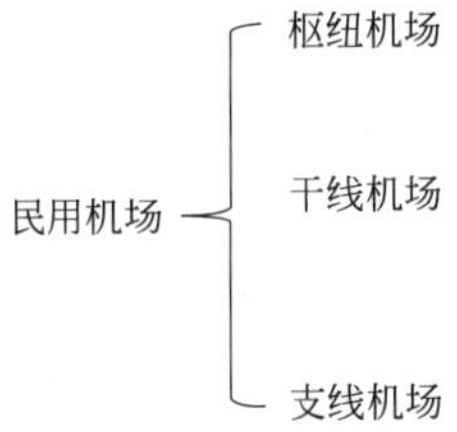

民用机场
- 枢纽机场
- 干线机场
- 支线机场

图 2-1　机场分类

① 枢纽机场　枢纽机场是指国际、国内航线密集的机场。枢纽机场能提供一种高效便捷、收费低廉的服务，从而让航空公司选择它作为自己的航线目的地，让旅客选择它作为中转其他航空港的中转港。枢纽机场既是国家经济发展的需求，也是航空港企业发展的需求。

② 干线机场　干线机场指各直辖市、省会、自治区首府以及一些重要城市或旅游城市（如大连、厦门、桂林和深圳等）的机场。

③ 支线机场　2006年出台的《民用航空支线机场建设标准》对支线机场的建设规划设计提出了明确的要求。其中，明确了支线机场是指设计目标年旅客吞吐量小于300万人次（含），主要起降短程飞机，规划的直达航班一般在1000～1500公里范围内。

拓展阅读　支线机场群的分类

新时期我国机场规划建设的重心是打造“合作共享，特色鲜明”的支线机场群，包括旅游型支线机场群、通勤型支线机场群、航空培训基地型支线机场群、货运支线机场群、低成本支线机场群等。

（3）根据机场所在城市的性质和地位划分　根据机场所在城市的性质和地位划分，可将机场划分为Ⅰ类机场、Ⅱ类机场、Ⅲ类机场和Ⅳ类机场。

① Ⅰ类机场　即全国经济、政治、文化大城市的机场，是全国航空运输网络和国际航线的枢纽，运输业务繁忙。除承担直达客货运输外，还具有中转功能。北京、上海、广州三个城市的机场均属于此类机场，亦为枢纽机场。

② Ⅱ类机场　即省会、自治区首府、直辖市和重要的经济特区、开放城市和旅游城市，或经济发达、人口密集城市的机场，可以建立跨省、跨区域的国内航线，是区域或省区内民航运输的枢纽，有的可开辟少量国际航线，亦为干线机场。

③ Ⅲ类机场　即国内经济比较发达的中小城市，或一般的对外开放和旅游城市的机场，除开辟区域和省区内支线外，可与少量跨省区中心城市建立航线，故也可称为次干线机场，如青岛、温州、三亚等机场。

④ Ⅳ类机场　即省、自治区内经济比较发达的中小城市和旅游城市，或经济欠发达且地面交通不便城市的机场。航线主要是在本省区内或连接邻近省区。这类机场也可称为支线机场。

（4）根据旅客乘机目的划分　根据旅客乘机目的划分，可分为始发/终程机场、经停机场和中转机场。

① 始发/终程机场　一般而言，始发/终程机场是直达航班排班占比很高的机场，作为某航班的始发地或者目的地，帮助旅客更加快捷地实现空间位置的转移。

② 经停机场　一般而言，经停机场多位于航线的经停点，没有或很少有始发航班，

飞机在此作短暂停留，用作补充客货、飞机加油、客舱清洁等。

③ 中转机场　中转机场是指前方站旅客乘机到达中转机场之后，换乘其他航班继续完成到达最终目的地的航程，是旅客整段航程的中转点。

2.2　民用机场的服务

全国民用机场的布局和建设规划，由国务院民用航空主管部门会同国务院其他有关部门制定，并按照国家规定的程序，经批准后组织实施。民用机场的主要功能包括：保证飞机安全、及时起飞和降落；安排旅客和货物准时上下飞机；提供方便、快捷的地面交通连接市区。

民用机场可提供三项基本服务。

（1）基本的营运服务　保障飞机和机场用户的安全，包括空中交通管制、飞机进近和着陆、气象服务、通信、警察和保安、消防和急救（包括搜寻和救援）、跑道和房屋的维护。

（2）处理交通流量的服务　与飞机相关的活动，如清洁、动力的提供、装卸和卸载的行李 / 货物等，这些活动又称地面作业。有的活动直接和交通量有关，包含旅客、行李或货物运输。

（3）商业活动　通常包括经营商店、餐厅、酒吧、停车场、电影院、会议中心和宾馆等，还包括航站楼和机场的土地。

2.3　民用机场系统的构成

民用机场系统的构成（图 2-2）可简单地划分为供飞机活动的空侧部分及供旅客和货物转入或转出的陆侧部分。

空侧包括供飞机起飞和降落的航路空域及供飞机在地面上运行的飞行区两部分。

陆侧包括供旅客和货物办理手续和上下飞机的航站楼、各种附属设施及出入机场的地面交通设施三部分。

拓展阅读　机场临空经济区

临空经济区以发展临空产业为核心，包括先导产业和相关产业。临空经济区以机场为地理中心，沿交通线向外发散式扩张，它具体存在于一定的地理范围内（通常在以机场为中心，以 10 ～ 15 千米为半径的范围内）。依据国际上机场的空间结构模式，可将临空经济区分为四个环形：中心机场环、商业服务环、制造配送环和外围环。

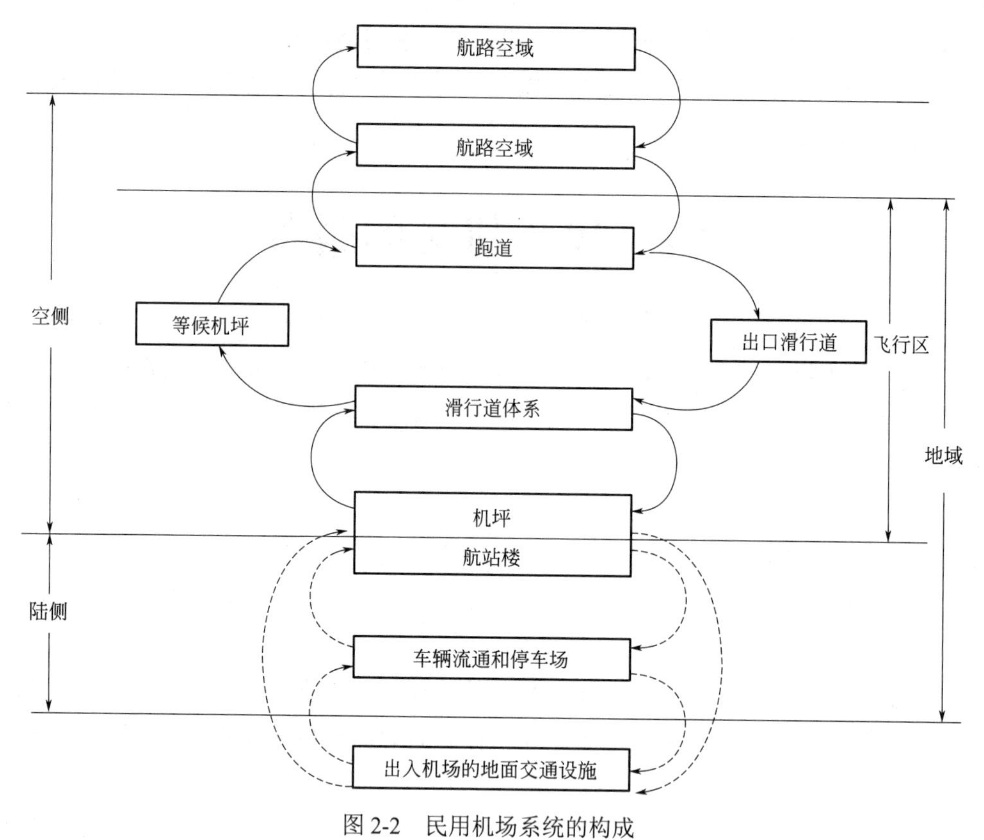

图 2-2　民用机场系统的构成

2.4　民用机场运行等级划分

从运行管理角度，机场的运行规模等级主要依据飞行区等级、跑道导航设施等级、航站楼业务量规模等级、救援和消防等级等标准来划分。

2.4.1　飞行区等级

飞行区等级标准内容如表 2-1 所示。

表 2-1　飞行区等级标准内容

等级指标 I		等级指标 II		
数码	基准飞行场地长度 / 米	字码	翼展 / 米	主起落架外轮外侧间距 / 米
1	＜ 800	A	＜ 15	＜ 4.5
2	[800，1200）	B	[15，24）	[4.5，6）
3	≥ 1800	C	[24，36）	[6，9）
4	≥ 1800	D	[36，52）	[9，14）

续表

等级指标Ⅰ		等级指标Ⅱ		
数码	基准飞行场地长度 / 米	字码	翼展 / 米	主起落架外轮外侧间距 / 米
		E	[52，65）	[9，14）
		F	[65，80）	[14，16）

注：飞机基准飞行场地长度是指某型飞机以最大批准起飞质量，在海平面、标准大气条件（15℃、1个大气压）、无风、无坡度情况下起飞所需的最小飞行场地长度。

飞行区等级常用来指称机场运行等级。国际民航组织（ICAO）规定，飞行区等级由等级指标Ⅰ和等级指标Ⅱ进行划分，如表 2-1 所示。

等级指标Ⅰ是指根据飞机基准飞行场地长度而确定的代码，分为 1、2、3、4 四个等级。

等级指标Ⅱ是指根据飞机翼展和主起落架外轮外侧间距（图 2-3）而确定的代码，分为 A、B、C、D、E、F 六个等级。等级指标Ⅱ的确定取飞机翼展间距或者主起落架外轮外侧间距的较高者。

图 2-3　飞机翼展和主起落架外轮外侧间距示意图

飞行区等级可以向下兼容，例如，我国机场最常见的 4E 级飞行区常用来起降国内航班最常见的 4C 级飞机。

2.4.2　跑道导航设施等级

跑道导航设施等级按配置的导航设施能提供飞机以何种进近程序飞行来划分，如图 2-4 所示。

（1）非仪表跑道　供飞机用目视进近程序飞行的跑道，代字为 V。

（2）仪表跑道　供飞机用仪表进近程序飞行的跑道，可分为以下几类。

① 非精密进近跑道　装备相应的目视助航设备和非目视助航设备的仪表跑道，足以对直接进近提供方向性引导，代字为 NP。

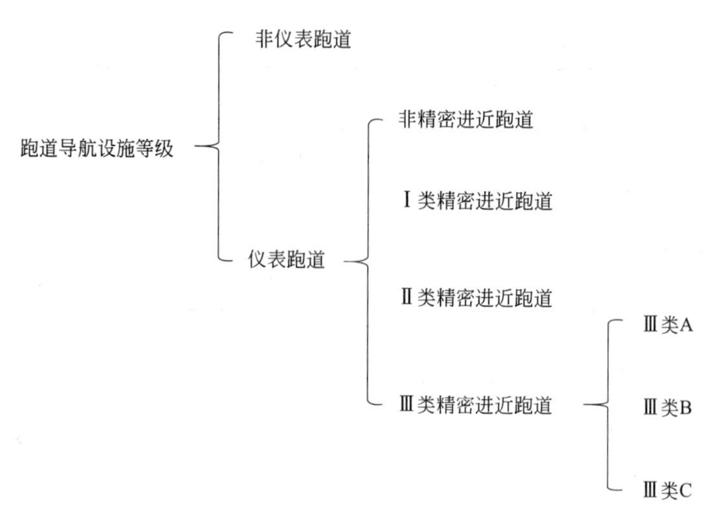

图 2-4 跑道导航设施等级

② Ⅰ类精密进近跑道 装备仪表着陆系统和（或）微波着陆系统以及目视助航设备，能供飞机在决断高度低至60米和跑道视程低至800米时着陆的仪表跑道，代字为CAT Ⅰ。

③ Ⅱ类精密进近跑道 装备仪表着陆系统和（或）微波着陆系统以及目视助航设备，能供飞机在决断高度低至30米和跑道视程低至400米时着陆的仪表跑道，代字为CAT Ⅱ。

④ Ⅲ类精密进近跑道 装备仪表着陆系统和（或）微波着陆系统的仪表跑道，可引导飞机直至跑道，并沿道面着陆及滑跑。根据对目视助航设备的需要程度又可分为三类，分别以CAT ⅢA、CAT ⅢB和CAT ⅢC为代字。

Ⅲ类A（CAT ⅢA）运行：精密进近和着陆最低标准的决断高度低于30米，或无决断高度；跑道视程不小于200米。

Ⅲ类B（CAT ⅢB）运行：精密进近和着陆最低标准的决断高度低于15米，或无决断高度；跑道视程小于200米但不小于50米。

Ⅲ类C（CAT Ⅲ C）运行：精密进近和着陆最低标准无决断高度和无跑道视程的限制。

2.4.3 航站楼业务量规模等级

机场业务量的大小与航站楼规模及其设施有关，也反映了机场繁忙程度及经济效益，可按照航站楼的年旅客吞吐量或货邮吞吐量来划分机场等级（表2-2），若年旅客吞吐量与货邮吞吐量不属于同一等级时，可按较高者定级。

表 2-2 航站楼业务量规模分级标准表

航站楼业务量规模等级	年旅客吞吐量 / 万人	年货邮吞吐量 / 千吨
小型	＜10	＜2
中小型	[10，50)	[2，12.5)
中型	[50，300)	[12.5，100)

续表

航站楼业务量规模等级	年旅客吞吐量 / 万人	年货邮吞吐量 / 千吨
大型	[300，1000)	[100，500)
特大型	≥ 1000	≥ 500

2.4.4 救援和消防等级

救援和消防等级是指机场所具备的与使用该机场最高类别的航空器相对应的消防救援能力。按航空器机身的长度、宽度划分消防保障等级，保障救援能力越强，级别越高，如表 2-3 所示。

表 2-3　救援和消防的机场等级

机场等级	机身长度 l / 米	最大机身宽度 / 米
1	$0 < l < 9$	2
2	$9 \leqslant l < 12$	2
3	$12 \leqslant l < 18$	3
4	$18 \leqslant l < 24$	4
5	$24 \leqslant l < 28$	4
6	$28 \leqslant l < 39$	5
7	$39 \leqslant l < 49$	5
8	$49 \leqslant l < 61$	7
9	$61 \leqslant l < 76$	7

2.4.5 民航运输机场规划等级

根据飞行区、跑道导航设施和机场航站楼业务量规模等级，民航运输机场规划等级可以分为特级、一级、二级、三级、四级，如表 2-4 所示。

表 2-4　民航运输机场规划等级

机场规划等级	飞行区等级	跑道导航设施等级	航站楼业务量规模等级
四级	3B、2C 及以下	V、NP	小型
三级	3C、3D	NP、CAT Ⅰ	中小型
二级	4C	CAT Ⅰ	中型
一级	4D、4E	CAT Ⅰ、CAT Ⅱ	大型
特级	4E 及以上	CAT Ⅱ 及以上	特大型

本章小结

民用机场是指专供民用航空器起飞、降落、滑行、停放以及进行其他活动使用的划定区域，包括附属的建筑物、装置和设施。根据飞行活动的性质，民用机场可分为商业机场和通用机场两类。

机场系统由空侧和陆侧两部分构成，提供基本营运、处理交通流量和商业活动三项基本服务。机场运行等级可根据飞行区等级、跑道导航设施等级、航站楼业务量规模等级、救援和消防等级、民航运输机场规划等级等进行划分。

本章练习

一、选择题

第 2 章
练习参考答案

1. 机场系统由 ______ 和 ______ 两部分构成。（　　）

A. 飞行区　　B. 空侧

C. 航站区　　D. 陆侧

2. 根据飞行活动的性质，民用机场可分为（　　）。

A. 枢纽机场、干线机场、支线机场

B. 商业机场、通用机场

C. 国际机场、国内机场

D. 始发 / 终程机场、中转机场、经停机场

3. 机场飞行区等级最高为（　　）。

A. 4C　　B. 4D　　C. 4E　　D. 4F

二、填空题

1. 飞行区等级指标Ⅱ是根据 ____________ 和 ____________ 而确定的。

2. 民用机场可提供 ____________、____________、____________ 三项基本服务。

3. 根据机场在民航运输航线网络系统中所起的作用，可将机场划分为 __________、__________ 和 __________。

4. 机场系统由 __________ 和 __________ 两部分构成。

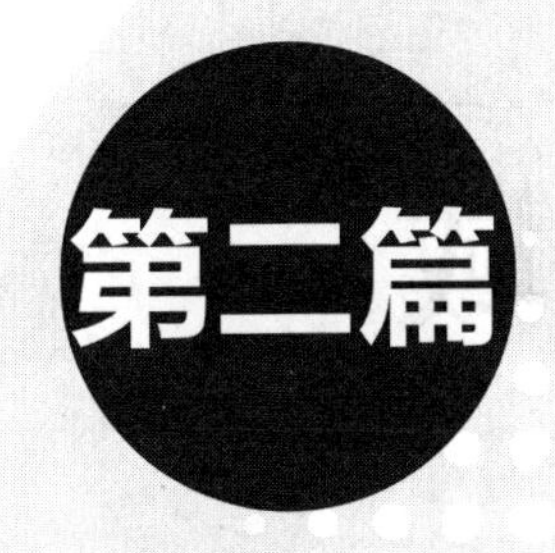

机场运营篇

第 3 章

机场净空区域

事件聚焦　无人机“黑飞”

2018 年 2 月 7 日，北京某航空有限公司郭某等 4 人，操纵油电混合动力无人机在河北省唐山市古冶区范各庄上空约 1000 米高度，对矿区进行航空测绘。该 4 人不但均不具备操纵无人机资质，更严重的是没有申请空域。无人机起飞后不久，中部战区及战区空军有关部门迅速通过技术手段掌握了所在空域的异常情况。因郭某等人的违法行为，当天先后有多架民航航班被迫修改航线，导致航班延误，造成了巨大的经济损失。这 4 人触犯了《中华人民共和国刑法》第一百一十五条第二款之规定，涉嫌过失以危险方法危害公共安全罪，已被人民检察院批准逮捕。

知识目标

第 3 章
机场净空区域

1. 掌握机场净空的范围及其管理内容。
2. 理解机场净空限制面的构成及含义。
3. 理解民用机场净空管理相关法律、法规。

能力目标

1. 能判别机场净空的范围。
2. 能分析机场净空环境保护的意义。

素质目标

1. 树立发展观念，培养学生运用发展的眼光看待问题的能力。
2. 树立安全意识，培养学生的民航安全第一的运营思想。
3. 树立环保观念，培养学生的环保意识以及环保行动力。

3.1　机场净空的范围及管理内容

机场净空是指机场现有的和规划的每条跑道的两端和两侧供飞机起飞、爬升、下滑、着陆、目视所需的规定空间，用于保障飞机安全运行，防止机场周围及其相邻地面上障碍物增多而使机场变得无法使用。

3.1.1 机场净空的范围

机场净空区（图 3-1）由升降带、端净空区和侧净空区三部分组成。

① 升降带是为了保证飞机起飞、着陆滑跑的安全，以跑道为中心在其周围划定的一个区域。

② 端净空区是为保证飞机起飞爬升和着陆下滑安全限制物体高度的空间区域。

③ 侧净空区是从升降带和端净空区限制面边线开始，至机场净空区边线所构成的限制物体高度的区域，由过渡面、内水平面、锥形面和外水平面组成。

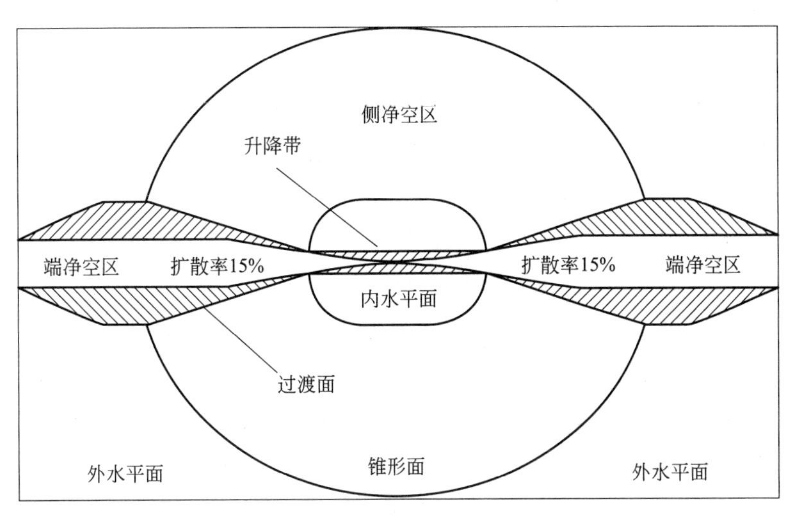

图 3-1 机场净空区示意图

净空区的底部是椭圆形，以跑道为中线，它的长度是跑道的长度加上两端各 60 米的延长线；椭圆形的宽度在 6 千米以上。净空区以它为底部向外向上呈立体状延伸。同时在跑道的两端向外划出个通道，这个通道的底面叫进近面，沿着下滑道水平延伸 10 千米以上。水平面也向上延伸形成一条空中通道。由这些平面围成的空间是为飞机起降专用的，任何其他建筑物和障碍物均不得伸入这个区域。

3.1.2 机场净空管理内容

《民用机场运行安全管理规定》要求在机场净空保护区域内，机场管理机构应当采取措施，防止下列影响飞行安全的行为发生。

① 修建可能在空中排放大量烟雾、粉尘而影响飞行安全的建筑物（构筑物）或者设施。

② 修建靶场、爆炸物仓库等影响飞行安全的建筑物或者设施。

③ 设置影响民用机场目视助航设施使用的或者机组成员视线的灯光、标志、物体。

④ 种植影响飞行安全或者影响民用机场助航设施使用的植物。

⑤ 放飞影响飞行安全的鸟类动物、无人驾驶自由气球、系留气球和其他升空物体。

⑥ 焚烧产生大量烟雾的农作物秸秆、垃圾等物质，或者燃放烟花、焰火。

⑦ 设置易吸引鸟类及其他动物的露天垃圾场、屠宰场、养殖场等场所。

⑧ 其他可能影响飞行安全的活动。

机场净空管理对象主要分为以下几类。

A 类：实体障碍物（控制防止航空器与之相撞）

① 固定障碍物控制：a. 建、构筑物；b. 地形、地物；c. 固定设备、设施；d. 危险设施（如航煤罐、煤气罐、危险品库等）。

② 移动障碍物控制：a. 车辆；b. 移动机械、设备。

③ 飘浮物、升空物和吹来物控制：a. 气球、风筝；b. 飞艇、滑翔机；c. 爆竹；d. 草团、枝叶、塑料袋、泡沫塑料等。

④ 鸟击控制（防范）。

B 类：烟雾、粉尘控制（防止机场附近空域能见度下降）

① 焚烧烟雾（秸秆、落叶、垃圾、废料、石灰等）。

② 锅炉、高炉、工业炉等的烟囱排烟。

③ 礼炮、烟花、焰火、信号弹、对空炮射。

C 类：场环境控制（保证通信导航设施正常工作）

① 高压输变电线。

② 电气化铁路。

③ 广播、电视、通信线路和塔架。

④ 产生电磁场或电磁干扰的机具、设备、车辆等。

D 类：光环境控制（保证助航灯光的有效性）

① 景观照明。

② 机场内部照明。

③ 附近公路、社区照明。

总的来说，机场净空要求主要受飞机起降性能、气象条件、导航设备和飞行程序四个因素的影响。

如果飞机的起落航迹平缓（如大型运输机全重起飞时），对障碍物限制要求就严格；反之，则略为放松。在近净空，特别是端近净空（指距跑道端 5 千米以内）范围内，飞机飞行速度低、飞行高度低、机动性能差，遇到障碍物很难采取有效手段规避，况且进近、起飞又是飞行操作中的最紧张时刻，所以对近净空（特别是端近净空）的严格要求与飞机起落性能有密切关系。

在简单气象条件下，由于飞行员在飞机起飞、着陆时能看清地标，故航线易于保持准确，且能及时发现和避开障碍物，所以对机场净空要求不是很严。在复杂气象条件下，起飞和着陆对净空的要求差异很大。起飞时，由于飞机刚离地，航线不会出现大的偏差，故对机场端近净空的要求和在简单气象条件下起飞基本相同。着陆时，由于飞行员在空中看不清地标，只能借助导航设备操纵飞机，所以难以保持航线和及时发现、规避障碍物，故对净空要求较严。机场净空通常按保障飞机在复杂气象条件下起飞、着陆的安全来要求。

一般来说，导航设备性能好，则飞机着陆航线容易保持准确，因而对机场净空要求不严；反之，则要求较严。之所以采用性能良好的导航设备，往往是由于机场存在复杂的气象条件，而复杂气象条件必然对净空提出严格的要求。例如，仪表进近跑道虽然导航设备较完善，但是由于要保证飞机在复杂气象条件下安全着陆，故对净空要求很严。而非仪表跑道，虽然没有引导飞机着陆的导航设备，但只需保证飞机在简单气象条件下运行，飞行员可凭目视着陆，因此对净空要求不严。

飞机起飞、着陆要遵循规定的飞行程序。每个飞行程序都有相应的净空要求，如果飞行程序改变，则机场净空要求也相应改变。例如，在正常情况下，跑道两侧应保证能飞目视盘旋进近程序，因而跑道两侧有内水平面的净空要求。如果跑道一侧受地形限制，规定飞机只沿跑道另一侧飞目视盘旋进近程序，这时，对于不飞行一侧的净空要求可大大降低。

因此，对机场净空进行管理主要就是对机场净空限制面进行要求和管理，对障碍物进行限制和移除以及对机场的电磁环境实施管理。

3.2 净空限制面的构成

为保障航空器起降安全和机场运行安全，防止由于机场周围障碍物增多而使机场无法使用的情况发生，规定了几种障碍物限制面，用以限制机场及其周围地区障碍物的高度，如图 3-2 所示。

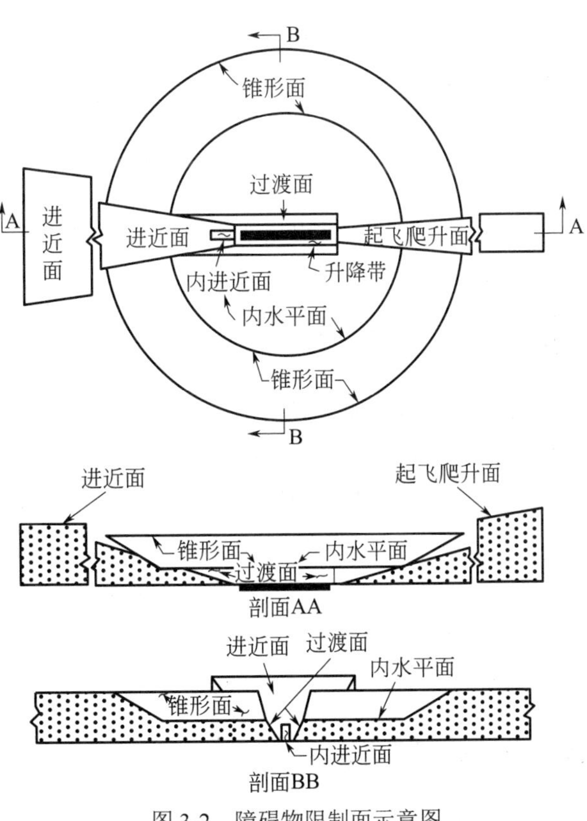

图 3-2　障碍物限制面示意图

3.2.1 内水平面

内水平面是位于机场及其周围以上的一个水平面中的一个面（图 3-2）。内水平面的起算标高应为跑道两端入口中点的平均标高。以跑道两端入口中点为圆心，按表 3-1 规定的内水平面半径画出圆弧，再以与跑道中线平行的两条直线和圆弧相切成一个近似椭圆形，形成一个高出起算标高 45 米的水平面。

3.2.2 锥形面

锥形面是从内水平面周边起向上和向外倾斜的一个面（图 3-2）。锥形面的起端应从内水平面的周边开始，其起算标高应为内水平面的标高，以 1 ∶ 20 的坡度向上和向外倾斜，直到符合表 3-1 规定的锥形面外缘高度为止。锥形面的界限应包括以下内容。

（1）底边　与内水平面周边相重合。

（2）顶边　高出内水平面一个规定高度的近似椭圆水平面的周边。

3.2.3 进近面

进近面是跑道入口前的一个倾斜的平面或几个平面的组合（图 3-2）。进近面的界限应包括以下内容。

（1）一条内边　位于跑道入口前的一个规定距离处，一条规定长度且垂直于跑道中线延长线的水平线。内边的标高应等于跑道入口中点的标高。

（2）两条侧边　以内边的两端为起点，自跑道的中线延长线均匀地以规定的比率向外散开。

（3）一条外边　平行于内边。

3.2.4 内进近面

内进近面是进近面中紧靠跑道入口前的一块长方形部分（图 3-2）。内进近面的界限应包括以下内容。

（1）一条内边　与进近面内边的位置重合，一条规定长度且垂直于跑道中线延长线的水平线。

（2）两条侧边　以内边的两端为起点，平行于包含跑道中线的垂直平面向外延伸。

（3）一条外边　平行于内边。

3.2.5 过渡面

过渡面是沿升降带边缘和部分进近面边缘坡度向上和向外倾斜到内水平面的一个复合面（图 3-2）。过渡面的界限应包括以下内容。

（1）底边　从进近面侧边与内水平面相交处开始，沿进近面侧边向下延伸至进近面的内边，再从该处沿升降带的全长与跑道中线相平行。底边上沿进近面侧边部分的标高等于进近面在该点的标高，底边上沿升降带部分的标高等于跑道中线或其延长线上最近点的标高。

（2）顶边　位于内水平面的平面上。

3.2.6 内过渡面

内过渡面是类似于过渡面的面，但更接近于跑道（图 3-3）。内过渡面的界限应包括以下内容。

（1）底边　从内进近面的末端开始，沿内进近面的侧边向下延伸到该面的内边，从该处沿升降带平行于跑道中线至复飞面的内边，然后再从该处沿复飞面的边线向上至该边线与内水平面相交处为止。底边沿内进近面和复飞面的侧边部分的标高等于该点特定面的标高，底边沿升降带部分的标高等于跑道中线或其延长线上最近点的标高。

（2）顶边　位于内水平面的平面上。

3.2.7　复飞面

复飞面是位于跑道入口后面一个规定距离的、在两侧内过渡面之间延伸的一个倾斜平面（图 3-3）。复飞面的界限应包括以下内容。

（1）一条内边　位于跑道入口后面一个规定的距离，并垂直于跑道中线的水平线。内边的标高应等于在内边位置处的跑道中线的标高。

（2）两条侧边　以内边的两端为起点，并从含有跑道中线的垂直平面以规定的比率均匀地向外扩展。

（3）一条外边　平行于内边，并位于内水平面的平面内。

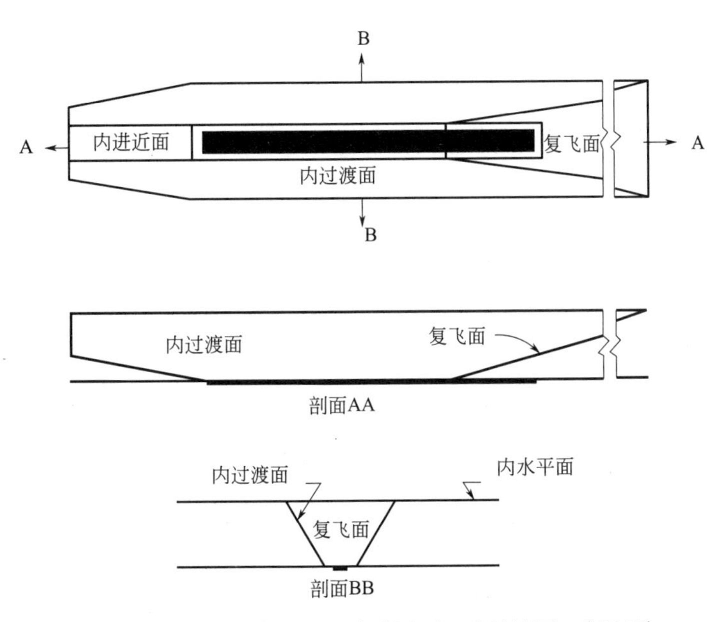

图 3-3　障碍物限制面——内进近面、内过渡面、复飞面

3.2.8　起飞爬升面

起飞爬升面是跑道端或净空道端外的一个倾斜平面或其他规定的面（图 3-2）。起飞爬升面的界限应包括以下内容。

（1）一条内边　位于跑道端外规定距离处，或当设有净空道而其长度超过上述规定距离时位于净空道端处，垂直于跑道中线的一条水平线；内边标高应等于从跑道端至内边之间的跑道中线延长线上最高点的标高，当设有净空道时，内边标高应等于净空道中线上地面最高点的标高。

（2）两条侧边　以内边的两端为起点，从起飞航道以规定的比率均匀地扩展至一个规定的最终宽度，然后在起飞爬升面的剩余长度内继续维持这一宽度。

（3）一条外边　垂直于规定的起飞航道的一条水平线。

表 3-1　机场净空障碍物限制面的尺寸和坡度（进近跑道）

净空障碍物限制面及尺寸、坡度①	跑道运行类型										
	非仪表跑道				非精密进近跑道				精密进近跑道		
									Ⅰ类		Ⅱ、Ⅲ类
	飞行区基准代码										
	1	2	3	4	1	2	3	4	1,2	3,4	3,4
锥形面											
坡度	1/20	1/20	1/20	1/20	1/20	1/20	1/20	1/20	1/20	1/20	1/20
高度 / 米	35	55	75	100	60	60	75	100	60	100	100
内水平面											
高度 / 米	45	45	45	45	45	45	45	45	45	45	45
半径 / 米	2000	2500	4000	4000	3500	3500	4000	4000	3500	4000	4000
内进近面											
宽度 / 米	—	—	—	—	—	—	—	—	90	120	120
距跑道入口距离 / 米	—	—	—	—	—	—	—	—	60	60	60
长度 / 米	—	—	—	—	—	—	—	—	900	900	900
坡度	—	—	—	—	—	—	—	—	1/40	1/50	1/50
进近面											
起端宽度 / 米	60	80	150	150	150	150	300	300	150	300	300
起端距跑道入口距离 / 米	30	60	60	60	60	60	60	60	60	60	60
侧边散开斜率	10%	10%	10%	10%	15%	15%	15%	15%	15%	15%	15%
第一段											
长度 / 米	1600	2500	3000	3000	2500	2500	3000	3000	3000	3000	3000
坡度	1/20	1/25	1/40	1/40	1/30	1/30	1/50	1/50	1/40	1/50	1/50
第二段											
长度 / 米	—	—	—	—	—	—	3600②	3600②	12000	3600②	3600②
坡度	—	—	—	—	—	—	1/40	1/40	1/33	1/40	1/40
水平段											
长度 / 米	—	—	—	—	—	—	8400②	8400②	—	8400②	8400②
总长度 / 米	—	—	—	—	—	—	15000	15000	15000	15000	15000

续表

净空障碍物限制面及尺寸、坡度①	跑道运行类型										
	非仪表跑道				非精密进近跑道				精密进近跑道		
									Ⅰ类		Ⅱ、Ⅲ类
	飞行区基准代码										
	1	2	3	4	1	2	3	4	1,2	3,4	3,4
过渡面											
坡度	1/5	1/5	1/7	1/7	1/5	1/5	1/7	1/7	1/7	1/7	1/7
内过渡面											
坡度	—	—	—	—	—	—	—	—	1/2.5	1/3	1/3
复飞面											
起端宽度 / 米	—	—	—	—	—	—	—	—	90④	120	120
距跑道入口距离 / 米	—	—	—	—	—	—	—	—		1800③	1800③
侧边散开斜率	—	—	—	—	—	—	—	—	10%	10%	10%
坡度	—	—	—	—	—	—	—	—	1/25	1/30	1/30

①除另有注明外，所有尺寸均为水平度量。

②此数据可变。

③或至跑道端的距离，两者取小者。

④升降带端的距离。

3.3 民用机场净空管理法律法规

3.3.1 障碍物控制与管理法律法规

3.3.1.1 《中华人民共和国民用航空法》

（1995 年 10 月 30 日中华人民共和国主席令第 56 号公布）

第五十八条 禁止在依法划定的民用机场范围内和按照国家规定划定的机场净空保护区域内从事下列活动：

（一）修建可能在空中排放大量烟雾、粉尘、火焰、废气而影响飞行安全的建筑物或者设施；

（二）修建靶场、强烈爆炸物仓库等影响飞行安全的建筑物或者设施；

（三）修建不符合机场净空要求的建筑物或设施；

（四）设置影响机场目视助航设施使用的灯光、标志或者物体；

（五）种植影响飞行安全或者影响机场助航设施使用的植物；

（六）饲养、放飞影响飞行安全的鸟类动物和其他物体；

（七）修建影响机场电磁环境的建筑物或者设施。

禁止在依法划定的民用机场范围内放养牲畜。

第六十条 民用机场新建、扩建的公告发布后，任何单位和个人违反本法和有关行政法规的规定，在依法划定的民用机场范围内和按照国家规定划定的机场净空保护区域内修建、种植或者设置影响飞行安全的建筑物、构筑物、树木、灯光和其他障碍物体的，由机场所在地县级以上地方人民政府责令清除；由此造成的损失，由修建、种植或者设置该障碍物体的人承担。

3.3.1.2 《中华人民共和国飞行基本规则》

（2000 年 7 月 24 日中华人民共和国国务院、中华人民共和国中央军事委员会令第 288 号发布）

第二十四条 在机场区域内必须严格执行国家有关保护机场净空的规定，禁止在机场附近修建影响飞行安全的射击靶场、建筑物、构筑物、架空线路等障碍物体。

在机场及其按照国家规定划定的净空保护区域以外，对可能影响飞行安全的高大建筑物或者设施，应当按照国家有关规定设置飞行障碍灯和标志，并使其保持正常状态。

趣味阅读 万达建筑超高 绵阳机场夜航受影响

2012 年，四川绵阳机场因为净空环境遭到破坏而被迫停止夜航一事被媒体曝光。事件的主要原因是绵阳涪城万达广场建筑项目超高，严重威胁绵阳机场夜间航空安全。4 月 22 日机场发现并上报该隐患后，民航四川监管局进行专题调研，第二天就下发了调整机场运行标准的紧急通知，这是民航局方为降低机场运行风险确保航空安全的无奈之举。该重大安全隐患到目前为止还没有排除，绵阳机场暂停了夜间航班飞行两个多月。据绵阳机场相关人士的测算，按每个航班起降费 4 万～5 万元计算，据估算绵阳机场每天的经济损失将超过 20 万元。停了超过两个月，估计损失超过了 1200 万元。

3.3.1.3 《国务院、中央军委关于保护机场净空的规定》

（1982 年 12 月 11 日国务院、中央军委第 38 号文发布）

一、凡在军用和民用机场附近规划、兴建各项工程时，必须遵守本规定。在机场净空区域内，严禁修建超出本规定的高大建筑物和影响机场通信、导航的设施。

二、今后，在各区、各部门凡在机场附近规划或兴建各项工程时，必须事先与该机场所驻单位联系。凡属擅自在机场净空区域内修建的超高建筑物，超高部分必须拆除。其损失由建筑物产权单位负责。

3.3.1.4 《国务院、中央军委关于加强机场净空保护的通知》

（1993年12月31日国务院、中央军委发布　国发〔1993〕92号）

二、各地区尤其是各级建设规划主管部门，必须严格依照国务院、中央军委的《关于保护机场净空的规定》审批建设项目。任何单位和个人都无权批准修建破坏机场净空的建筑物。

三、为尽快扭转机场净空环境恶化的局面，总参和国家计委要组织空军、海军、民航总局及有关省、自治区、直辖市人民政府有关方面，对目前机场净空已遭破坏的五十三个军、民航机场按照有关法规进行必要的整治。对机场周围在建的和已建成的超高建筑物经认真调查，凡是违反《规定》，在机场净空区域内修建的超高建筑物，均视为违章建筑，必须严格按照《规定》要求和《中华人民共和国军事设施保护法》进行处理；对严重超高的建筑物在条件许可的范围内给予清理；对危及飞行安全的要尽快采取有效的清理措施，限期解决；对无法保证飞行安全的要坚决拆除，各级人民政府要给予积极配合。

3.3.1.5 《建设部中国民航总局关于加强规划管理保护机场净空的通知》

（1996年6月4日建规字第339号文发布）

四、机场净空保护区，是保障飞行安全，直接关系城市经济效益和社会效益的特殊地域，必须实行严格的规划管理。任何单位或个人在机场的净空保护区域内进行各类建筑物或构筑物的新建、迁建、改（扩）建活动，都必须报经城市人民政府的城市规划行政主管部门审查批准；如该建筑物或构筑物超过了机场净空障碍物限制面，审查批准前必须征求机场管理机构的意见，机场管理机构要严格依照有关规定和技术标准，负责提出允许建设及条件或不允许建设的意见，并于15日内作出书面批复。

严禁在机场净空区范围内修建《民用航空法》禁止修建的各类建筑物或构筑物。

五、各地城市规划行政主管部门和机场管理机构要加强对于机场净空区范围内建设活动监督检查，凡在机场净空区范围内从事违法建设活动的，有关城市规划行政主管部门必须及时依法严肃查处。今后，各地在开展《城市规划法》、《民用航空法》执法检查时，要把保护机场净空情况作为一项重要内容。凡是由于管理不严，导致净空区域内出现障碍物，致使机场净空条件遭到破坏者，要依法追究有关部门、单位负责人或直接责任人的责任。

3.3.1.6 《国务院办公厅关于加强民航飞行安全管理有关问题的通知》

〔2004年4月25日国务院　国办发（2004）37号〕

四、加强机场净空管理，确保飞机起降安全。各地人民政府和有关部门要严格执行有关规定，禁止在机场净空保护区域内违反规定修建建筑物、构筑物或其他影响民航飞行安全的设施，防止新增障碍物。要加强管理，完善措施，在机场周围设立明显的净空标志，严禁在机场附近焚烧农作物秸秆、垃圾等，严禁放飞影响民航安全的鸟类动物、气球、风筝和其他升空物体，不得燃放升空高度超标的烟花、焰火等。

拓展阅读 全国机场首个“无人机防御系统”投入试运行

2017年11月23日，广州白云国际机场对外宣告全国首个由“防御式侦测预警系统”和“无人机干扰系统”两大部分组成的“苍擒无人机侦测防御系统”正式投入试运行。

3.3.1.7 《中国民用航空总局关于保护机场净空的通告》(已撤销)

〔1995年6月27日中国民用航空总局（已撤销）发布〕

四、禁止在民用机场及其净空保护区域内从事下列活动：

（一）修建不符合机场净空要求的建筑物或设施；

（二）修建可能在空中排放大量烟雾、粉尘、火焰、废气而影响飞行安全的建筑物或设施；

（三）修建靶场、强烈爆炸物仓库等影响飞行安全的建筑物或设施；

（四）设置影响机场目视助航设施使用的灯光、标志或其他物体；

（五）种植不符合机场净空要求或影响机场助航设施使用的树木、植物。

五、凡擅自在机场净空区内修建的超高建筑物或设施，其超高部分必须予以拆除，所造成的损失由建筑物、设施的产权单位或个人自行承担；对造成飞行事故、国家和旅客生命财产损失者，将依法追究刑事责任。

3.3.2 航空障碍灯设置与维护法律法规

3.3.2.1 《关于飞机场附近高大建筑物设置飞行障碍标志的规定》

（1961年4月15日国防部、交通部军办字第18号文颁布）

第八条 设置飞行障碍标志，由各地飞机场的管理单位根据各该地飞机场的净空标准和实际使用情况，按照本规定直接向建筑使用单位提出具体要求，各该建筑物使用单位应负责设置，并予维护管理，保证正常使用。

3.3.2.2 《国务院、中央军委关于保护机场净空的规定》

（1982年12月11日国务院、中央军委第38号文发布）

三、对机场净空区域内原有的超高建筑物，其产权单位应按一九六一年四月十五日国防部和交通部联合颁发的［61］军字第18号《关于飞机场附近高大建筑物设置飞行障碍标志的规定》设置飞行障碍标志。

3.3.2.3 《中华人民共和国民用航空法》

（1995 年 10 月 30 日中华人民共和国主席令第 56 号公布）

第六十一条 在民用机场及其按照国家规定划定的净空保护区域以外，对可能影响飞行安全的高大建筑物或者设施，应当按照国家有关规定设置飞行障碍灯和标志，并使其保持正常状态。

本章小结

机场净空是指机场现有的和规划的每条跑道的两端和两侧供飞机起飞、爬升、下滑、着陆、目视所需的规定空间，用于保障飞机安全运行，防止机场周围及其相邻地面上障碍物增多而使机场变得无法使用。净空区由升降带、端净空区和侧净空区三部分组成。

机场的净空环境保护应该包括两个方面：一是环境友好，二是环境适航。一方面，机场必须减少对周边居民造成过多的负面环境影响；另一方面，机场周边居民、机场所在地政府也应该支持机场的发展，使周边的环境适合飞机的运行，对生态环境进行控制，机场和地方政府都应为彼此创造一个和谐的生存环境而积极努力。

本章练习

一、选择题

第 3 章
练习参考答案

1. 机场净空区由（ ）组成。

   A. 升降带　　B. 端净空区

   C. 侧净空区　　D. 跑道端

2. 机场净空区的管理对象包括（ ）。

   A. 实体障碍物　　B. 烟雾、粉尘控制

   C. 场环境控制　　D. 光环境控制

3. 机场净空限制面不包括（ ）。

   A. 过渡面　　B. 进近面

   C. 水平面　　D. 起飞爬升面

4. 下列关于机场净空区描述错误的是（ ）。

   A. 禁止修建不符合机场净空要求的建筑物或者设施

   B. 设置影响机场目视助航设施使用的灯光、标志或者物体

   C. 禁止种植影响飞行安全或者影响机场助航设施使用的植物

   D. 禁止修建靶场、强烈爆炸物仓库等影响飞行安全的建筑物或者设施

二、判断题

1. 凡擅自在机场净空区内修建的超高建筑物或设施，其超高部分必须予以拆除，所

造成的损失由建筑物、设施的产权单位或个人自行承担。 (　　)

2. 机场净空是指机场现有的和规划的每条跑道的两端和两侧供飞机起飞、爬升、下滑、着陆、目视所需的规定空间，用于保障飞机安全运行，防止机场周围及其相邻地面上障碍物增多而使机场变得无法使用。 (　　)

3. 在机场区域内必须严格执行国家有关保护机场净空的规定，禁止在机场附近修建影响飞行安全的射击靶场、建筑物、构筑物、架空线路等障碍物体。 (　　)

第 4 章

机场飞行区地面运行

事件聚焦　10.11 虹桥机场跑道入侵事件

2016 年 10 月 11 日，中国东方航空公司飞行员准备驾驶 A320 飞机执行 MU5643 航班，由上海虹桥起飞飞往天津。12 点 03 分，机组在执行完起飞前检查之后进 36L 跑道。12 点 04 分，塔台指挥：跑道 36L，可以起飞。A320 机组在确认跑道无障碍的情况下，执行了起飞动作，然而，就在飞机滑跑速度达到 110 节（每小时 200 千米）左右时，机长突然发现有一架 A330 正准备横穿 36L–18R 跑道，在立即让中间座询问塔台时，机长观察并确认该 A330 飞机确实是在穿越跑道，此时飞机表速已达 130 节（每小时 240 千米）。而此时，中国东方航空 MU5106 航班（A330 执飞）从北京飞抵上海，并得到空管指令穿越跑道前往航站楼停靠，在穿越 36L–18R 跑道过程中，MU5106 航班机组也发现了有飞机正在滑跑起飞，立即加速滑行以尽快脱离跑道。A320 飞机的机长迅速接过操纵杆，带杆到机械止动位，最终，A320 飞机从 A330 飞机的上空飞越，避免了可能发生的撞机事故。

第 4 章
机场飞行区
地面运行

知识目标

1. 识记机场跑道的命名。
2. 掌握机场跑道的构形和基本参数。
3. 理解机场滑行道系统的基本构成。
4. 理解机坪的概念及其功能。
5. 掌握机场目视助航设施的基本构成。

能力目标

1. 能区别飞行区系统各构成部分的基本功能。
2. 能识别机场目视助航设施中所涉及的常见标志或标识。

素质目标

1. 树立飞行区安全运营的职业意识。
2. 树立飞行区设施、设备维护的岗位意识。

4.1 机场跑道系统

机场跑道（图 4-1）是指飞机场内用来供应航空器起飞或降落的超长条形区域，其材质可以是沥青或混凝土，或者是弄平的草、土或碎石地面，也可以是水面，甚至可以用木板、页岩、珊瑚虫、黏土等铺设的。现在全球范围内跑道普遍使用以陆地为基础的跑道。一个机场飞行区的等级一般看的是机场跑道的等级，跑道的性能及相应的设施决定了什么等级的飞机可以使用这个机场。

图 4-1　机场跑道

4.1.1　跑道命名

早期机场规划时，跑道数目只有一条。随着现代航空运输量的持续增长，一个机场存在多条跑道（两条以上）的情况。无论是一条跑道还是多条跑道，均需要为跑道编号，即为跑道命名，以确保驾驶员能够准确地辨认跑道。机场跑道采用编号的方式命名，以区别或识别不同的跑道。

跑道号按照跑道中心线的磁方向以 10° 为单位，四舍五入用两位数字表示；同时将数字置于跑道相反的一端，作为飞行人员和调度人员确定起降方向的标记。如天津滨海机场跑道的磁方向角为 160° ～ 340° ，则南端跑道号为 34，北端跑道号为 16，由于二者的磁方向角相差 180° ，则跑道号相差 18，如图 4-2 所示。

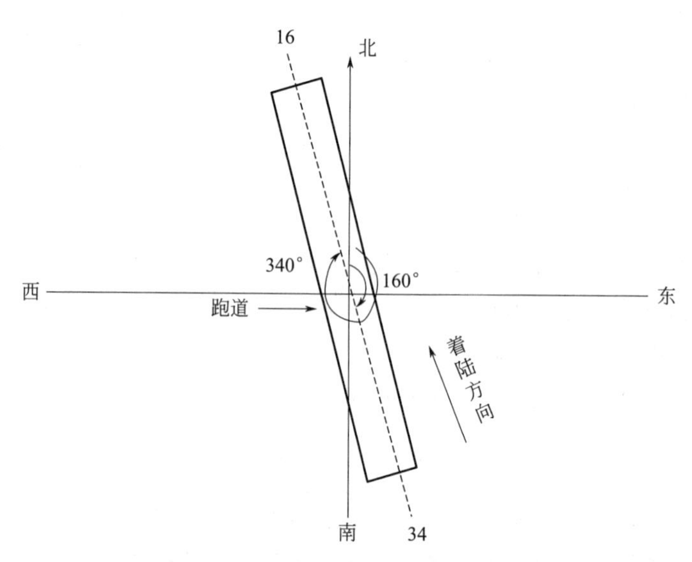

图 4-2　机场跑道命名方法

若某机场存在两条以上的平行跑道时，可根据具体情况采用如下方式区分。

① 有两条平行跑道时，采用左（L）和右（R）表示。如北京首都国际机场的两条平行跑道，东跑道北端跑道号为 18L，南端为 36R；西跑道北端跑道号为 18R，南端为 36L。

② 有三条平行跑道时，采用左（L）、中 (C)、右（R）表示。

③ 有四条平行跑道时，采用 L、R、L、R 表示。

④ 有五条平行跑道时，采用 L、C、R、L、R 或 L、R、L、C、R 表示。

⑤ 有六条平行跑道时，采用 L、C、R、L、C、R 表示。

当有四条或更多平行跑道时，一组相邻跑道的跑道号可用上述方法取得，另外一组相邻跑道的跑道号则以次一对最接近的数字表示。如四条平行跑道的磁方向角均为 93° ～ 273° ，则其中一组跑道号为 09 ～ 27，另一组为 10 ～ 28。

4.1.2 跑道构型

一般来说，一个机场拥有两条以上跑道可称为多跑道机场。目前，世界上跑道数量最多的机场是美国第二大国际航空枢纽芝加哥奥黑尔机场，共有 8 条跑道。在全球范围内，多跑道机场很多，根据跑道构型大致可分为四类，即单条跑道、交叉跑道、V 形跑道、平行跑道。

（1）单条跑道　单条跑道是最简单的一种布置形式（图 4-3）。我国早期机场建设时，一般采用的是单跑道构型，后期某些机场随着跑道容量的增加，不能满足当前或未来某一段时间内飞机起降要求，在单跑道基础上开始增设一条或多条跑道。单条跑道在目视飞行规则（VFR）情况下每小时的容量约为 50 ～ 100 架次；而在仪表飞行规则（IFR）情况下，根据不同的飞机组合情况和具备的助航设备，其容量减至每小时 50 ～ 70 架次。

图 4-3　单条跑道

（2）交叉跑道　由于以前的运输飞机重量轻，起飞和着陆期间对于侧风要求较高，为提高机场运行保障能力，机场一般都会根据风向统计数据建设交叉跑道。随着民用客机机型和重量的不断加大以及科技的不断进步，民用客机对于侧风要求逐步降低，因此，目前较少机场采用交叉跑道构型，除非是场地或者其他因素限制。交叉跑道的交叉点位置（图 4-4）对跑道容量会产生影响。

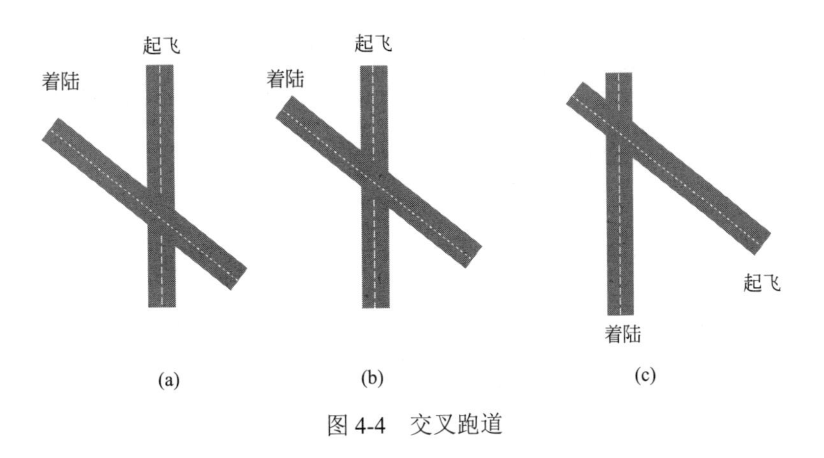

图 4-4　交叉跑道

（3）V 形跑道　V 形跑道构型的两条跑道不相交，散开布置。和交叉跑道一样，当一个方向有强风时，只能使用一条跑道；当风小时，两条跑道可以同时使用。V形跑道着陆、起飞的方向不同时，会对机场跑道容量产生影响，如图4-5所示。

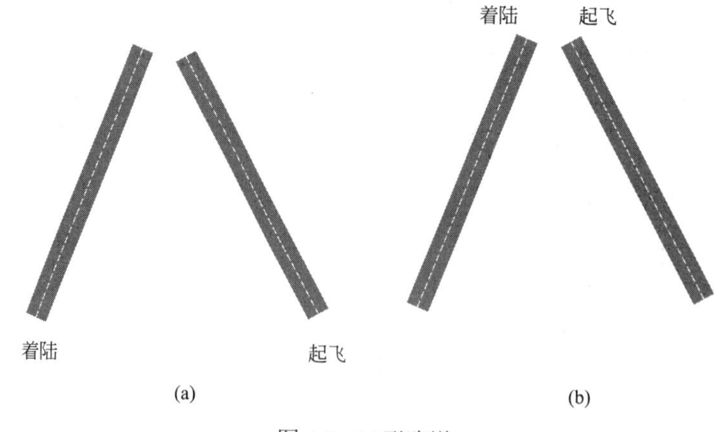

图4-5　V形跑道

（4）平行跑道　平行跑道具有容量大、效率高、风险低、易于管理等优点，是目前新建或改扩建机场最为常用的一种构型。目前，平行跑道数量最多的是美国亚特兰大机场，共有五条平行跑道。迪拜世界中心机场总体规划是六条完全平行的跑道，目前已建成一条投入使用。

平行跑道构型根据跑道的数目及其间距，它们的容量不大相同。根据两条跑道中心线间距不同而分为“近距”“中等间距（中距）”和“远距”平行跑道。当两条平行跑道之间的间距为210～760米时称作“近距平行跑道”，航站区一般布置在两条跑道的一侧；当两条平行跑道之间的间距为760～1310米时称作“中距平行跑道”，航站区可以布置在两条跑道之间；当两条平行跑道之间的间距大于1310米时称作“远距平行跑道”（图4-6）。平行跑道之间的间距越大，两条跑道独立运行功能越强。

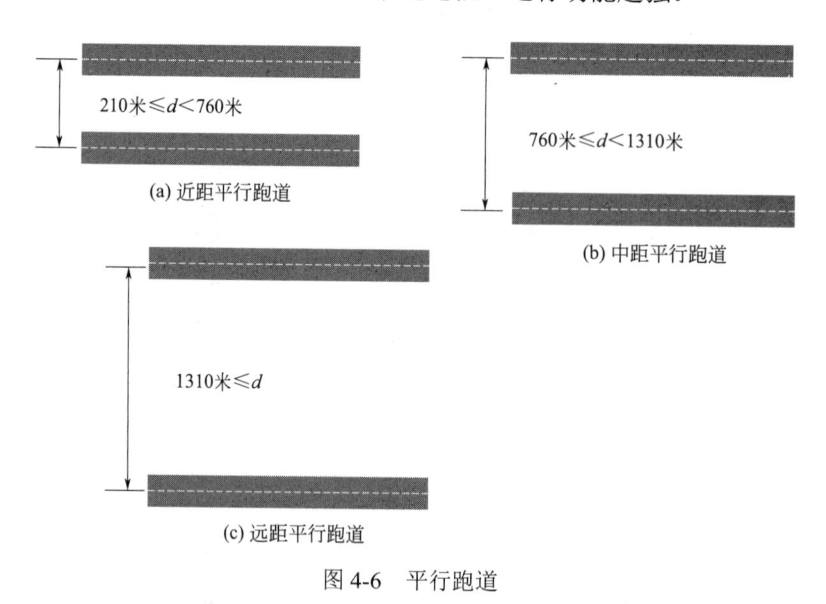

图4-6　平行跑道

拓展阅读 平行跑道运行规则及容量

平行跑道系统的容量取决于跑道数量和跑道之间的间距。随着运输需求的增加，一个机场拥有 2 ~ 4 条，甚至更多条平行的跑道已经很常见。平行跑道之间根据需要可以配置不同的间距。通常，根据两条平行跑道中心线之间的距离，将两跑道之间的关系（间距）归纳为近距平行跑道、中距平行跑道和远距平行跑道。

4.1.3 跑道附属区域

跑道附属区域由道肩、升降带、跑道端安全区、停止道、净空道等构成，它们与客机起飞、着陆有着直接关系，构成了起飞着陆区，如图 4-7 所示。

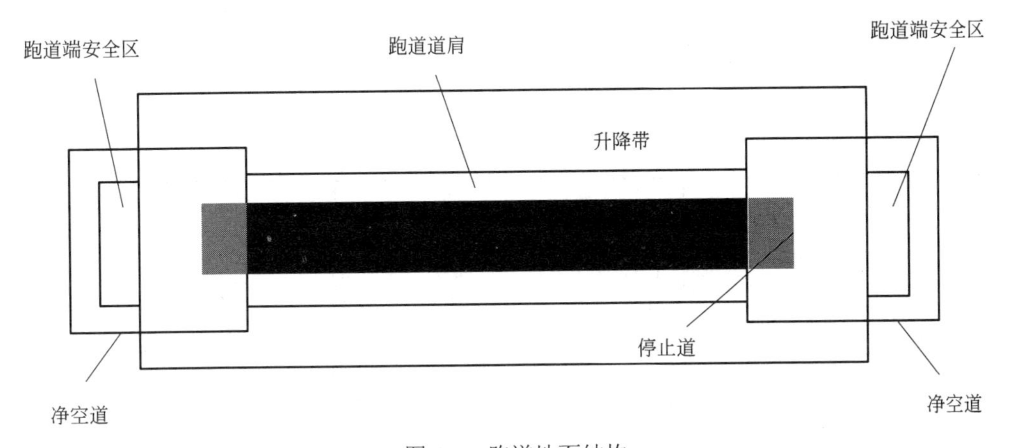

图 4-7　跑道地面结构

跑道道肩是指在跑道纵向侧边和相接的土地之间有一块隔离的地段，这样可以在飞机因侧风偏离跑道中心线时，不致引起损害。

停止道用于飞机中断起飞时，以减少跑道全强度道面长度，弥补飞机出现故障放弃起飞时全强度道面长度的不足，保障飞机在其长度内停止滑行。

净空道是当跑道较短，只能保证起飞滑跑的安全，而不能确保飞机完成初始爬升的安全时所设置的。

升降带是跑道周边一定范围的事故缓冲区——围绕跑道中心线的一块区域，包括跑道、停止道以及土质地区的场地。尺寸由飞行区代码确定。

跑道端安全区是对称于跑道中心延长线，与升降带端相接的一块特定地域，以减少飞机冲出跑道及提前接地时遭受损坏的危险。

4.1.4 跑道基本参数

跑道是机场工程的主体。机场的构型主要取决于跑道的数目、方位以及跑道与航站区的相对位置。跑道为民航客机提供起飞、着陆、滑跑以及起飞滑跑前和着陆滑跑后的运转场地。因此，跑道必须要有足够的长度、宽度、强度、粗糙度、平整度以及规定的坡度。跑道数目取决于航空运输量的大小。跑道方位主要与当地风向有关。

（1）方位　跑道的方位即跑道的走向。飞机最好逆风起降，而且过大的侧风将妨碍飞机起降。因此，跑道的方位应尽量与当地常年主导风向一致。跑道方位还受到周围地形、机场发展规划、可用面积大小以及相邻机场状况的影响。跑道方位以跑道磁方向角表示，由北顺时针旋转为正。

（2）数量　跑道的数量主要取决于航空运输量。运输不是很繁忙，且常年风向相对集中的机场，只需单条跑道。运输非常繁忙的机场，则需要两条或多条跑道。其基本构型可以是平行、交叉或开口V形。非平行跑道可以避开过大的侧风。平行跑道的间距、交叉跑道交叉点的位置对跑道容量（单位时间内可能容纳的最大飞机运行次数）是有影响的。

趣味阅读　盘点中国主要机场的跑道数量

国内主要机场跑道数量汇总如下表所示。

国内主要机场跑道数量汇总表

机场名称	跑道数量	机场名称	跑道数量
北京首都国际机场（PEK）	3	杭州萧山国际机场（HGH）	2
上海浦东国际机场（PVG）	4	南京禄口国际机场（NKG）	2
广州白云国际机场（CAN）	3	郑州新郑国际机场（CGO）	2
成都双流国际机场（CTU）	2	厦门高崎国际机场（XMN）	1
深圳宝安国际机场（SZX）	2	武汉天河国际机场（WUH）	2
昆明长水国际机场（KMG）	2	长沙黄花国际机场（CSX）	2
西安咸阳国际机场（XIY）	2	天津滨海国际机场（TSN）	2
上海虹桥国际机场（SHA）	2	香港国际机场（HKG）	2
重庆江北国际机场（CKG）	3	台北桃园国际机场（TPE）	2

（3）长度　跑道的长度是机场的关键参数，是机场规模的重要标志，它直接与飞机起降安全有关。设计跑道长度主要是依据预计使用该机场飞机的起降特性（特别是要求跑道最长的那种机型的构型和性能特点）。此外，跑道长度还与飞机起降质量与速度有关，飞机起飞（或降落）质量越大，离地速度（或接地速度）越大，滑跑距离就越长；与跑道条件有关，如表面状况、湿度和纵向坡度等；与机场所在环境有关，如机场的标高和地形；与气象条件有关，特别是地面风力、风向和气温等。当海拔高度高，空气稀薄，地面温度高时，发动机的功率就会下降，因而都需要加长跑道。

趣味阅读 我国跑道最长的民用机场，有“世界三最”之称

我国西藏昌都邦达机场始建于1992年12月2日，是中国海拔第二高的机场。2007年9月28日，国家又投资2.7亿元，主要用于修补跑道，新建航站楼、停车场等。昌都邦达机场海拔4300多米，位于万山纵横的横断山脉，属于高原机场，气候很恶劣，风常以30米/秒的速度吹过。机场跑道长达5000多米，是中国跑道最长的民用机场。这个机场离成都和拉萨都有1300千米之远，来回都要经过陡峭颠簸的公路，十分难走。昌都邦达机场有“世界三最”之称，即跑道最长、离城区最远、气候最恶劣。

（4）宽度　飞机在跑道上滑跑、起飞、着陆不可能总是沿着中心线，会有偏离，有时还要掉头。因此，跑道应有足够的宽度，但也不宜过宽，以免浪费土地。跑道的宽度取决于飞机的翼展和主起落架的轮距。

（5）坡度　一般来说，跑道是没有纵向坡度的，这主要是为了保证飞机起飞、着陆和滑跑的安全。在有些情况下，可以有3°以下的坡度，在使用有坡度的跑道时，要考虑对飞机性能的影响。

跑道横向应有坡度，且尽量采用双面坡，以便加速道面的排水。当采用双面坡时，中心线两侧的坡度应对称。整条跑道上的横坡应基本一致。

（6）道面　跑道道面分为刚性和非刚性道面。刚性道面由混凝土筑成，能把飞机的载荷承担在较大面积上，承载能力强，一般中型以上机场都使用刚性道面。国内几乎所有民用机场跑道均属此类。非刚性道面有草坪、碎石、沥青等各类道面，这类道面只能抗压不能抗弯，因而承载能力小，只能用于中小型飞机起降的机场。

（7）强度　对于起飞重量超过5700千克的飞机，为了准确地表示飞机轮胎对地面压强和跑道强度之间的关系，国际民航组织（ICAO）规定使用飞机等级序号（Aircraft Classification Number－ACN）和道面等级序号（Pavement Classification Number－PCN）方法来决定该型飞机是否可以在指定的跑道上起降。

PCN数是由道面的性质、道面基础的承载强度经技术评估而得出的，每条跑道都有一个PCN值。

ACN值则是由飞机的实际重量、起落架轮胎的内压力、轮胎与地面接触的面积以及主起落架机轮间距等参数由飞机制造厂计算得出的。ACN值和飞机的总重量只有间接的关系，如B747飞机由于主起落架有16个机轮承重，它的ACN值为55。B707的ACN值为49，而它的总重量只有B747的2/5，两者ACN值却相差不大。

使用这个方法计算时，当ACN值小于等于PCN值时，这类型的飞机可以无限制地使用这条跑道。在一些特殊情况下，ACN值可以在大于PCN值5%～10%时使用这一跑道，但这会使跑道使用寿命缩短。

微课堂
机场跑道

4.2 机场滑行道系统

滑行道是机场的重要地面设施，是机场内供飞机滑行的规定通道。滑行道的主要功能是提供从跑道到航站楼区的通道，使已着陆的飞机迅速离开跑道，不与起飞滑跑的飞机相干扰，并尽量避免延误随即到来的飞机着陆。此外，滑行道还提供了飞机由航站楼区进入跑道的通道。滑行道可将功能不同的分区（飞行区、航站楼区、飞机停放区、维修区及供应区）联结起来，使机场最大限度地发挥其容量潜力并提高运行效率。

各滑行道组成了机场的滑行道系统。滑行道系统的各组成部分起着机场各种功能的过渡媒介的作用，是机场充分发挥功能所必需的。

滑行道系统包括如下几方面。

（1）平行滑行道　平行滑行道与跑道平行，是联系机坪与跑道两端交通的主要滑行道。交通量少的跑道可不设平行滑行道。

（2）进出口滑行道　进出口（进口或出口）滑行道又称联络滑行道（俗称联络道），是沿跑道的若干处设计的滑行道，旨在使着陆飞机尽快脱离跑道。

（3）快速出口滑行道（交通繁忙的机场设置）　快速出口滑行道可允许飞机以较高速度滑离跑道，从而减少了占用跑道的时间，提高跑道的容量。一般情况下，快速出口滑行道与跑道交叉角不应大于45°，也不应小于25°。快速出口滑行道在转出曲线之后必须要有一段直线距离，其长度应足够让转出飞机在进入（或穿越）任何交叉滑行道以前完全停住，以避免与在交叉滑行道上滑行的飞机发生碰撞。

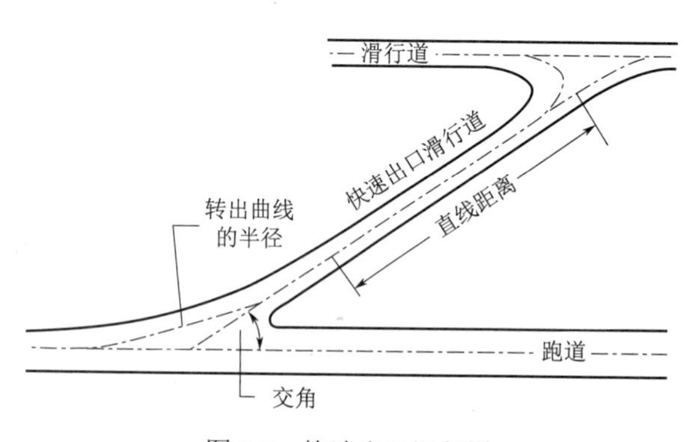

图4-8　快速出口滑行道

（4）机位滑行通道　机位滑行通道是指从机坪滑行道通往飞机停机位的通道。

（5）机坪滑行道　机坪滑行道设置在机坪边缘，供飞机穿越机坪使用。

（6）旁通滑行道　当交通密度较高时，宜设置旁通滑行道。旁通滑行道设在跑道端附近，供起飞的航空器临时决定不起飞时，从进口滑行道迅速滑回用，也可供跑道端进口滑行道堵塞时航空器进入跑道起飞用。

（7）绕行滑行道　当运行需要时，宜设置绕行滑行道，以减少飞机穿越跑道次数。绕行滑行道不应影响仪表着陆系统（ILS）信号及飞机运行。绕行滑行道上运行的飞机不应超过此时运行方式所需的障碍物限制面。绕行滑行道上运行的飞机不应干扰起飞和降落飞机驾驶员的判断，应根据运行需要，设置目视遮蔽物。

（8）滑行道桥　当滑行道必须跨越其他地面交通设施（道路、铁路、管沟等）或露天水面（河流、海湾等）时，则需要设置滑行道桥。滑行道桥应设置在滑行道的直线段上。

（9）滑行道道肩及滑行带等　滑行道道肩为能承受飞机气流吹蚀且无可能被吸入飞机发动机的构筑物。除机位滑行通道外，滑行道应设置滑行带，滑行带内不应有危害航空器滑行的障碍物。

拓展阅读　中美特大型繁忙机场滑行道系统规划对比分析
——以浦东机场和亚特兰大机场为例

2018 年浦东国际机场旅客吞吐量约为 7405 万人次，飞机起降 50.4972 万架次，均位居全国第二位。亚特兰大哈兹菲尔德－杰克逊国际机场为全美乃至全世界最繁忙的特大型机场之一，2018 年旅客吞吐量达 1.07 亿人次，飞机起降 89.5502 万架次。两个机场在跑道系统构型相似且跑道数量仅相差 1 条的情况下，亚特兰大机场在保障容量和地面滑行效率方面优势明显。

拓展阅读
中美特大型繁忙机场滑行道系统规划对比分析

4.3　机坪

4.3.1　机坪的功能

机坪是飞行区内供飞机停放和旅客上下飞机的地方，是航站楼与飞行区之间的连接区域。机坪包括站坪、维修机坪、隔离机坪、等候机位机坪、等待起飞机坪等。

机坪根据使用的对象不同，可分为登机机坪（站坪）和停放机坪。飞机在站坪进行卸装货物、加油，在停放机坪过夜、维修和长时间停放。停放机坪上设有供飞机停放所划定的位置，简称为机位（图 4-9）。通常在机坪上用油漆标出飞机运行线路和机位，使飞机按照标出的线路进出机位。

图 4-9　1 ∶ 400 客机停机位示意图

机坪面积应按机型、机位数、飞机停放形式及运行方式、平均每架飞机停放面积、安全净距、站坪滑行通道、站坪服务车道布置等进行规划。机坪机位数应按典型高峰小时飞机占用机位时间、机位利用系数等进行计算。

4.3.2 机位数量和尺寸

机场的机位数目取决于需容纳的高峰小时飞机运行次数和机位的容量，机位容量则取决于每架飞机占用机位的时间和机位利用情况。

大部分机场的机位数配置为每百万年旅客量 3 ～ 5 个。对于不同类型的旅客（国际和国内航线）和飞机（大型和小型），最好分别计算其要求。

机位的尺寸取决于飞机的大小和停放方式。飞机的尺寸可由其机身长度和翼展确定，同时它还决定于为飞机服务的各项设备所占的范围。通常以机翼的右前方为存放车辆和设备的服务区。飞机的停放方式影响到操纵飞机进出机位时所需的面积。此外，确定机位所需尺寸时，还需考虑停放飞机与相邻停放飞机、滑行飞机或建筑物之间的净距要求。

大型机场机位数量多，结构复杂，飞行员不容易识别，机场都有对外公布的停机位图（图 4-10），特别需要向航空公司提供，是飞行计划中的一项内容。停机位图一般只包括机坪、停机位以及和机坪相连接的滑行道信息，有些机场没有单独的停机位图。

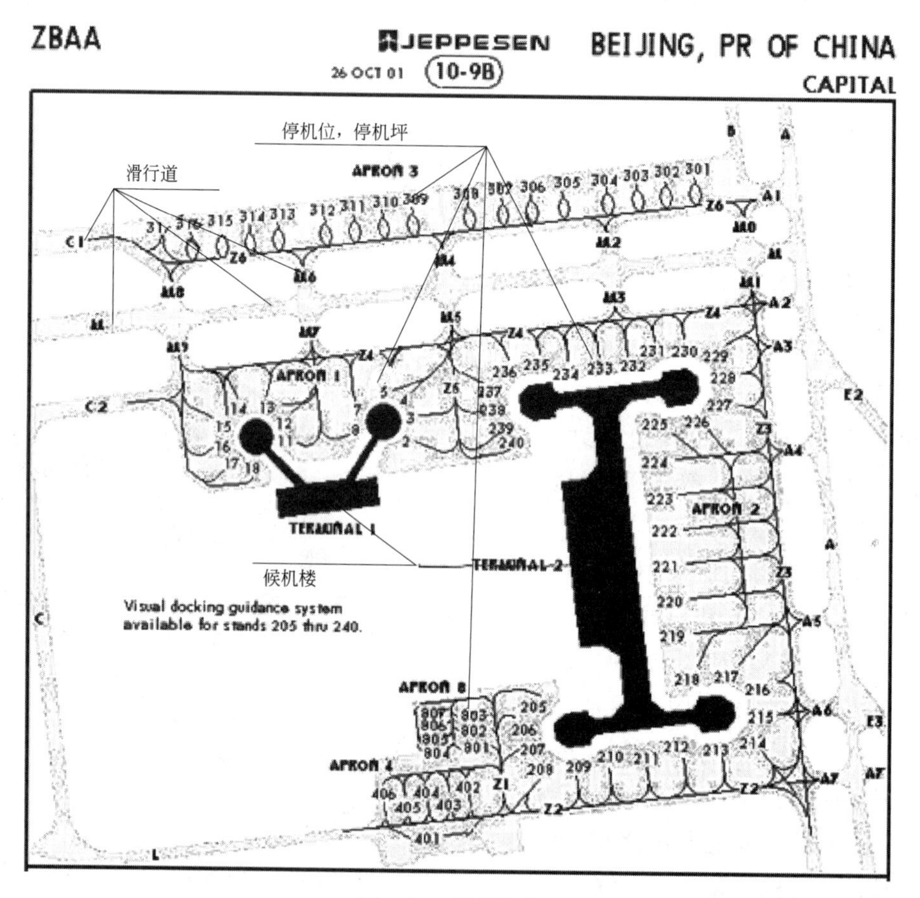

图 4-10　停机位图

飞机停放在机位上时需要地勤服务保障（图 4-11），地勤服务提供各种车辆和设备为飞机服务，或用专用的装置取代地面车辆为飞机服务，可减少在站坪上活动的地勤服务车辆，这不仅可以减小机坪的面积，而且有利于飞机运行的安全。

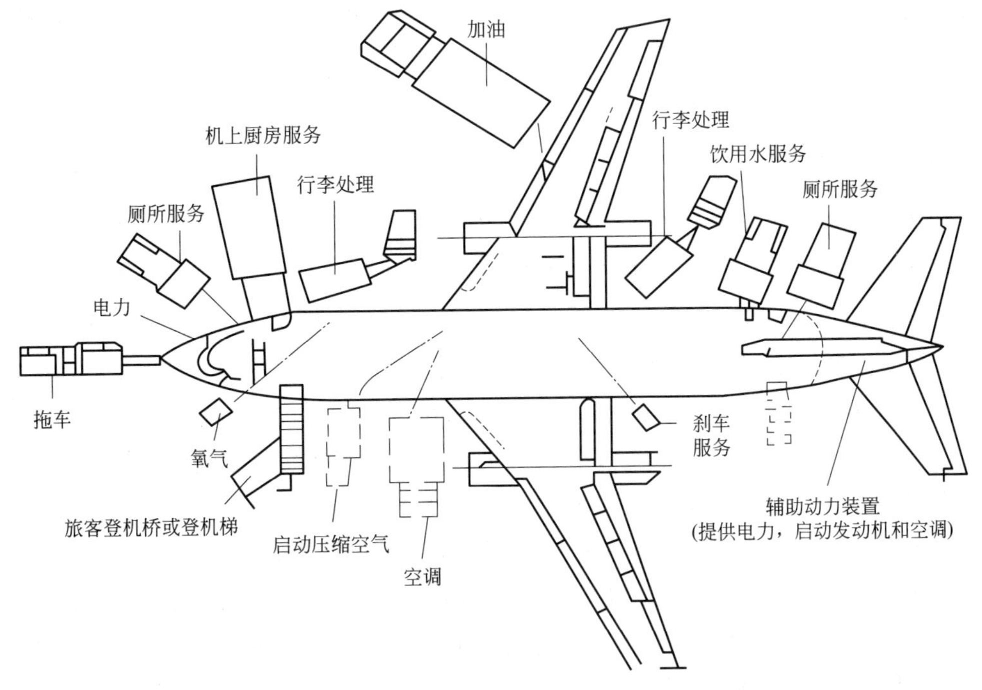

图 4-11　航空器地面服务布局

趣味阅读　飞机停靠廊桥的"门道"

登机廊桥又称空桥或登机桥，是一种机场航站楼内的设施，从登机门延伸至飞机机舱门，方便乘客进出机舱。

在登机廊桥问世之前，乘客必须步行于与地面同高的柏油路上，再爬上移动式登机梯，目前此种登机方法仍在世界多数机场使用，但通常都是只能容纳小型飞机的小型机场。

在任何天气条件下，使用廊桥可让旅客不用日晒雨淋而便于登机离机。其头端固定在登机门处的中轴，桥身则可以左右移动，头端和尾端皆可升降和伸缩，因此可适用于各种不同的飞机。尾端处有一个控制室来控制桥身的移动，另外还有一个折棚可向外延伸，密合地衔接机舱门，因而不受天气影响。虽廊桥可左右移动，但机场通常会在机坪地面画上常用飞机机种的停止线，以让飞机准确停靠，而让廊桥不用经常左右移动。但是，对于民航飞机而言，并不是所有的机型都能停靠廊桥。机场的廊桥类型有许多种，而每个机场的硬件设施不同，廊桥设施也会不一样。一般，双层桥可以停 747/330 一类大型飞机；单层桥可停小一类飞机；商务机等 C 类以下机型不能靠桥。

飞机不能停靠廊桥的情况包括：一是机型太小，与登机廊桥不匹配；二是高峰时间廊桥数量不足，尤其是一些枢纽机场，高峰时段航班密集，机场廊桥数量不足以应付航班高峰飞机停靠的需求；三是航班延误，廊桥被预留给其他航班，所有实际空闲的廊桥其实已经安排了飞机停靠；四是航空公司临时改换机型，例如原来是不能靠桥的小飞机，临时换成了大飞机，但依照计划仍不能停靠廊桥。

4.3.3 机坪管理

机坪管理通常是指在机坪上对航空器、车辆运行及人员活动的管理。机坪运行管理的目标是防止因机场原因导致航空地面安全事故的发生。由于国家体制的不同、机场资产权的隶属性等诸多因素，全球机场的机坪管理模式存在很大的差异。在欧洲、亚洲的一些国家以机场管理当局为主导，负责机坪的全部或大部分服务及管理工作，而在美国，通常是由航空公司来对机坪的运行及服务负责，机场管理当局几乎不参与任何管理。近些年来，国内机场的隶属关系发生了重大变革，基本模式是属地化管理，即机场资产隶属于当地政府，由地方政府委托机场管理机构对机场进行日常管理。在机坪运行管理方面，国内的管理模式基本是统一的，即由空中交通管理部门负责指挥航空器落地及在地面滑行直至停机位停泊，以及由停机位推出至滑行、起飞的全过程，而机场运行指挥部门负责机坪的运行管理通常是指航空器在地面作业的管理与协调。在机坪地面服务方面，国内的管理模式也基本是统一的，即由航空公司自己的地面服务部门（机构）为本公司的航空器进行服务；机场地面服务部门（机构）为与其签订代理服务协议的航空公司的航空器进行服务；航空公司地面服务部门（机构）为与其签订代理服务协议的其他航空公司的航空器进行服务；或者第三方组建的地面服务部门（机构）为与其签订代理服务协议的航空公司的航空器进行服务。

机场运行指挥部门通常设置运行指挥（AOC）、机坪管理（ROC）和应急指挥等部门。机坪管理部门的职责如下。

① 负责对飞行活动区的管理和指挥、协调工作。

② 负责飞行区车辆设备停放的管理。

③ 负责飞行区内不停航施工的监督管理工作。

④ 掌握飞行活动区内航空器、人员、车辆的动态，保证机坪运行安全、正常。

⑤ 检查、监督机坪内人员、车辆、设备设施的运作情况和机坪标志的完整性以及机坪卫生状况。

⑥ 及时制止、处置可能危及飞行安全和航空地面安全的各种行为。

⑦ 参与组织指挥应急救援工作。

⑧ 负责向上级及时报告飞行区运行和航班生产的异常情况。

⑨ 根据机坪运行情况，及时向相关服务保障单位发布机坪运行动态指令。

⑩ 负责向引导车通报航班落地信息及合适停机位。

4.3.4 飞机停靠方式

飞机相对于门位的停靠方位有机头垂直向内、机身平行航站楼、机头斜角向内、机头斜角向外四种（图 4-12）。飞机进出机位既可依靠自身动力，也可靠牵引车拖（推）动。

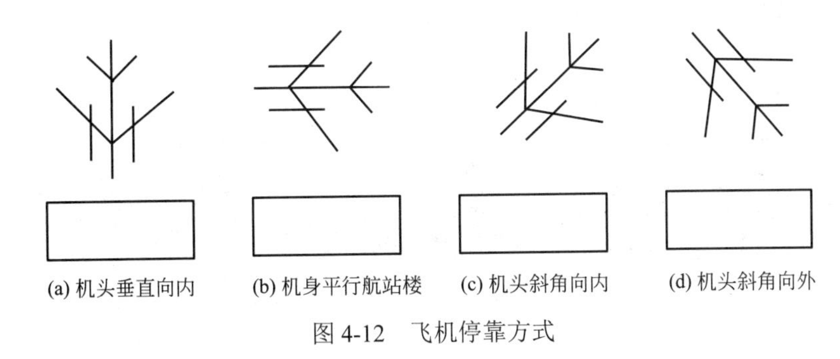

图 4-12　飞机停靠方式

（1）机头垂直向内　飞机自行操纵进入，机头向内，滑出时由牵引车推动飞机后退到机坪滑行道，同时转弯 90° 驶离。这种方式所需机位尺寸最小、机头到航站楼的净距较小。噪声低和对航站楼没有喷气吹袭，便于与登机桥相接。因而它是一种较有效的常用方式，其主要缺点是需要牵引车设备和驾驶员。

（2）机身平行航站楼　飞机能自行操纵进入和退出。机身平行航站楼停放时，占用很大的机位尺寸。

（3）机头斜角停放　机头斜向内和向外停放，飞机都能自行操纵进入和退出，不需要牵引车是其主要优点。机头斜角向内停放时，由于飞机退出时要转 180°，所需的机位尺寸较大（与飞机尺寸和转弯所需尺寸有关），同时它产生较大的噪声。机头斜角向外停放时，飞机启动的喷气吹袭和噪声指向航站楼。

4.4　机场目视助航设施

机场目视助航设施是机场所需的各项通信、导航设施的统称，是机场飞行区内及其附近，为飞机驾驶员昼夜提供起飞、进近、着陆和滑行的目视引导信号而设置的工程设施。一般由道面标志、助航灯光、标记牌、标志物等组成。其繁简程度和布置形式则根据机场的平面布置、飞行业务量、机场接收飞机的气象标准和配合使用的无线电导航设施的内容和精密程度等因素决定。各国因使用习惯不同，稍有差异。国际民用航空组织为了促进各成员国对所开放的国际机场上的目视助航设施趋于标准化，颁布了一系列国际通用标准。

4.4.1 道面标志

机场道面标志按照区域划分，可分为三类：跑道道面标志、滑行道道面标志和机坪道面标志。在跑道、滑行道和机坪等道面上标示鲜明的线条、字码和符号等目视标志。跑道上用白色标志，滑行道和机坪上用黄色标志。

4.4.1.1 跑道道面标志

针对机场跑道而言，鉴于跑道类别不同，其道面标志也不尽相同。一般情况下，机场跑道道面标志包括跑道号码标志、跑道中心线标志、跑道入口标志、跑道边线标志、接地带标志和瞄准点标志等，如图 4-13 所示。

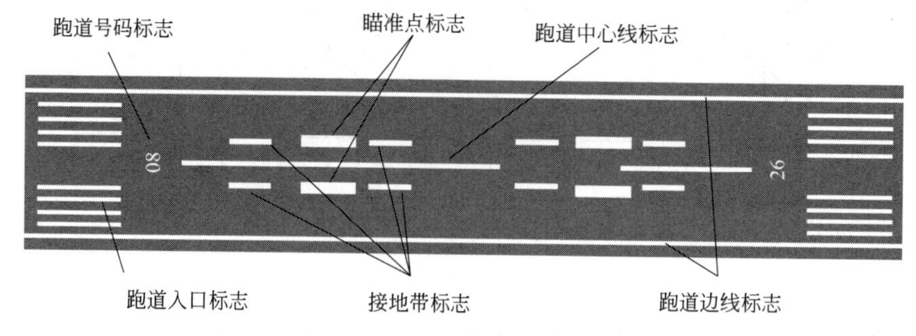

图 4-13 跑道道面标志简化图

（1）跑道号码标志　由于飞机在起飞和着陆期间会受到风的影响，所以跑道朝向一般是根据当地盛行风（逆风降落）来设计的。机场跑道一般以磁北向为基准，跑道两端均设有跑道号码标志，跑道号码由两位数字组成，以便飞行员和其他相关人员方便地识别机场跑道。

（2）跑道中心线标志　跑道中心线标志应设置在跑道两端的跑道号码标志之间的跑道中心线上，由均匀隔开的线段组成。线段之间的间隙长度不得小于 50 米，每一线段的长度至少等于间隙的长度或 30 米（取较大值）。Ⅱ类或Ⅲ类精密进近跑道的中心线标志宽度不小于 0.9 米；Ⅰ类精密进近跑道及非精密进近跑道的中心线标志宽度不小于 0.45 米；其他跑道应不小于 0.3 米。

（3）跑道入口标志　跑道入口标志应由一组尺寸相同、位置对称于跑道中心线的纵向线段组成，入口标志的线段自离跑道入口 6 米处开始，线段长 30 米，宽约 1.8 米，间距与线段同宽，线段的总数按跑道宽度来确定（表 4-1），连续横贯跑道布置至距跑道边 3 米处。

表 4-1　跑道入口标志线段数量

跑道宽度 / 米	线段总数
18	4
23	6
30	8
45	12
60	16

（4）跑道边线标志　跑道应设跑道边线标志。

跑道边线标志应设在跑道两端入口之间的范围内。宽度为 30 米或大于 30 米的跑道的边线标志的线条宽度应为 0.9 米；跑道宽度小于 30 米时，线条宽度应为 0.45 米。线条应沿跑道两侧边设置，线条的外边应大致与跑道边线重合。

（5）接地带标志　有铺筑面的仪表跑道和飞行区指标Ⅰ为 3 或 4 的有铺筑面的非仪表跑道应设接地带标志。接地带标志由若干对对称设置在跑道中心线两侧的长方形标志块组成。接地带标志有两种形式，其对数与可用着陆距离有关（如表4-2）。成对标志线条的纵向间距应为150米，自距离跑道入口150米处开始。与瞄准点标志相重合或位于其50米范围内的各对接地带标志应省略。

表4-2 接地带标志块对数与跑道可用着陆距离的关系

可用着陆距离或两端入口间的距离 / 米	标志块对数
< 900	1
$900 \leqslant d < 1200$	2
$1200 \leqslant d < 1500$	3
$1500 \leqslant d < 2400$	4
$\geqslant 2400$	6

（6）瞄准点标志　仪表跑道的每一个进近端应设瞄准点标志。瞄准点标志距跑道入口的距离和尺寸有关（表4-3）。标志应对称设置在跑道中心线的两侧。如果跑道上设有接地带标志，则标志的横向间距应与接地带标志的横向间距相同。

表4-3 瞄准点标志的位置和尺寸

位置和尺寸	可用着陆距离LDA		
	800米≤LDA＜1200米	1200米≤LDA＜2400米	LDA≥2400米
标志始端至入口的距离	250米	300米	400米
线段长度①	30～45米	45～60米	45～60米
线段宽度	6米	6～10米	6～10米
线段内边间的横向间距②	9米	18～22.5米	18～22.5米

① 在要求提高标志的明显度之处，宜选用规定长度范围内较大数值。

② 横向间距可在表列范围选定，以尽量减小轮胎橡胶淤积对标志的污染，但必须与接地带标志（如设有）的横向间距相等。

4.4.1.2 滑行道道面标志

一般情况下，机场滑行道标志包括滑行道中线标志、滑行道边线标志、滑行道道肩标志、跑道等待位置标志、中间等待位置标志、跑道掉头坪标志等。

（1）滑行道中线标志　位置：在滑行道的直线部分，滑行道中线标志应沿滑行道中线设置。在滑行道弯道部分，此标志应从滑行道直线部分延续并保持与弯道的外侧边的距离不变。作为跑道出口的滑行道，该滑行道中线标志应以曲线形式转向跑道中线标志。

颜色：黄色。

作用：为飞机驾驶员提供从跑道中心线到停机坪、站坪或其他目的地上机位标志开始点的引导；是飞机前轮滑行的路线。

要求：对所有滑行道以及机坪（或站坪或其他目的地）滑行通道，应设这一标志［图 4-14（a)］。当强调航空器滑行接近跑道等待位置时，通常设置带有增强型滑行道中线标志［图 4-14（b)］。

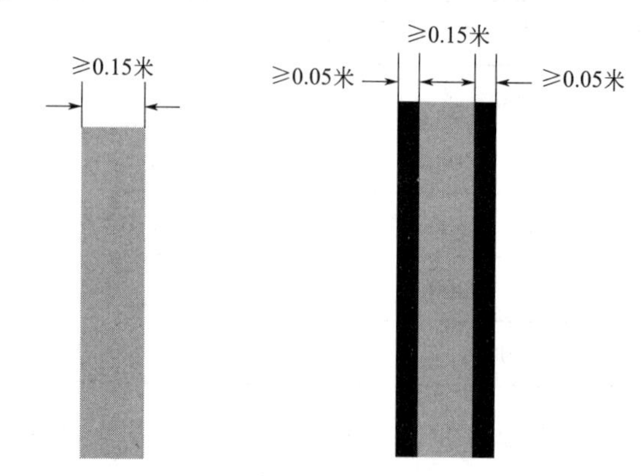

图 4-14　滑行道中线标志

（2）滑行道边线标志和滑行道道肩标志

①滑行道边线标志

位置：在承重道面和非承重道面交界处设置。

颜色：黄色。

作用：勾画承重道面的范围，防止飞机误滑入非承重道面，造成某种损坏。

要求：滑行道、等待坪、停机坪的道肩（也属于非承重道面）以及其他非承重道面（泛指相接的道路）与承重道面不易分辨时，才在相接处设滑行道边线标志，如图 4-15 所示。

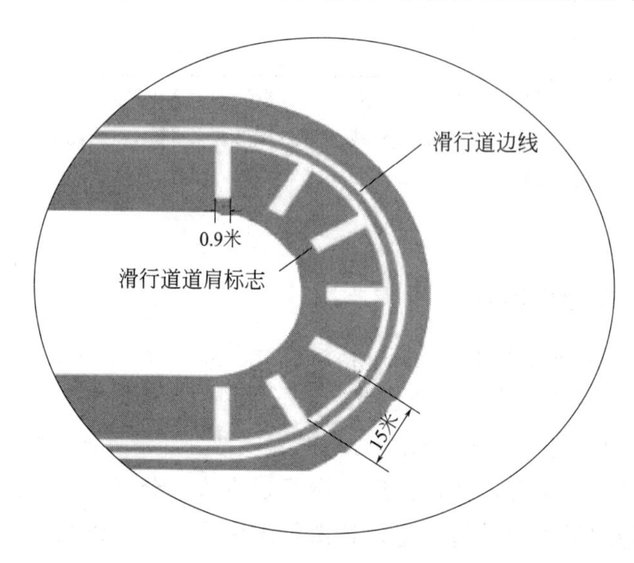

图 4-15　滑行道边线和道肩标志

②滑行道道肩标志

位置：在滑行道转弯处，或其他承重道面与非承重道面需要明确区分处。

颜色：黄色。

要求：滑行道道肩标志由垂直于滑行道边线或滑行道边线的切线的线条组成。在弯道上，在每一个切点处和沿弯道的各个中间点上应设一条线条，线条之间的距离不超过15米。线条宽度应为0.9米。如图4-15所示。

（3）跑道等待位置标志　位置：跑道等待位置处。

颜色：黑底黄色线条。

作用：防止航空器或车辆非法进入跑道或突破障碍物限制面。

要求：在滑行道与非仪表跑道、非精密进近跑道或起飞跑道相交处，跑道等待位置标志必须设置A型等待位置标志。

在滑行道与Ⅰ、Ⅱ或Ⅲ类精密进近跑道相交处如仅设有一个跑道等待位置，则该处跑道等待位置标志必须采用A型。在上述相交处如设有两个或三个跑道等待位置，则靠近跑道的跑道等待位置标志必须采用A型［图4-16(a)］，其余离跑道较远的跑道等待位置标志必须采用B型［图4-16(b)］。

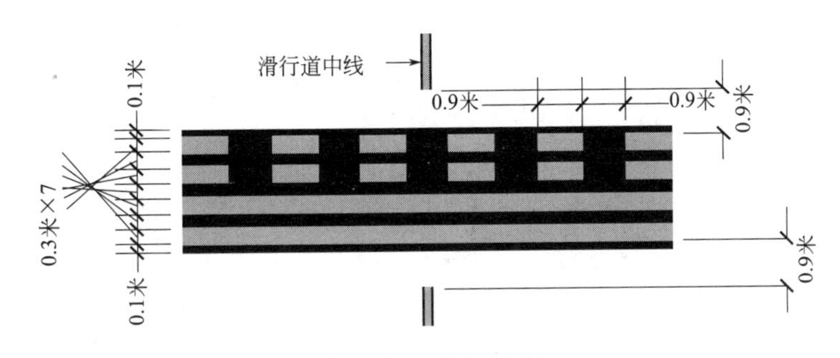

(a) A型跑道等待位置标志

注：沿着“实线—虚线”方向行进将引导航空器或车辆进入跑道。

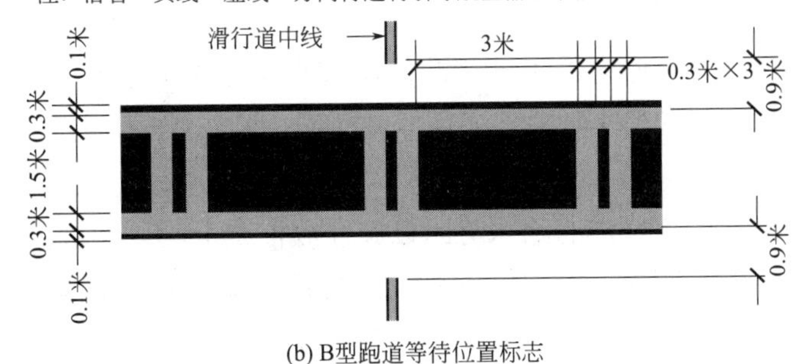

(b) B型跑道等待位置标志

图4-16　跑道等待位置标志

（4）中间等待位置标志　跑道等待位置在跑道和滑行道交界处，而中间等待位置通常在多条滑行道之间（图4-17），穿过跑道等待位置必须得到空管部门的指令，而中间等待位置则不需要，只要观察无误即可通过。

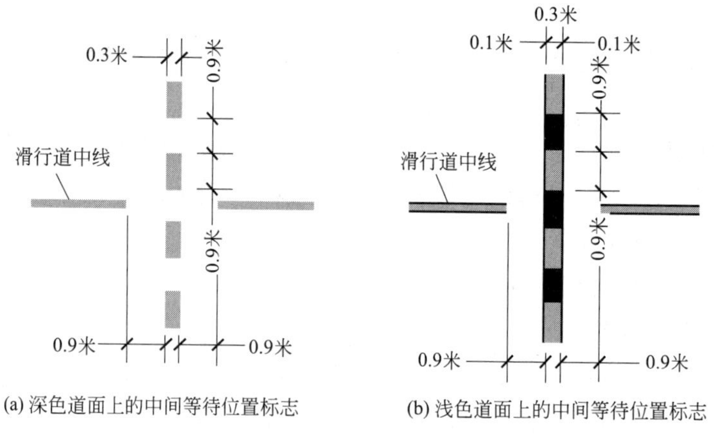

图 4-17　中间等待位置标志

（5）跑道掉头坪标志　跑道掉头坪标志是黄色的，跑道掉头坪边线和滑行道边线相同，是双黄线，如图 4-18 所示。

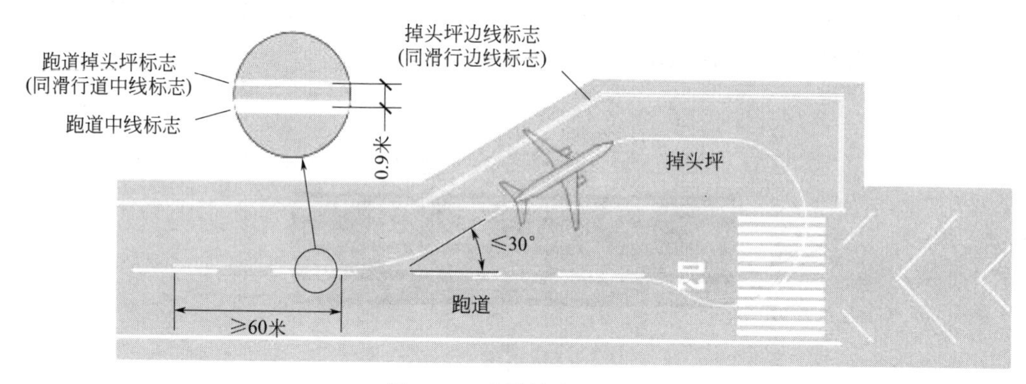

图 4-18　跑道掉头坪标志

4.4.1.3　机坪道面标志

机坪道面标志能够为停靠的飞机、设备以及勤务人员等建立安全的环境，其在世界范围内的标准化是提高机坪安全的长期目标。

（1）机位标志

在有铺筑面的机坪和规定的除冰防冰设施停放位置上应设飞机机位标志。按照飞机停放位置的不同，飞机机位标志分为飞机直置式和飞机斜置式（图 4-19）机位标志。

组成：一般由机位识别标志［字母和（或）数字］、引入线、转弯开始线、转弯线、对准线、停止线和引出线等组成。

作用：规定飞机前轮滑行路线，保证飞机（在机坪的）活动安全。

要求：满足使用该机坪的所有飞机的滑行和停放需要。

（2）机坪安全线

在有铺筑面的机坪上应根据飞机停放的布局和地面设施和（或）车辆的需要设置机坪安全线。

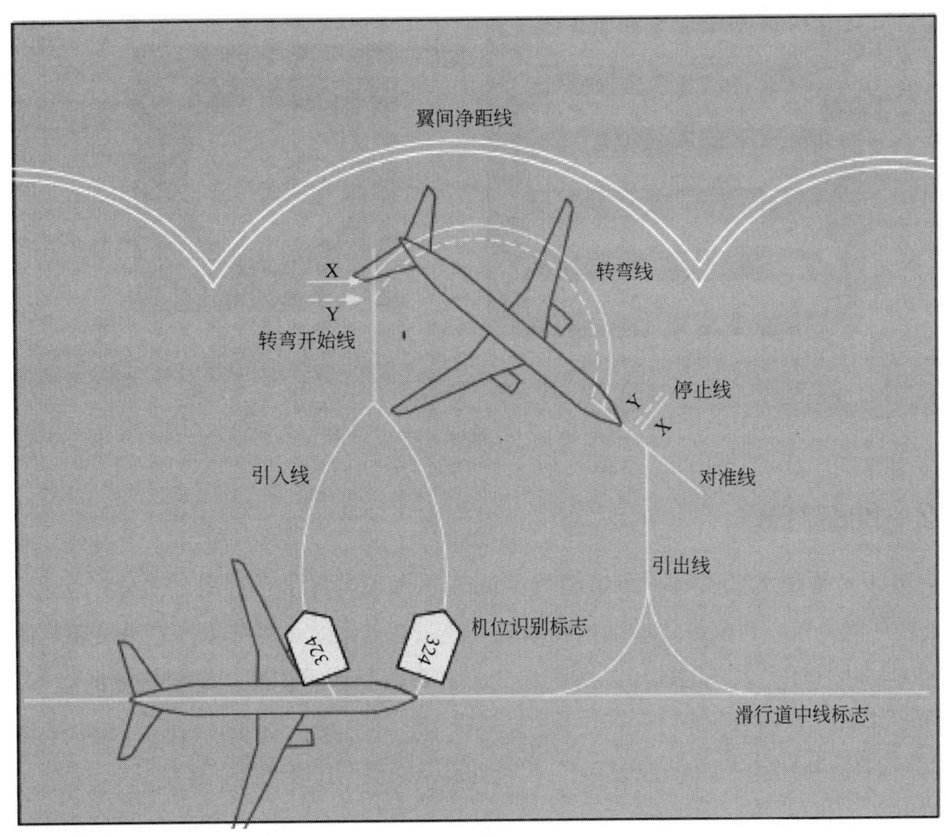

图 4-19　飞机机位标志示意图

组成：机坪安全线包括机位安全线［图 4-20(a)］、翼尖净距线、廊桥活动区标志线［图 4-20(b)］、服务车道边界线、行人步道线［图 4-20(c)］、设备和车辆停放区边界线以及各类栓井标志［图 4-20(d)］等。机位安全线、廊桥活动区标志线和各类栓井标志应为红色，翼尖净距线等其他机坪安全线（包括标注的文字符号）均应为白色。

要求：机坪安全线的位置应能保证飞机在进出机位过程中对停放的地面设施、车辆和行人有符合相应规定的安全净距。

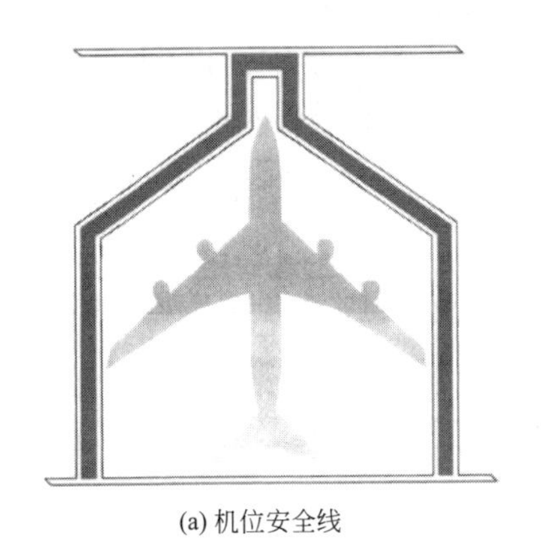

(a) 机位安全线

(b) 廊桥活动区标志线

图 4-20

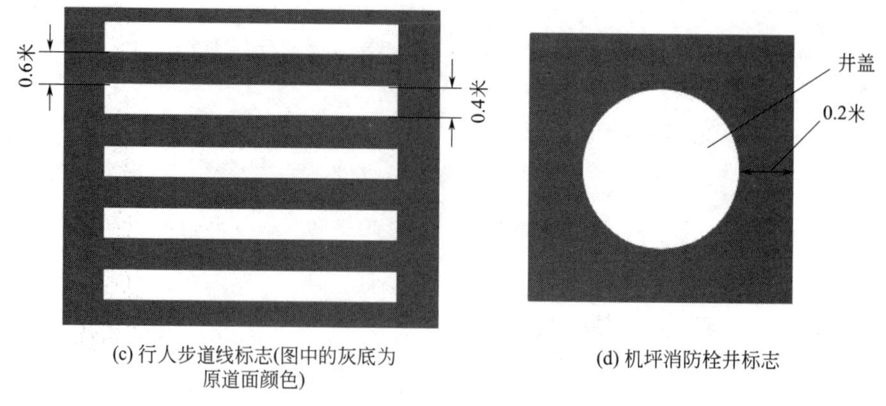

(c) 行人步道线标志(图中的灰底为原道面颜色)

(d) 机坪消防栓井标志

图 4-20　机坪道面标志示例图

4.4.2　助航灯光

助航灯光是在飞机夜航和跑道能见度低时向驾驶员提供目视引导信号的工程设施，它由进近灯光系统、目视进近坡度指示系统、跑道灯光系统、滑行道灯光系统和其他灯光系统组成。助航灯光系统的图形、颜色、光强和覆盖范围不但应当适合机场的运行方式，还应符合本国制定的或国际上通用的技术标准。灯具的发光强度分为低光强、中光强和高光强。一般机场都安装固定式灯光。小型机场也可采用移动式、半固定式灯光。在没有备用电源的机场应备有应急灯光。国际民用航空组织对各类灯具的光学性能都做出了明确规定。

4.4.2.1　进近灯光系统

近灯光系统（Approach Lighting System，ALS），是辅助航行灯光的一种，使飞机于夜间或是能见度低的情况下降落时，提供跑道入口位置和方向的醒目的目视参考。

进近灯光系统安装在跑道的进近端，是从跑道向外延伸的一系列横排灯、闪光灯标（或者两者组合）。进近灯光通常在有仪器进近程序的跑道上使用，使得飞行员能够目视分辨跑道环境，帮助飞行员在飞机进近到达预定点的时候对齐跑道。

进近灯光系统包括简易进近灯光系统、Ⅰ类进近灯光系统、Ⅱ / Ⅲ进近灯光系统（图 4-21）。随着灯光配置的不同，一个进近灯光系统可能会安装以下灯具的一种或几种。

（1）进近中线灯　安装于跑道中线上的一组可变白色固定灯标。精密进近跑道的进近中线灯纵向间隔 30 米，延伸至少 900 米；简易跑道的间隔 60 米，延伸至少 420 米。

（2）进近横排灯　在跑道入口 150 米的整数倍距离处设置可变白色的横排灯。横排灯与跑道中线垂直，每边内侧距跑道中线延长线 4.5 米。

（3）进近旁线灯　为一组红色灯标，从跑道入口延伸至 270 米处，灯的间距为 30 米，一般安装在精密进近跑道。

（4）进近闪光灯标　在跑道中线延长线上距跑道入口 300 ～ 900 米处设置白色闪光的灯标，这些灯标的闪光顺序为逐个由前至后，每个灯闪光频率为 1 次 / 秒。

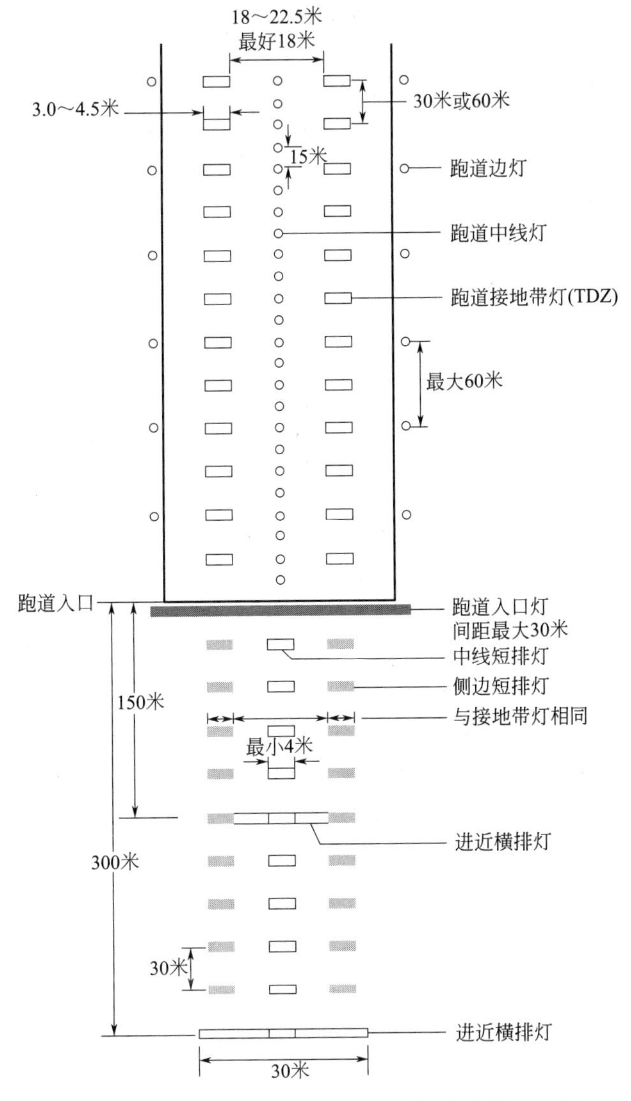

图 4-21 Ⅱ、Ⅲ类精密进近灯光系统的内端 300 米

4.4.2.2 目视进近坡度指示系统

目视进近灯光系统中，目视进近坡度指示系统（Visual Approach Slope Indicator System，VASIS）是最常见、最重要的助航设备之一。它的设置是为了保证飞机能沿正确的下滑道进入跑道且能安全超越障碍物。

标准的目视进近坡度指示系统应为下列几种（图 4-22）。

① T 式目视进近坡度指示系统（T-VASIS）和简化 T 式目视进近坡度指示系统（AT-VASIS）。

② 精密进近坡度指示器（PAPI）和简化精密进近坡度指示器（APAPI）。

当飞行区指标 Ⅰ 为 1 或 2 时，应设置 APAPI。当飞行区指标 Ⅰ 为 3 或 4 时，应设置 PAPI、T-VASIS 或 AT-VASIS。

T-VASIS 应由对称布置在跑道中心线两侧的 20 个灯具组成，每侧包括一个由 4 个灯组成的翼排灯和在翼排灯纵向等分线上的 6 个灯具。

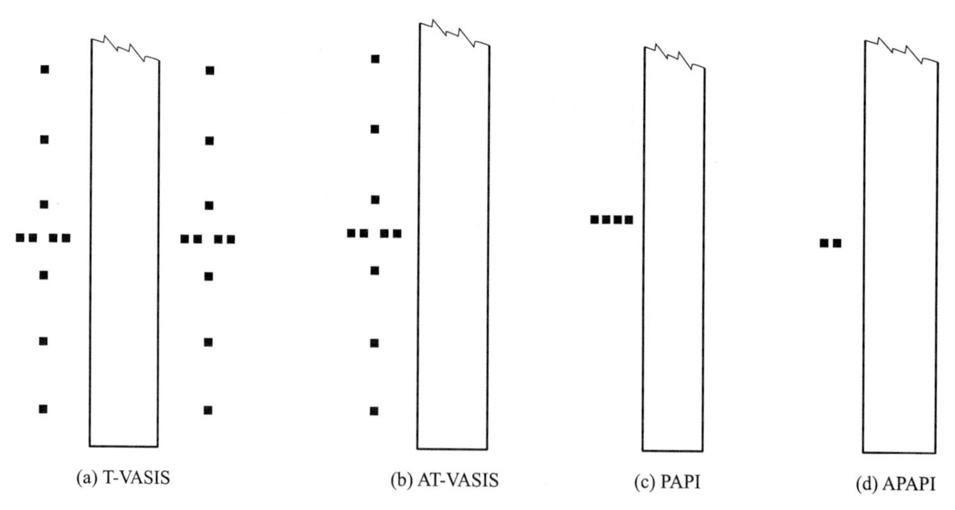

图 4-22　各种目视进近坡度指示系统

AT-VASIS 应由布置在跑道一侧的 10 个灯具组成，包括一个由 4 个灯组成的翼排灯和在翼排灯纵向等分线上的 6 个灯具。

T-VASIS、AT-VASIS 灯具的构造和布置应使在进近中的航空器驾驶员达到以下目的。

① 在进近坡之上时，看到翼排灯是白色，以及 1、2 或 3 个低飞提示灯。驾驶员高于进近坡之上越多，看到低飞提示灯数就越多。

② 正在进近坡上时，看到翼排灯是白色。

③ 低于进近坡时，看到的翼排灯和 1、2 或 3 个高飞提示灯均是白色。驾驶员低于进近坡越多，看到的高飞提示灯数就越多。当其低于进近坡很多时，看到的翼排灯和 3 个高飞提示灯均是红色。

④ 正在进近坡上或高于进近坡时，看不到高飞提示灯光；正在进近坡上或低于进近坡时，看不到低飞提示灯光。

PAPI 系统应由 4 个灯具组成，APAPI 系统应由 2 个灯具组成。

PAPI 系统的构造和布置应使进近中的驾驶员达到以下目的。

① 正在或接近进近坡时，看到离跑道最近的 2 个灯具为红色，离跑道较远的 2 个灯具为白色。

② 高于进近坡时，看到离跑道最近的灯具为红色，离跑道最远的 3 个灯具为白色；在高于进近坡更多时，看到全部灯具均为白色。

③ 低于进近坡时，看到离跑道最近的 3 个灯具为红色，离跑道最远的灯具为白色；在低于进近坡更多时，看到全部灯具均为红色。

APAPI 系统的构造和布置应使进近中的驾驶员达到以下目的。

① 正在或接近进近坡时，看到离跑道较近的灯具为红色，离跑道较远的灯具为白色。

② 高于进近坡时，看到 2 个灯具均为白色。

③ 低于进近坡时，看到 2 个灯具均为红色。

4.4.2.3 跑道灯光系统

供白天低能见度或夜间使用的跑道必须按要求设置跑道灯光。跑道灯光系统主要由以下灯光组成。

（1）跑道入口灯　设有跑道边灯的跑道必须设置跑道入口灯，只有跑道入口内移并设有跑道入口翼排灯的仪表跑道和非精密进近跑道才可以不设。跑道入口灯应为向跑道进近方向发绿色光的单向恒定发光灯。

（2）跑道末端灯　设有跑道边灯的跑道必须设置跑道末端灯，当跑道入口位于跑道端时，跑道末端灯可以使用跑道入口灯的灯具。跑道末端灯必须为向跑道方向发红色光的单向恒定发光灯。

（3）跑道中线灯　精密进近跑道及起飞跑道应设置跑道中线灯。跑道中线灯灯光自入口至距离跑道末端 900 米范围内应为白色；从距离跑道末端 900 米处开始至距离跑道末端 300 米的范围内应为红色与白色相间；从距离跑道末端 300 米开始至跑道末端应为红色。若跑道长度不足 1800 米，则应改为自跑道中点起至距离跑道末端 300 米处范围内为红色与白色相间。

跑道入口内移的进近灯光和跑道灯光示例如图 4-23 所示。

（4）跑道边灯　供夜间使用的跑道或昼夜使用的精密进近跑道，必须成行地沿跑道边缘或跑道边缘以外不大于 3 米处均匀地布置跑道边灯。仪表跑道灯间距不得大于 60 米，非仪表跑道灯间距不得大于 100 米。在跑道交叉处，只要对飞行员仍能提供足够的引导，跑道边灯可用不规则间距或者取消若干灯具。

（5）跑道接地地带灯　Ⅱ类或Ⅲ类精密进近跑道的接地地带必须设置接地地带灯。接地地带灯应为单向发白光。

（6）停止道灯　供夜间使用的停止道必须设置停止道灯。停止道灯沿停止道长、宽设置。停止道灯必须为朝跑道方向单向发红光。

4.4.2.4 滑行道灯光系统

滑行道灯光系统主要包括滑行道中线灯、滑行道边灯、停止排灯、中间等待位置灯、跑道警戒灯，如图 4-24 所示。

（1）滑行道中线灯　滑行道中线灯沿滑行道中心线均匀设置，且在直线段上的纵向间距应不大于 30 米，灯光的颜色一般是绿色，其光束只有从滑行道上或其附近的飞机上才能看得见。

（2）滑行道边灯　滑行道边灯安装于滑行道两侧的边缘或距边缘不大于 3 米处。无论滑行道直线部分还是弯道上的灯距都小于 60 米，使其能明显地把弯道位置显示出来。

（3）停止排灯　停止排灯在精密进近类跑道比较常见，横跨整个滑行道，为朝着趋近跑道的方向发红色光的单向灯。该灯光的开关取决于机场管制员的指令，飞行员见此灯亮时必须停止滑行，以等待机场管制员的下一个指令。

（4）中间等待位置灯　中间等待位置灯设置在距滑行道交叉口 30 ~ 60 米范围之内，横贯滑行道，朝着趋向中间等待位置方向发恒定黄色灯光，灯具至少为 3 个，对称于滑行道中线并与其成直角，灯光颜色为固定单向黄色灯光。

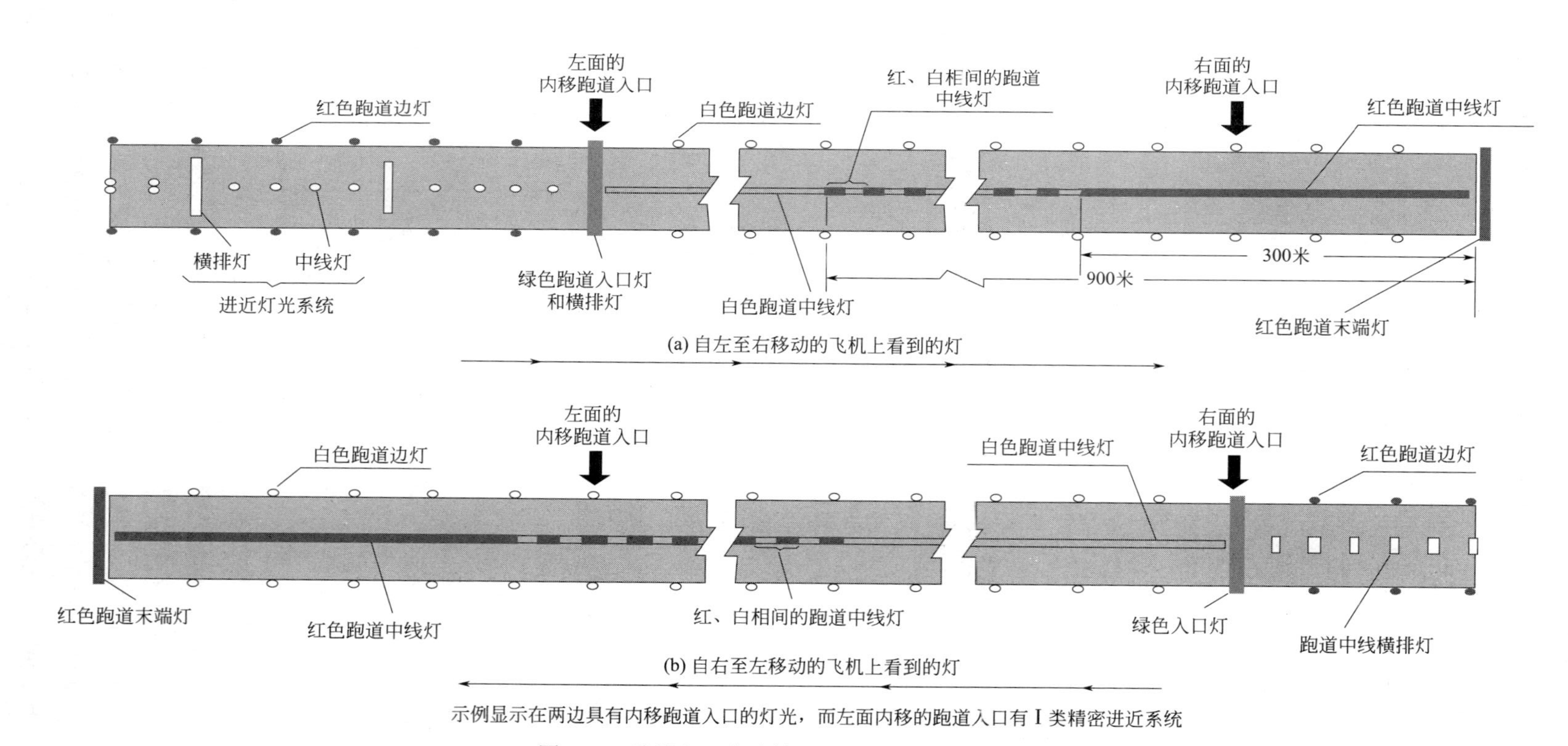

示例显示在两边具有内移跑道入口的灯光，而左面内移的跑道入口有 I 类精密进近系统

图 4-23 跑道入口内移的进近灯光和跑道灯光示例

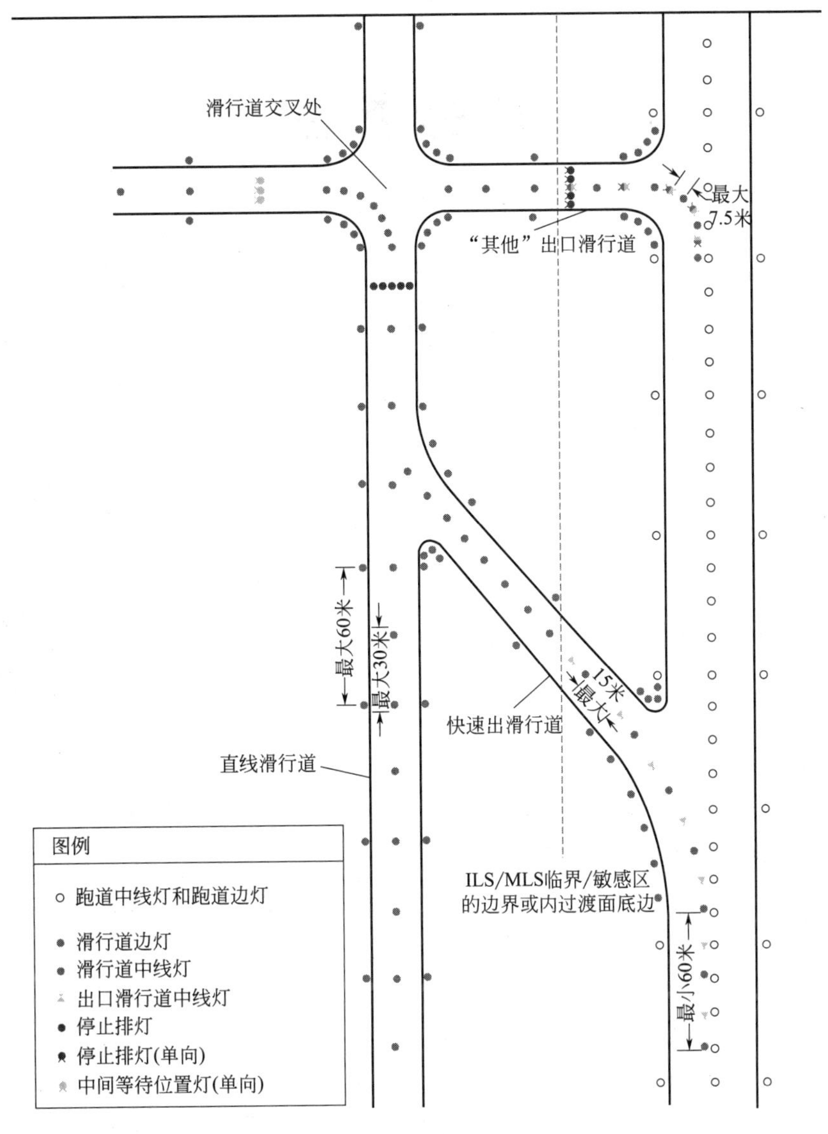

图 4-24　滑行道灯光系统

（5）跑道警戒灯　跑道警戒灯不安装在滑行道上，其光束是单向的，并对准方向使滑向等待位置的飞机驾驶员能看得见，用于警告在滑行道上操纵飞机驾驶员和驾驶车辆的司机，他们将要进入一条现用跑道。

拓展阅读　机场标记牌

在机场内实现安全有效的航空器滑行和地面活动，应设置一套标记牌系统，供航空器和车辆驾驶员在活动区内使用。标记牌包括滑行引导标记牌、VOR 机场校准点标记牌、机场识别标记牌、航空器机位识别标记牌及道路等待位置标记牌。

本章小结

从运行指挥角度来讲，飞行区有跑道系统、滑行道系统和机坪系统三个功能设施。机场跑道是飞机起飞、着陆的场地；机场滑行道是飞机地面滑行的专用通道；机坪是飞机停放和旅客上下飞机的地方。

助航灯光是在飞机夜航和跑道能见度低时向飞行员提供目视引导信号的工程设施，它由进近灯光系统、目视进近坡度指示系统、跑道灯光系统、滑行道灯光系统和其他灯光系统组成。

本章练习

一、选择题

第 4 章
练习参考答案

1. 机场跑道的布置形式包括（　　）。
   A. 单条跑道　　B. 交叉跑道
   C. 平行跑道　　D. V 形跑道
2. 下列不属于跑道灯光系统的是（　　）。
   A. 跑道入口灯　　B. 跑道警戒灯　　C. 跑道接地地带灯　　D. 跑道中线灯
3. 跑道的数量取决于（　　）。
   A. 旅客量　　B. 货邮量　　C. 航空运输量　　D. 起降架次
4. 目视进近坡度指示系统的英文简称是（　　）。
   A. PAPI　　B. APAPI　　C. MLS　　D. VASIS
5. 机场跑道的宽度取决于（　　）。
   A. 飞机翼展　　B. 飞机架次
   C. 飞机起降速度　　D. 主起落架外轮外侧间距

二、填空题

1. 飞行区内供飞机停放和旅客上下的地方称为________。
2. 机场跑道基本参数包括________、________、________、________、________、________、________。
3. ______是机场内供飞机滑行的规定通道。
4. 机场的构型主要取决于________、__________、________。

第 5 章

机场货运经营

事件聚焦 宁波机场货运站

宁波机场货运站隶属于宁波栎社机场辅业板块，其总建筑面积约 27927 平方米（其中国际货站大楼 13111 平方米、国内进出港仓库 8000 平方米、快件中心 2400 平方米、冷链仓库 1550 平方米、卡车仓库 2866 平方米）。预计硬件保障能力可达 12 万～ 15 万吨。随着园区三期扩建项目的启动建设，届时将完成 4.7 万平方米的货运（物流）工程的建设，年货邮吞吐量保障能力将达 30 万吨。宁波机场货运站下设五个部门：客户服务部、综合业务部、市场营销部、装卸服务部、机坪保障部。经营范围包括航空货物仓储、中转、装卸、搬运、配载、整理和场地租赁服务、航空货物有关单证制作、航空货物信息查询、查证服务等。

知识目标

1. 理解国际、国内航空货运市场的发展现状与趋势。
2. 掌握机场货运站工作特点、功能。
3. 理解机场货运的货物流、信息流及流程管理。
4. 理解机场货运的主要设施设备及其设施设备管理。

能力目标

1. 能分析机场货运站的货物处理流程。
2. 能辨别机场货运站中各货运设施设备的基本作用。

素质目标

1. 树立独特创新的观念，培养学生思辨的能力。
2. 树立民航责任感，培养学生尊重、热爱民航工作的热情。

航空货运是现代物流业重要的组成部分，具有迅捷、安全、准时的特点，在运送贵重物品、鲜活货物和精密仪器等物品时具有不可替代的优势，特别是国际货物运输，空运更能体现其迅捷、安全、准时的优势。对航空货运市场分析，可以为机场货运站的规划、建设等提供决策依据。

5.1 机场货运站管理

5.1.1 机场货运站概念

机场货运提供货物“空间位移”，而机场货运站作为航空运输的中间环节，是连接货物与航空公司的唯一通道，为货物提供从陆侧到空侧、空侧到陆侧的转换服务，是供货物办理托运手续、货物临时储存、货物交接、运费结算等航空货运业务的重要场所。一般来说，货运站主要由业务楼、货运仓库、装卸场及停车场组成，货机来往较多的机场还设有货机坪。机场货运站不但是民用机场基础建设的一个重要的、必不可少的组成部分，而且它的建设、运营和发展将对整个机场的运行功能、经济效益以及行业中的地位产生深远的影响。

5.1.2 机场货运站工作特点

（1）货物过站时间短　航空货运这些年来的销售模式和操作模式，大多是航空公司在每个地区找几个核心的货运销售代理，把每个航班的仓位分包给这些代理人去销售和揽货，代理人在航班起飞前一定时间内将货物送达机场。因此，大型机场或者枢纽机场，航班具有集中在一个较短时间内到场和离场的特点。如果某个航班货物中转延误就会造成网络连锁反应，这就要求机场货运站中货物要以较高速度过站流通，尽量缩短在站停留时间。一般国际航班货物停留时间如表 5-1 所示。

表 5-1　国际航班货物停留时间

项目		滞留时间 / 天	项目		滞留时间 / 天
国际进港	集装货	≤ 1	国际出港	集装货	≤ 1
	散货	≤ 0.5		散货	≤ 0.5

（2）运输以集装货物为主　在大型机场货运站处理的货物中，集装货物占到了 80%，国际集装货物能够达到总量的 95% 以上。例如：上海浦东国际机场高峰小时进出港集装货物处理数量如表 5-2 所示。

表 5-2　浦东国际机场货运站高峰小时进出港集装货物（ULD）处理数量

高峰小时集装货量 / 吨		高峰小时 ULD 量 / 个	ULD 作业时间 / 天
进港	228.6	114	≤ 1
出港	407.5	204	≤ 0.5

（3）货物处理效率和准确性要求高　集装货物出港作业时，作业人员在收货区收取散件货物并安检、称重，根据作业计划，将货物运到立体存放区暂存或直接打板。散货组集后，根据航班计划，大部分经辊道输送机转运到集装货物存储区暂存，完成集装货物出港发货作业。进港集装货物的处理流程与出港集装货物的处理流程正好相反。虽然货物处理流程清晰，但是大型机场货运站年货物吞吐量超过 50 万吨，平均每天处理几千吨货物，且具有离散型与非均衡性的特点，这就要求货物处理准确、高效。

5.1.3　机场货运站功能

不同机场因其自身的规模、位置，以及货运量、货流等因素，其货运站功能划分也不尽相同，由于现代航空货运站的主要功能特性是高效性和快速流通性，其作业性质已由早期的中转储存型转变为直通快速过站型。根据货物进出港流程，一般的机场货运站由陆侧停车区、进货区（进出货台）、理货区（小件处理、重件处理、散货系统）、集装货区（集散货系统）、办公区、空侧机坪等组成（图 5-1）。根据货站设计的目标，比如新建货运站、扩建货运站，建立共用货运站，进行总体规划设计，然后进行功能分块设计和详细设计。机场货运站的功能概括起来主要包括以下几个方面。

（1）储存功能　到港货物有时并不能马上被收货人取走，出港货物有时并不能马上装上飞机运走，特别是需要联检的国际空运货物。为了保证货物安全，机场货运站必须具备一定的仓库、设备对货物进行暂时的储存，协调机场空侧与陆侧的货流。

（2）货物处理　货运站所收出港货物常常有很多小件，并发往不同的目的地，因此，货运站必须按目的地对货物进行分拣，然后再根据货物类型将其转换成利于运输的大件。对于进港货物，也要进行拆箱、分拣以便不同的货主提货。除分拣和拆、装箱外，对空运货物，货运站还要进行称重、测量、清点、鉴别、码放等工作。

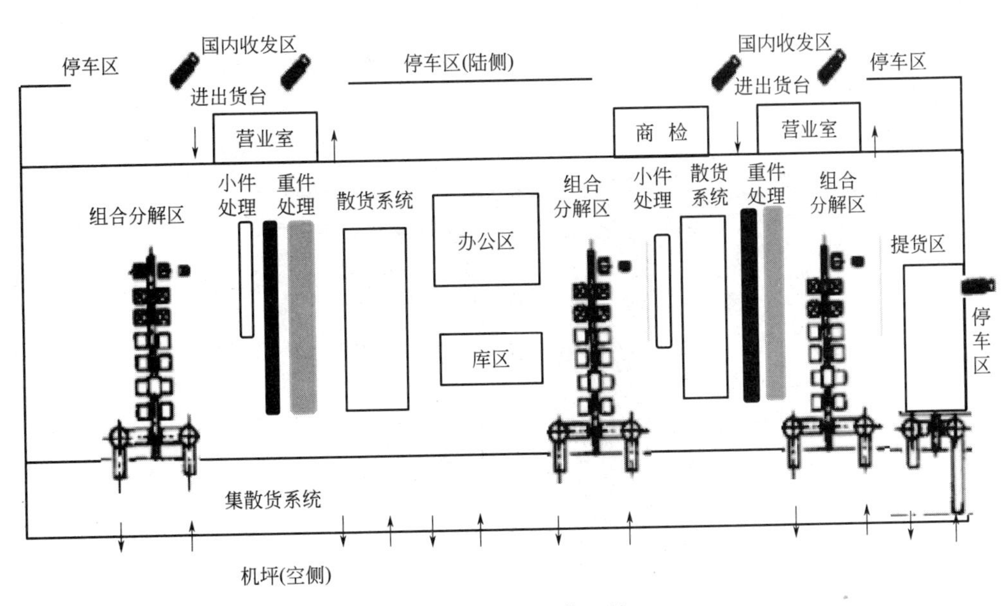

图 5-1　某机场货运站

（3）装卸运输　出港货物从货运站装上飞机、进港货物从飞机转到货运站，都需要货运站具备一定的设备、人力进行装卸和运输。

（4）办理货运手续与货运文件　托运、提货、出库、装机、卸货、入库等均需在货运站办理各种手续和有关货运文件，如货物托运书、航空货运单、货邮舱单、装机通知单、贵重物品交接单、特种货物装机通知单、中转舱单、货物分批发运单，等等。

5.1.4　机场货运站设计规划建设原则

机场货运站作为机场的重要组成部分，其规划建设需遵循以下几个原则。

（1）因地制宜，合理规划

① 货运站群　在大型枢纽航空港，尤其是建有一个以上航站楼的航空港，机场货运站往往不是一个单独的货运站，而是机场货运站群。货运站群中的每个货运站都是一个可独立操作的航空货运站，但它们又相互关联，为众多的航空公司和货运代理人提供货运操作服务。例如，在上海浦东国际机场内有东方航空物流有限公司航空货运站群（共有 4 个货运站）和上海浦东国际机场货运站有限公司货运站群（共有 3 个货运站），以及 UPS、DHL 等公司的自建货运站。

趣味阅读　北京大兴国际机场货运区规划布局

北京大兴国际机场货运区规划占地 1.51 平方千米，北侧与综合保税区相连，南侧紧靠北跑道，东侧和南侧未来用地预留充足（如图 1 所示）。货运区空侧依次坐落着机场国际货站、南航国际货站、东航国际货站、东航国内货站、邮政分拨中心、南航国内货站和机场国内货站，后排有海关查验中心、京东和顺丰库、国内国际快件库、出口拼装库、进口二级库、跨境电商库，再向外还建设了综合业务楼、多式联运中心及相关配套。货运区东西长 2160 米，南北长 1120 米，配套有 24 个货机位。如图 2 所示。

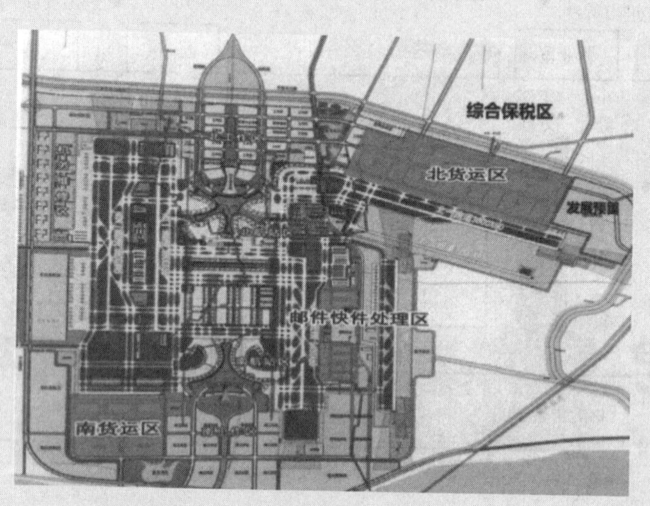

图 1　北京大兴国际机场货运区规划布局

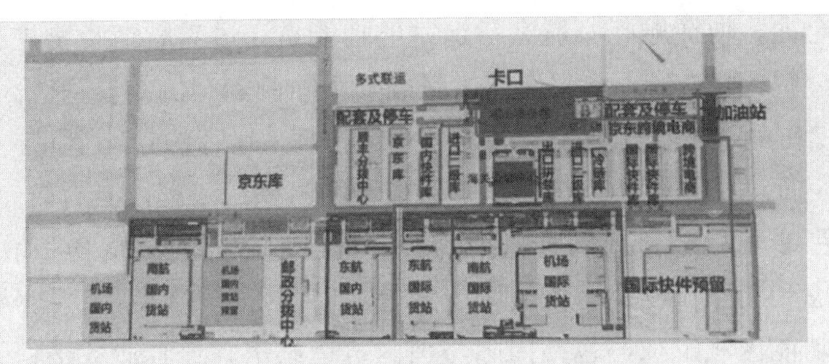

图 2　北京大兴国际机场货运区空侧布局图

② 航空货运站布局　传统航空货运站的布局大多是“一”字形布局，这是为了满足航空货运作业性质和货物流向性的需要，即分为空侧、陆侧两方向进出货，设计简洁、直接。但航空货运站的设计往往还受到地形地貌、用地面积、建造预算、公司规划等多方面因素的影响，因此在规划设计货运站时，往往会综合考虑，因地制宜，尽可能采用最经济合理的规划来布局航空货运站。同时具有国际、国内货物操作业务的货运站大多会按照国际货运站（进港 / 出港）、国内货运站（进港 / 出港）的模式进行分区。

趣味阅读　昆明长水国际机场航空货运站

昆明长水国际机场航空货运站用地约 11.5 万平方米，位于长水机场东跑道南侧段，场地北侧为高台地，平面形状呈不规则阶梯状，高低错综起伏，地势高差大，地形复杂。由于该场地高差较大，传统的“一”字形布局将使用较大的土方量，很不经济合理，因此设计中根据地形特点，在货运站的布局上采用了“化整为零”的手法，平面采用 U 形布置，将货运站分为三个区域，其中 U 形左侧区域为国际货运站，U 形右侧区域为国内货运站（进港），U 形底部区域为国内货运站（出港）。如下图所示。

U 形内部空间为共用的空侧待运区，与空侧道路相接，U 形外侧为陆侧区，与陆侧道路相连，满足空、陆侧分离的原则，并且三个区域在陆侧分别设置不同的出入口进行管理，有效地避免了陆侧国内、国际货运车辆交叉的问题，整个货运站流线清晰顺畅（图 1）。

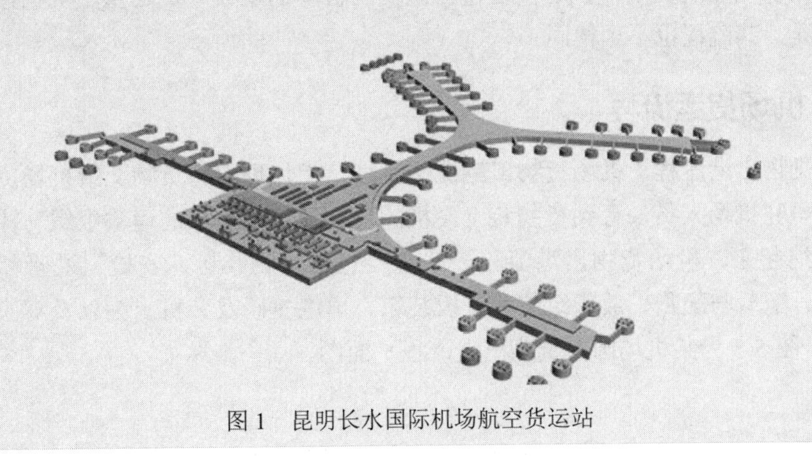

图 1　昆明长水国际机场航空货运站

（2）功能全面、便捷顺畅　航空货运站的功能是通过对航空货物进行收运、安检、存储、驳运、分解 / 组装等一系列作业，完成其由陆侧到空侧的转换，因此它必须包含一定的货物存储空间、货物作业空间和能使货运站高效运行的管理空间。

现在的航空货运站往往属于社会运输服务型物流系统工程，具有航空货物快速过站的通道性质，要求可以对目前各种机型的客、货机运载的集装货物和散货进行快速处理，同时要考虑到国际货物的海关监管因素等。以国货航 T3 航空货运站设计为例，该货运站由多个功能区域组成，包括国际与国内货运站房、综合业务楼、辅助生产用房、代理商用房和特种货物库等，是一个功能齐全的枢纽型现代化航空货运站。其左侧横向地块设计，使得国际与国内货物处理区的陆侧车辆完全分流，便于海关对国际货物处理区的监管。其右侧纵向地块的布置，是根据海关对航空货运大通关基地的规划要求，结合国货航未来的发展，预留货运站的位置，并考虑了代理商用房。

（3）节能减排、绿色环保　机场货运站在物流工艺设计方面严格贯彻绿色机场的要求，在工艺流程、设备选型、工艺节能、包装及垃圾处理等方面进行充分论证与考虑，进行了物流工艺的绿色设计。例如，在鲜活库的设计上，货运站在鲜活库的大空间里做了分割，以应对鲜活货量的不确定性波动，货量少时可以启用其中的部分库房，其他不用的可以关闭，减少制冷量，以达到节能的目的，在鲜活货物进入货运站的工艺设计上，交接货运站台采用了内站台的方式，并考虑加设门封，设置贯流风幕阻断冷、热空气对流，有利于温度控制和节能。

5.2　机场货运流程管理

5.2.1　机场货运流程概念

机场货运流程是指出发港货运代理人将货物交给机场货运人员或驻机场航空公司货运员到目的港机场货运站工作人员将货物交给收货人的货物流、信息流的运输组织与控制管理过程。主要包括货物的出港流程与进港流程，但国际货物运输涉及报关报检，流程比国内货物运输要复杂。机场货运作业流程因机场的规模、货运量、货物性质及管理水平的差异，其流程也不尽相同。

5.2.2　机场货运流程

（1）货物出港流程　机场货物出港操作流程是指代理人将货物交给机场货运人员或是航空公司驻机场人员，直到货物装上飞机的货物流、信息流的运输组织与控制管理的过程。归纳起来，机场货物出港流程一般主要包括货物收运、安检、过磅称重、货物入库仓储、配载与配货、散货组装和打板装箱、出港复磅及装机出港以及对应的信息流（图 5-2）。图 5-3 为某机场国内货物出港流程平面图。

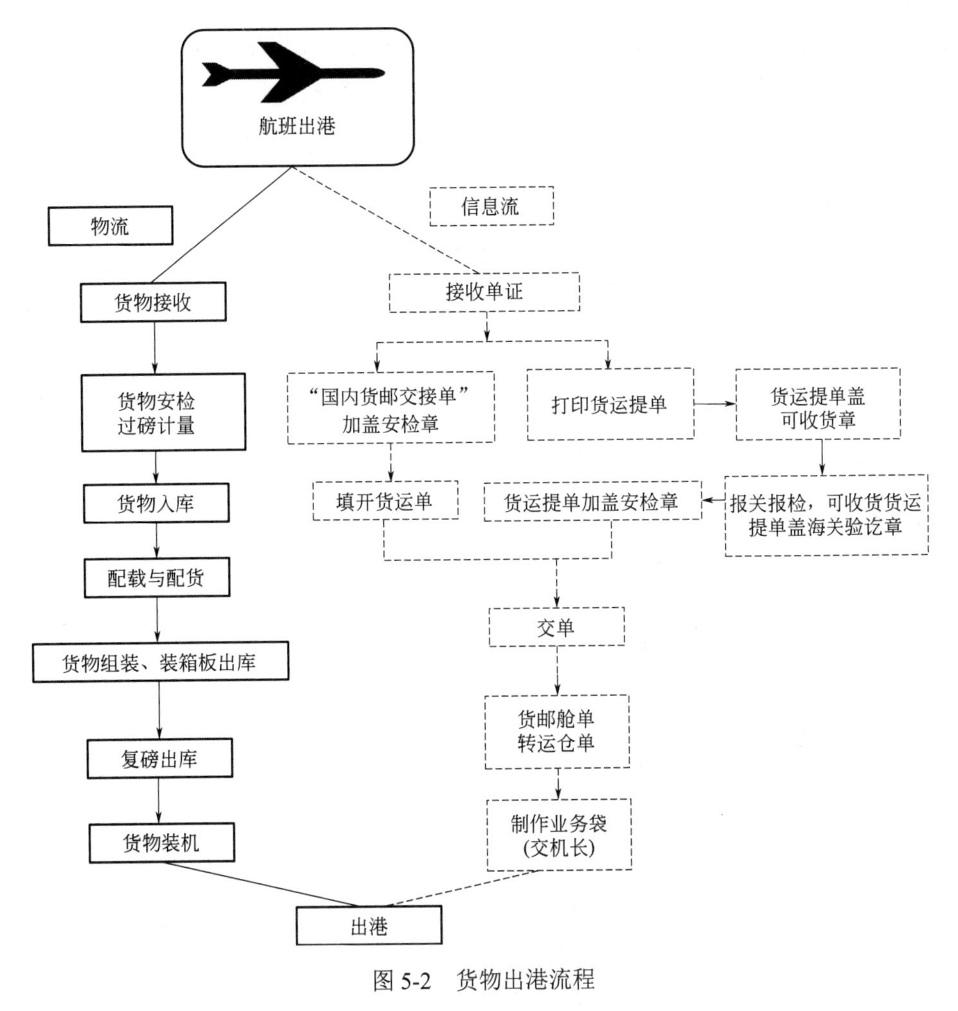

图 5-2 货物出港流程

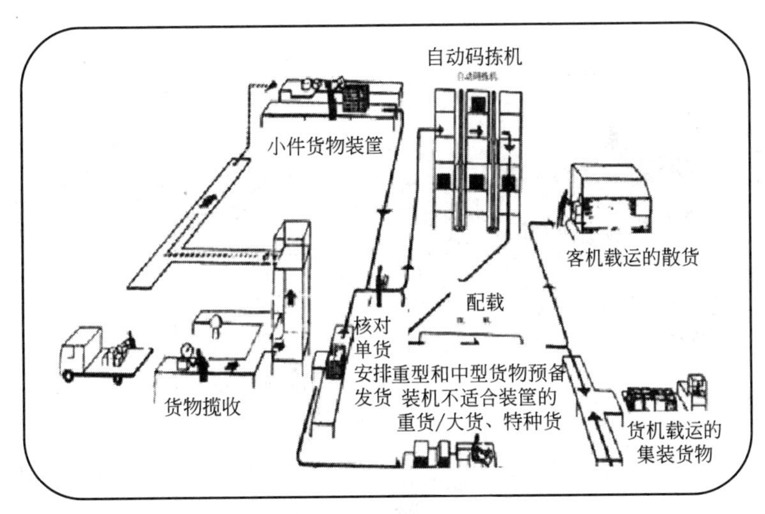

图 5-3 某机场国内货物出港的流程平面图

（2）货物进港流程　机场货物进港流程是指航班到港，从货物卸机接收到货物交付给收货人的机场地面操作与信息传递过程。整个进港流程同样包括货物流及信息流。进港流程一般包括货物接收、货物分拣理货、货物入提货库区（入库）、货物暂时保管、收货人提货出库、流程中的对应业务袋接收、单证的分理、单证录入系统、发到货通知等（图 5-4）。图 5-5 为某机场国际货物进港流程平面图。

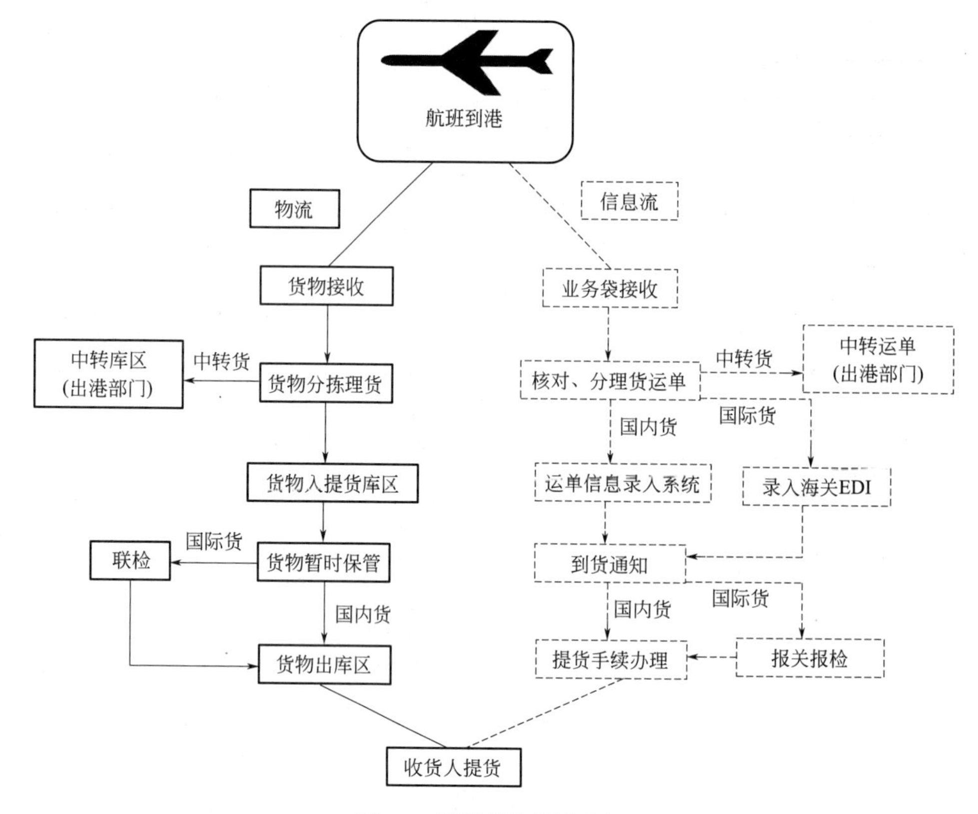

图 5-4　国际货物进港流程

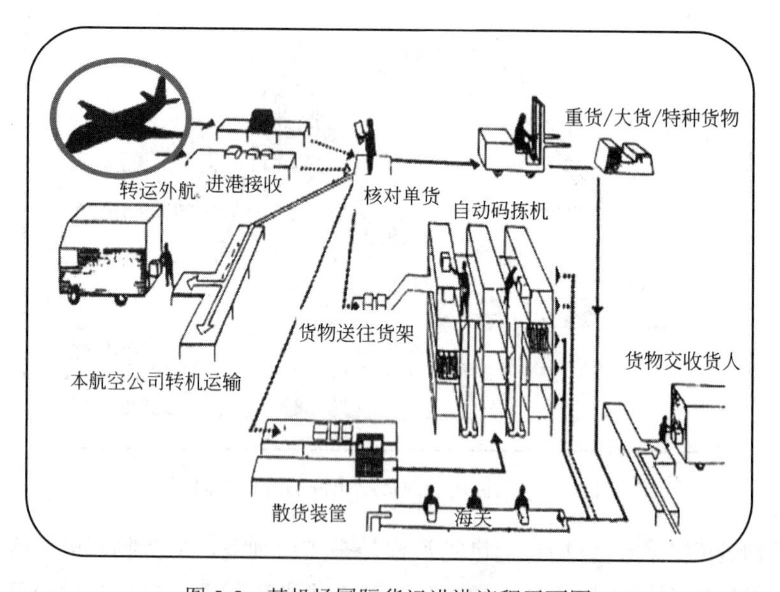

图 5-5　某机场国际货运进港流程平面图

趣味阅读 成都双流国际机场口岸首次实现跨航司跨货运站国际货物转运

成都双流国际机场运营的货运站有两家，分别是成都双流机场货运站和中航货运站，由于不同货运站之间数据流、货物流存在传输和监管难点，此前国际转运业务仅限于同一航空公司、同一货运站，现有航线运力优势也难以充分发挥。

为进一步畅通航空货运通道，成都海关联合成都市口岸物流办、机场集团及中航货运站调研并制定监管新流程，明确国际转运货物在双流机场货运站、中航货运站之间流转的操作规范及各方主体责任；完善国际转运区域及流转通道的视频监控系统，成都海关可通过视频对货物进行全流程、可追溯的有效监管。同时，反复测试舱单、理货、装载等数据，最终实现不同航空公司、不同货运站之间数据的成功对碰。

2020 年 5 月 12 日凌晨 00:55，川航 3U8447 航班搭载一批英特尔公司货物从成都起飞前往越南胡志明市。这批货物于 5 月 11 日凌晨 2:00 由美联航 UA2801 航班从美国旧金山运抵成都双流机场货运站，转至中航货运站后由 3U8447“接力”运往胡志明市。这是成都双流机场口岸首次实现跨航司、跨货运站的国际货物转运。本次国际转运业务不仅仅是“两头在外、换单中转”，还一举实现了“一单货物、不同航司、不同货运站”的接力运输保障新模式，也是在新冠肺炎疫情期间进行的一次探索，通过整合国际航空运力资源保障企业全球供应链的畅通。

5.3 机场货运设施设备管理

机场货运工作内容涵盖范围广，部分作业区域涉及机场飞行控制，其运作效率、运作水平关系到航空货运的安全、速度。因此，许多机场配备了机械自动化的货运设备、器具，不仅极大地减轻了货运操作人员的劳动强度，而且显著提高了机场的货物处理能力。机场货运设施与设备主要包括货运管理信息系统、仓储设施与设备、装卸搬运设备、集装设备，如图 5-6 所示。

机场货运设施设备
- 货运管理信息系统：货运控制调度管理系统
- 仓储设施与设备：储存仓库、货架、托盘等
- 装卸搬运设备：传送带车、升降平台车、叉车、牵引车、平板车、手推车
- 集装设备：集装箱、集装板

图 5-6 机场货运设施与设备

5.3.1 货运管理信息系统

机场货运管理信息系统是对进出港航班货物进行信息控制、管理与费用计算的计算

机系统。系统功能一般包括以下六个方面。

（1）运单管理　提供简易制单及正式制单功能；提供代理人网上简易制单及打印运单功能；可通过网页、触摸屏查询运单信息；通过变更申请变更系统文件信息，记录代理人差错；提供包机分单管理功能。

（2）货物审核管理　入仓清单交运货物；实时记录货物审核情况。

（3）费用管理　依据维护的费用提供自动计费功能；提供仓储费用自动计算功能。

（4）航班保障监控　通过记录航班保障过程中的各个操作时间点，监控航班保障质量；通过航班保障质量体现各保障部门、保障人员的工作质量，为绩效考核提供依据；提供航班预警功能，设置航班保障关键点的操作时限，超过设置时限时系统进行警示；航班配载；提供配运货物的复磅检查功能，显示比对误差率；自动发送 FFM（Airlines Flight Manifest Message）航班舱单电报。

（5）仓库管理　实时仓库库位管理；逾期货物的查询与处理；中转货物查看；到港货物查看；收运货物查看；库存货物查看。

（6）接口功能　系统自动获取航班动态信息，保证系统航班实施情况与机场动态航班同步；触摸屏能够为现场收发货物代理人提供查询功能，减轻前台咨询工作量；语音接口能够为代理人提供运单的语音查询，减少查询岗位的工作量；海关接口能够自动组织信息发送给海关，减少了人员信息重复录入的工作量，并能够及时将接收的海关信息在系统中显示。

5.3.2　仓储设施与设备

机场仓储是机场货运活动的重要组成部分，主要包括对货物进行检验、保管、集散、转换运输方式等多种作业。合理选择仓储设施与设备，有助于推动仓储活动的机械化、自动化，提高仓储活动的工作效率，减少货损、货差的发生。

（1）仓库　仓库是保管、存储物资的建筑物与场所的总称。机场货运根据进出港流程，一般设置出港仓库、进港仓库、中转仓库。同时，根据货物的性质设置普通货物仓库、危险品货物仓库、冷冻仓库、冷藏仓库、恒温仓储、贵重物品仓库、活动物仓库。仓库的规模与类型的设置受机场货运量、所运货物的性质影响。

（2）货架　货架是指由支架、隔板或托架组成，用于储存货物的立体设备（图 5-7）。货架的功能是可以提高仓库容量利用率，扩大仓库储存能力；可减少货损；存取方便，便于搬运；便于清点、分类和计量等管理工作，有利于实现仓库的机械化和自动化，满足企业低成本、低损耗和高效率的物流管理要求。由于航空货运销售模式和操作模式实行代理制，机场货运时间短的特点，大部分机场货物仓储主要是临时被拉下的货与到港未及时提取的货物，大多使用的是普通多层货架。一般只有货运枢纽机场，才建立高层立体货架，增加储存容量，便于机械自动化作业。

（3）托盘　托盘是为便于集装、堆放、搬运和运输，放置作为单元负荷货物和制品的水平平台装置（图 5-8）。其与叉车配合利用，可以大幅度提高装卸搬运效率；用托盘堆码货物，可以大幅度提高仓库容量利用率；利用托盘进行一贯化运输，可以大幅度降低成本。托盘的种类繁多，也各有各的特点及适用范围。根据材料可分为木托盘、塑料托盘、钢托盘、纸托盘。

图 5-7 货架

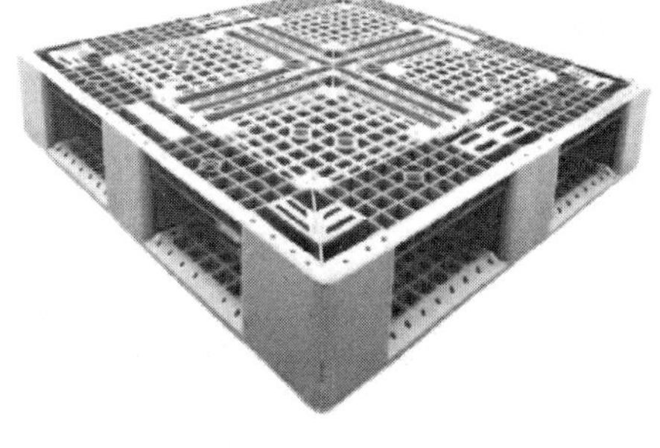
图 5-8 托盘

（4）其他设备 机场仓储的其他设备主要包括计量设备、仓储保管养护设备等。

① 计量设备 计量设备是利用机械原理或电测原理对货物的重量、长度、数量、容积等量值进行度量的器材、仪器的总称。主要包括重量计量设备（包括各种磅秤、电子秤等）和长度计量设备（包括检尺器、长度计量仪等）。

② 仓储保管养护设备 仓储保管养护设备是指在仓库中完成货物保管养护作业所需要的各种机械设备，包括通风机、除湿机及安全消防设备。

5.3.3 装卸搬运设备

机场常用的装卸搬运设备主要包括以下几种。

（1）传送带车 传送带车是以连续、均匀的方式沿着一定线路输送散件货物、行李和成件包装的机械设备（图 5-9）。传送带车主要用于机坪装卸，且由于受升降高度的限制，利用传送带车装卸货物的飞机类型主要是 A320 系列。

（2）手推车 手推车是一种以人力驱动为主，一般为不带动力（不包括自行）在路面上水平运输货物的小型搬运车辆（图 5-10）。其特点是轻巧灵活、易操作、转弯半径小。手推车主要用于搬运小件、量少的物品。

图 5-9 传送带车

图 5-10 手推车

（3）叉车 叉车是一种能把水平运输和垂直升降有效结合起来，用来装卸、搬运和堆码单元货物的车辆，有装卸、起重及运输等综合功能，具有工作效率高、操作使用方便、机动灵活等优点（图 5-11 和图 5-12）。叉车的主要工作属具是货叉，在换装其他工作属具后，还可以用于对散堆货物、非包装货物、长大件货物等进行装卸作业以及对其进行短距离搬运作业。按驱动力不同，包括手动叉车与电动叉车。手动叉车是最简便、最有效、最常见的装卸搬运工具，在机场也是常用的搬运设备。电动叉车的牵引装置为大容量电瓶，可实现电动行走、电动起升，适用于重载及长时间搬运货物的情况。主要用来搬运集装货物及超长、超大货物。

图 5-11　手动液压叉车

图 5-12　电动叉车

图 5-13　牵引车

（4）牵引车与平板车　牵引车用于拖带载货平板车进行水平运输，一般都用内燃机或电动机驱动，基本构造与汽车相似，但结构紧凑，外形小，具有更好的机动性（图 5-13）。为了适应牵引与顶推挂车的需要，牵引车的车体前面装有坚固的护板，尾部装有半自挂机构。

平板车有载货平台，自己不能行走，需由牵引车拖带，可在平整的路面上搬运各种货物［图 5-14(a)］。通常由几辆平板车和一辆牵引车组成一列车组进行搬运工作。平板车的车身一般由钢材焊接而成；车轮全部为转向轮，各车轮之间用连杆相连，以便动作协调一致；摘挂钩大多为自动或半自动形式，方便随意挂脱［图 5-14(b) 和图 5-14(c)］。

（5）升降平台车　升降平台车是为飞机的行李舱和货舱装卸行李和货物，升降标准集装箱或集装板，并能与拖车、自选平台、其他升降平台等配合的载运集装单元。由装载底盘、两套升降系统、驾驶室及控制台、桥平台、主平台、稳定装置、传动系统、转向系统、制动系统、电器系统等组成，是集机、电、液为一体的高技术含量产品，是航空货物运输业不可缺少的大型专用机械设备（图 5-15）。它具有操作灵活方便，安全可靠等特点。

(a) 牵引车与平板车

(b) 行李、散货平板车

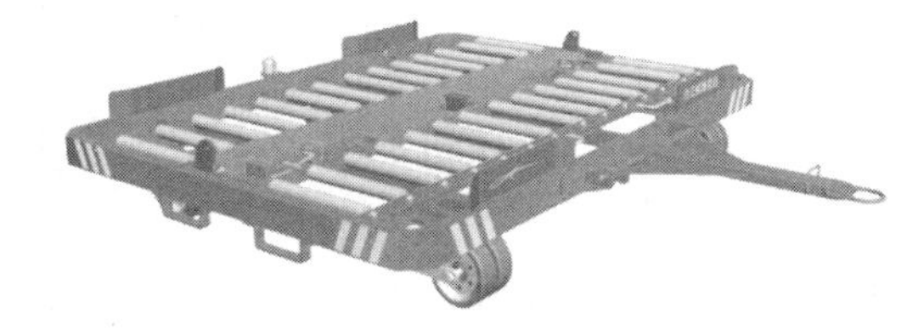
(c) 集装器平板车

图 5-14　牵引车与平板车

图 5-15　升降平台车

5.3.4　集装设备

集装设备是宽体飞机的装载器具。使用集装设备，承运人能够更好地处理大体积、大批量的货物运输，提高装卸工作效率和飞机载运率。不同运输方式其集装设备有通用的型号，也有其专用的类型。航空货运的集装设备主要有以下几种类型。

（1）根据适航性划分　根据适航性划分，航空货运集装设备可分为适航审定和非适航审定两类。

① 适航审定是通过民航管理当局的适航审定、符合国际标准、适宜于飞机安全载运、在使用过程中不会对飞机的内部结构造成损害的集装器。

② 非适航审定是某些技术数据偏离了国际通用标准，但经过本国民航管理当局或国际航协批准可以在某些特定机型上使用的集装器。集装器不能看作飞机的一部分，因为某些集装器的形状不能完全符合飞机机舱的构造和轮廓，但可适应地面操作环境。此类集装器只能用于指定机型及指定的货舱内，禁止用于飞机主舱，当货舱内放入此类集装器时，必须固定好。

（2）根据结构特点划分

① 集装板和网套　带有中间夹层的硬铝合金制成的平板，具有标准尺寸，四边带有

卡锁，通过专门的网套来固定货物，如图 5-16 所示。

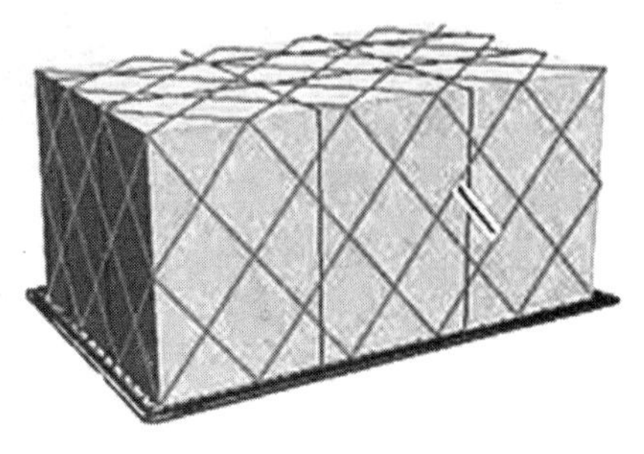

图 5-16 集装板

货物在地面被预先放上集装板后，用网罩或集装棚盖住，然后装机，并固定在飞机的货舱地板上。在转运货物时，通常用集装板拖车拖带集装板。

② 集装箱　集装箱又称货柜，是指具有一定强度、刚度和规格，专供周转使用并便于机械操作和运输的大型箱式装货容器。航空集装箱是指在飞机的底舱与主舱中使用的一种专用集装箱，与飞机的固定系统直接结合，不需要任何附属设备。航空集装箱主要分为三种。

a. 国际标准集装箱　20 英尺、40 英尺的国际标准集装箱只能装在宽体飞机的主舱内。此类集装箱非专用集装箱，主要用于空运转入地面运输（陆空、海空联运）时使用。

b. 主舱集装箱　主舱集装箱只适用于全货机或客机（或客货两用）的主货舱，其高为 163 厘米（64 英寸）或更高一些。如图 5-17 的 AMA 集装箱，适载机型为 B747F。

c. 下舱集装箱　下舱集装箱只适用于装在宽体飞机下部货舱内，有全型和半型两种类型，如图 5-18 和图 5-19 所示。机舱内可放入一个全型和两个半型的此类集装箱。高度不得超过 163 厘米（64 英寸）。

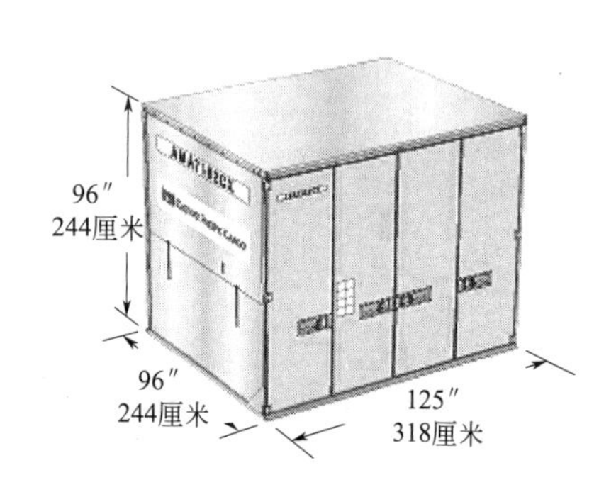

图 5-17 AMA 集装箱

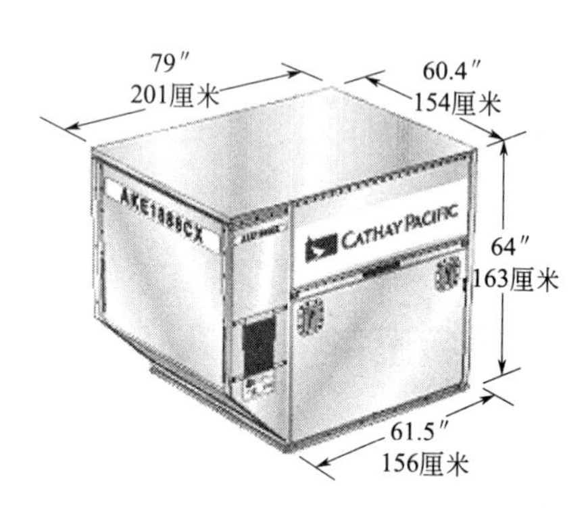

图 5-18 AKE 下舱半型集装箱

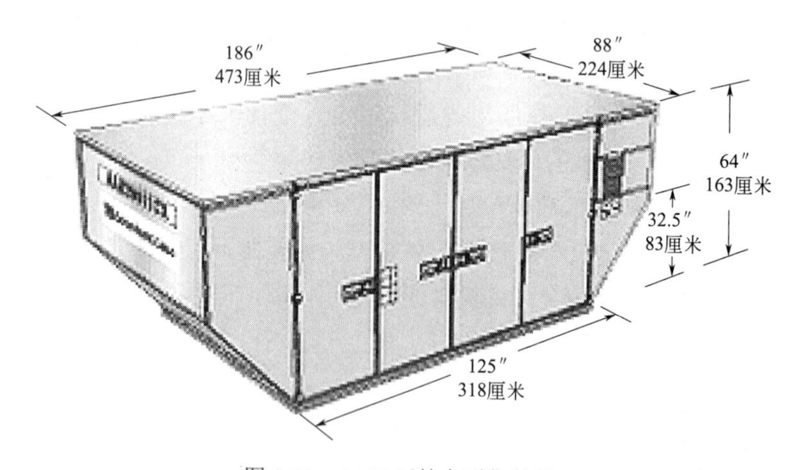

图 5-19 AAU 下舱全型集装箱

5.3.5 机场货运设备管理

机场货运设备管理是指以机场货运经营目标为依据，运用各种技术、经济和组织措施，对机场货运设施设备从规划、购置、使用、维护保养、维修、更新，直到报废的整个寿命周期进行全过程的管理。其目的是充分发挥设备效能并寻求最经济的寿命周期费用，从而获得最佳投资效果。

（1）规划　设备规划主要包括设备更新规划、设备现代化改造规划、新增设备规划等。企业进行设备规划时要考虑企业经营发展的需要、现有设备的技术状况、资金状况以及相关法规的要求等。

（2）选配　为了货运设备的选配更加合理，机场需要搜集货物的种类、特性、货运量、货物流向的目前情况及未来发展趋势等资料且进行评估，掌握货运设备的技术性能现状及发展趋势，分析自身条件。根据技术先进性、经济合理性、系统性与适用性、安全性与可靠性、一机多用等原则选配技术先进且符合企业需要，购置成本与维修成本合理、与机场货运整体设施能有效衔接、安全可靠的设备。

（3）合理使用　货运设备的使用合理与否又直接影响着设备的使用寿命、精度和性能，从而影响企业的经济效益。合理使用物流设备包括技术合理和经济合理两个方面。技术合理就是按照有关技术文件规定的物流设备性能、使用说明书、操作规程、安全规则、维护和保养规程等使用要求正确操作使用物流设备；经济合理就是在物流设备性能充分允许的范围内，能充分发挥物流设备的效能，以高效、低耗获得较高的经济效益。

（4）维护保养　货运设备维护保养是指通过清洁、安全、润滑和防腐等方法对物流设备进行护理，以维持和保护其性能和技术状况。

（5）修理　修理是对由于意外、磨损、老化等造成无法正常工作的设备进行的修复工作。其目的是恢复设备已丧失的工作能力，使其恢复到良好的状态。

（6）更新　设备更新是指以技术性能更好、经济效益更高的新设备替代原有设备。对于役龄过长、技术经济性能差的设备，大修次数过多或修理后技术状况无法恢复的设备，制造质量低劣的物流设备，技术落后或相对陈旧的设备，严重浪费能源的设备，严重污染环境的设备等，应以设备的寿命周期为依据，确定合理的时机进行更新。

本章小结

机场货运站为货物提供陆空转换服务，是供货物办理托运手续、货物临时储存、货物交接、运费结算等航空货运业务的重要场所。机场货运站具有货物过站时间短、运输以集装货物为主、货物处理效率和准确率要求高等工作特点。

微课堂
机场货运经营

机场货运流程主要包括货物的出港流程与进港流程。国际货物运输涉及报关报检，流程比国内货物运输要复杂。机场货运作业流程因机场的规模、货运量、货物性质及管理水平的差异，其流程也不尽相同。

机场货运设施与设备主要包括货运管理信息系统、仓储设施与设备、装卸搬运设备、集装设备。

本章练习

一、选择题

第5章
练习参考答案

1. 机场货运站的功能包括（　　）。
   A. 存储　　B. 货物处理
   C. 装卸货物　　D. 办理货运手续和货运文件
2. 机场货运站设计规划建设需遵循的原则是（　　）。
   A. 因地制宜、合理规划　　B. 功能全面、便捷顺畅
   C. 节能减排、绿色环保　　D. 短期规划、安全运营
3. 机场货运设施与设备主要包括（　　）。
   A. 货运管理信息系统　　B. 仓储设施与设备
   C. 装卸搬运设备　　D. 集装设备
4. 机场货运站工作的特点是（　　）。
   A. 过站时间较短　　B. 储存时间较长
   C. 运输以集装货物为主　　D. 货物处理效率和准确性要求高

二、判断题

1. 机场货运设备选配应选最先进技术的设备。（　　）
2. 现代货运站的功能主要是储存功能。（　　）
3. 货运站布局只需满足航空货运作业性质和货物流向性的需要。（　　）
4. 叉车是只能搬运集装货物的搬运器械。（　　）
5. 平板车像汽车一样可以通过自身驱动力行走。（　　）
6. 货运市场会受经济发展、国际贸易的影响。（　　）
7. 机场所有进港货物都需报关才可以放行。（　　）

第6章

机场航站楼运营

事件聚焦　全球头号机场已启用，规模超北京新机场

伊斯坦布尔位于巴尔干半岛东端，博斯普鲁斯海峡南口西岸，是地跨欧亚两洲之城，也是欧亚各国陆路、水路的交通要冲。经过三年多的施工建设，位于伊斯坦布尔北部地区、新开放的新机场可能将会超过现阶段的北京新机场，成为世界上最繁忙的机场。黑海沿岸的伊斯坦布尔新机场的整体规模近7600万平方米，距离市中心大约35千米。新机场的建设工程共分为四个阶段进行，第一阶段于2018年10月29日土耳其共和国国庆日开放。它包括了三条跑道和一个可容纳年均9000万乘客的巨大航站楼。按照土耳其政府的规划，将来待新机场完全建成之后，总共将有6条跑道，以及250架飞机和1.8万辆汽车的停车场，承担全球350多个目的地的航班起降任务，最终实现2亿人次的旅客运量。四个阶段完成之后，预计伊斯坦布尔新机场的规模将超过2019年启用的北京大兴国际机场（预计启用后年旅客吞吐量为1.3亿人次），成为全世界最繁忙的国际机场。

知识目标

第6章
机场航站楼运行

1. 理解机场航站楼规划设计应注意要点。
2. 掌握机场航站楼的布局种类。
3. 熟知机场航站楼旅客流程和指示图标。
4. 熟悉机场航站楼的基础设施和服务运行支持系统。

能力目标

1. 能分析机场航站楼不同布局的优缺点。
2. 能辨识机场航站楼各指示图标和基础设施。

素质目标

1. 树立统筹全局的观念，培养学生全方位思考问题的能力。
2. 树立感官艺术的观念，培养学生发现美、体会美、设计美的能力。

6.1 机场航站楼规划

6.1.1 航站楼规划设计

航站楼是机场最主要的建筑物，其通过各种设施、设备提供服务，不断地集散旅客及其迎送者。从某种意义上来说，航站楼是一个国家的大门，代表着国家的形象，尤其是对于大型国际枢纽机场而言。因此，建设的航站楼需具有一定的审美价值、地域或民族特色。除此之外，航站建筑物在功能上应具有"流程自明"的特点，使旅客能够很自然地、顺畅而无遗漏地通过相关的程序，在形式上不求华贵，而要朴素、明快、简洁、形式多样，表现出地域性等方面的特点；在布局上要有相当的可扩性，以适应交通量、交通形式等方面的转变；在工程结构上应有较大的灵活性，内部格局可以改变，以适应程序、机型、航线等方面的变化。

一般从技术方面而言，航站楼的规划设计应注意以下问题。

① 确定合理的规模和总体布局概念（集中式或单元式），以便航站楼设施与当前以及不远的将来的客运量相适应。

② 选择合理的构型，便于空侧与飞机、陆侧与地面交通进行良好的衔接，并具有未来扩建的灵活性和扩建时尽可能较低程度地影响航站楼运营。

③ 航站楼设施要先进，流程要合理，流程应简捷、明确、流畅，不同类型的流程有良好的分隔，各控制点设施容量均衡协调，使旅客、行李的处理迅速、准确。

④ 航站楼结构与功能要协调，内部较大的营运区应具有可隔断性，以适应灵活多变的布局。航站楼结构应便于各种建筑设备（供电、照明、供热、空调、运输设备、消防、监控等）的布置与安装，还应在采光、结构、建筑材料等方面注意建筑节能。

⑤ 适应商业化趋势，提供多方面、多层次的旅客消费、休闲、业务等服务设施。

⑥ 处理好与机坪、地面交通运输方式的布局关系以及楼内各项设施的单元的布局。

趣味阅读　机场航站区

航站区是机场的客货运输服务区，是为旅客、货物、邮件服务的。航站区是机场空侧与陆侧的交接面，是地面与空中两种不同交通方式进行转换的场所。航站区主要由以下几部分组成：航站楼，货运站，货运站前的交通设施，如停车场、停车楼等，站坪。

在考虑航站区具体位置时，机场的跑道条数和方位是制约航站区定位的最重要因素。航站区－跑道构型，即两者的位置关系是否合理，将直接影响机场运营的安全性、经济性和效率。

在考虑航站区的位置时，应布置在从它到跑道起飞端之间的滑行距离最短的地方，并尽可能使着陆飞机的滑行距离也最短。即

应尽量缩短到港飞机从跑道出口至停机坪，离港飞机从站坪至跑道起飞端的滑行距离，尤其是离港飞机的滑行距离（因其载重较大），以提高机场运行效率，节约油料。在跑道条数较多、构型更为复杂时，要争取飞机在离开或驶向机坪时避免跨越其他跑道。同时，尽可能避免飞机低空经过航站楼上空，以免发生事故而造成重大损失。

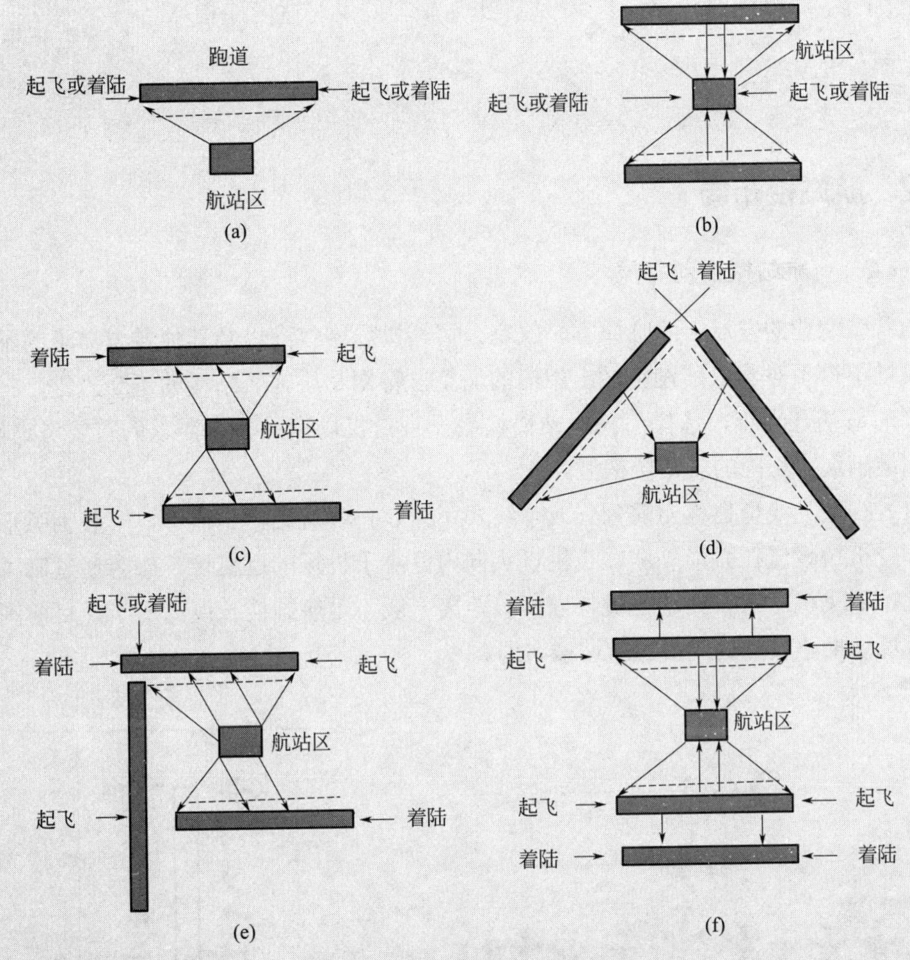

图 1　航站区与跑道的位置设计

交通量不大的机场，一般只设一条跑道，航站区宜靠近跑道中部［图 1(a)］。

如果机场有两条平行跑道［包括入口平齐图 1(b) 和相互错开图 1(c)］且间距较大，一般将航站区布置在两条跑道之间。

若机场具有两条呈 V 字形的跑道，为缩短飞机的离港、到港的滑行距离，通常将航站区布置在两条跑道所夹的场地上［图 1(d)］。

如机场的交通量较大，乃至必须采取三条或四条跑道时，航站区位置可以参考图 1(e) 和图 1(f)。

拓展阅读 机场航站楼设计要素

航站楼的设计必须符合其发展趋势（缩短乘机过程中步行距离，有合理清晰的标识，航站楼的设计应具有前瞻性与节能性，要结合城市地域特点），这样才能有效便捷地服务。而作为航站楼本身，不管其设计的内涵如何，其最终目标始终在于为旅客提供舒适便捷和高品质的服务。

6.1.2 航站楼布局

6.1.2.1 航站楼横向布局

随着航空业的发展，面临旅客、航空公司、机场零售商以及其他各方需求的不断改变，机场不得不对其基础设施做出相应的调整，特别是旅客航站楼的不断改进。在航空业发展的最初几十年，选择何种航站楼构型一直是机场满足各方需求的首要考虑因素，从而相继出现了不同的航站楼构型。

（1）线型 线型也称为前列式或单线式（图 6-1）。航站楼呈线型，一般为弧形，登机口和登机桥设置在弧形外侧，飞机机头向内停靠于机场的近机位，旅客通过廊桥或客梯车上、下飞机。旅客到达远机位登机口距离一般不足航站楼长度的一半。目前国内大部分机场一期建设均为线型的航站楼布局。

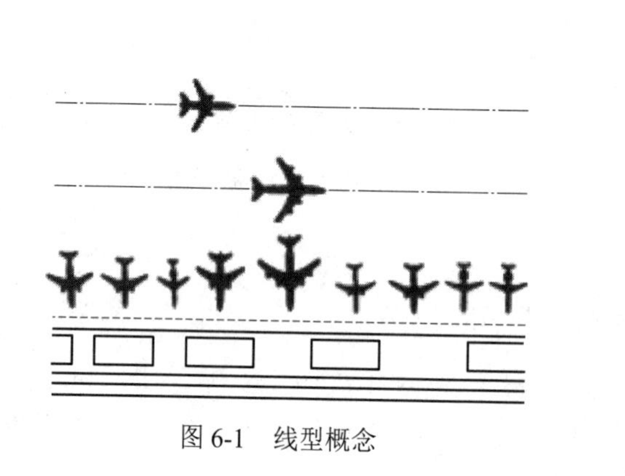
图 6-1 线型概念

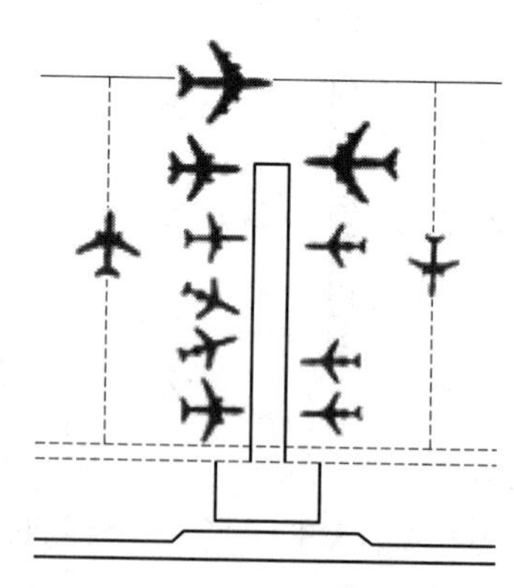
图 6-2 指廊型概念

优点：构型简单，进出港流程简单便捷，客流量增大时，航站楼可向两侧扩展。

缺点：近机位数量较少，近机位区域面积利用率较低。航站楼向两侧扩展较长时，增加旅客在楼内步行距离。

（2）指廊型 廊道型又称指廊式是由航站楼的主楼朝机坪的方向伸出一条或几条廊道，沿廊道的两侧布置机位，对正每一机位设登机口（图 6-2）。一个指廊适合 6 ～ 12 个机位，两条指廊适合 8 ～ 20 个机位。

优点：近机位数量多，近机位区域面积利用率高。根据基地航空公司规模，可独立使用一个或几个指廊，有利于航空公司航班保障和旅客出行。在主楼内可设置集中的商业区，增加商业收入。需要进一步扩充时，只需扩建作为连接体的指廊，主楼可以不动。

缺点：登机口跨指廊调整时，旅客在楼内步行距离增长。指廊间距不能满足航空器地面双通道滑行时，指廊内航空器进出受限，运行效率不高。多个指廊并存时，主楼的面积和功能需足够强大，能够支撑多个指廊旅客的进出港手续，而且最远端指廊的旅客进出港步行距离过长。

（3）卫星厅型　卫星厅型（图 6-3）是在主楼之外建一些登机厅，用廊道与主楼连通。登机厅周围布置机位，设相应的登机口。目前国内机场航站楼布局卫星厅型的很少，远期规划使用卫星厅型较多。

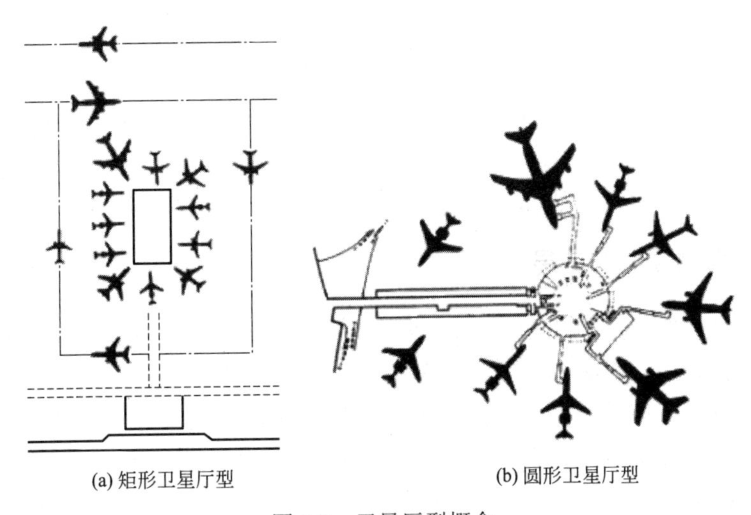

(a) 矩形卫星厅型　　(b) 圆形卫星厅型

图 6-3　卫星厅型概念

优点：近机位数量多，近机位候机区域面积利用率高。根据基地航空公司规模，可独立使用一个或几个登机厅，有利于航空公司航班保障和旅客出行。在主楼内可设置集中的商业区，增加商业收入。在一个登机厅内，旅客步行至每个登机口的距离相当，在登机厅中间也可设置商业区域。

缺点：登机口跨登机厅调整时，旅客在楼内步行距离增长。登机厅间距不能满足航空器地面双通道滑行时，登机厅内航空器进出受限，运行效率不高。多个登机厅并存时，主楼的面积和功能需足够强大，能够支撑多个登机厅旅客的进出港手续。

（4）转运车型　飞机不接近航站楼，而是远停在站坪上，通过接送旅客的转运车来建立航站楼与飞机之间的联系。转运车型（图 6-4）即为通常所说的远机位，旅客使用摆渡车到达飞机下，然后使用客梯车登机，国

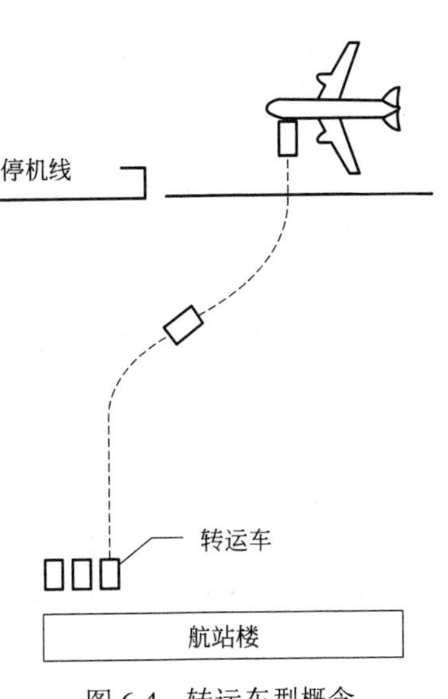

图 6-4　转运车型概念

内每个机场航站楼都具有这样的布局。转运车型的航站楼布局，旅客可有独立的远机位候机区域和登机口，也可与近机位旅客使用同一个候机区域和登机口。

优点：最大限度地使用航站楼内面积，航站楼只需要设置远机位登机口，不需要安装廊桥，可降低基建和设备投资。

缺点：摆渡车为特种车辆，车辆昂贵，而且机坪内交通复杂，车辆行驶有安全风险。使用摆渡车时旅客登机时间增加，受气候、天气影响，地面保障链条延长，旅客出行不便，舒适感下降。

机场航站楼横向布局需要考虑：①航站楼空侧对停靠飞机的适宜性。航站楼空侧要接纳飞机。一般情况下，停靠飞机以上下旅客、装卸行李所需占用的航站楼空侧边长度，要比按旅客、行李等的空间要求所确定的建筑物空侧边长度大，特别是飞机门位数较多时更是如此。为适应空侧门位的排布要求，一般航站楼空侧边在水平面要做一定的延展和变形，以适宜飞机的停靠和地面活动。②航站楼陆侧对地面交通的适宜性。由于航站区地面交通的多样性（汽车、地铁、轻轨等），在考虑航站楼横向布局时，必须使方案便于航站楼陆侧与地面交通进行良好的衔接。当进出航站区的旅客以汽车作为主要交通工具时，航站楼设置合理的车道边（长度、宽度）对陆侧交通非常重要。

6.1.2.2　航站楼竖向布局

根据客运量、航站楼可用占地和空间、陆侧交通组织等因素，航站楼剖面流程设计可采用一层、一层半、两层、三层等方案。

（1）一层方案　航站楼即在一层空间内解决旅客进出港及行李处理，出发、到达均在一个标高平面，对应的航站楼构型基本为线型，旅客一般只能利用客梯车上、下飞机，如图 6-5(a) 所示。

（2）一层半方案　出发旅客在车道边下车后，在航站楼一层办票值机，之后上二层候机，使用近机位廊桥登机［图 6-5(b)］。到达旅客在二层使用廊桥下至一层提取行李后离开，许多吞吐量 500 万人次以下的机场，非常适合采用此种形式，以功能为导向，经济适用。

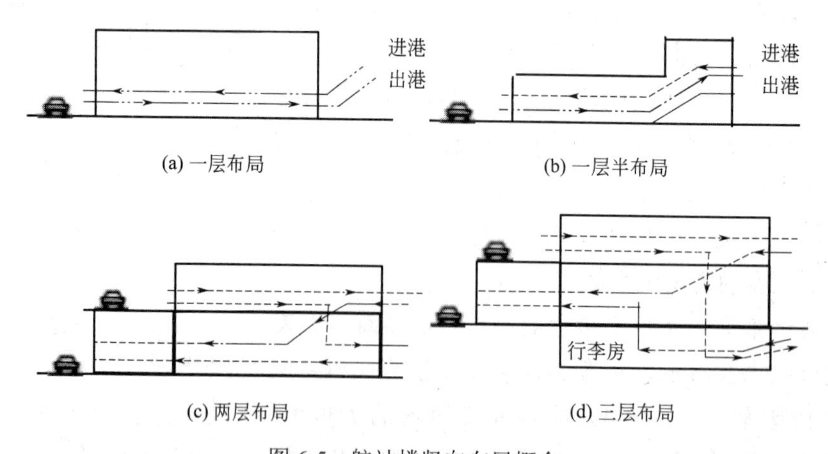

图 6-5　航站楼竖向布局概念

（3）二层方案　最为常见的航站楼剖面模式，经常与线型构型相结合，如西安咸阳国际机场 T2 航站楼、长沙黄花国际机场 T2 航站楼等采用此种模式。出发旅客通过二层的高架桥车道边直接出发，旅客通过到达夹层下至一层提取行李，出发层和到达层完全分开，旅客流程清晰明确，而且旅客的行走方向均为向下，舒适度高，如图 6-5(c) 所示。

（4）三层方案　采用三层方案时，旅客、行李流程基本与二层方案相同，只是将行李房布置在地下室或半地下室，如图 6-5(d) 所示。

趣味阅读　机场航站楼发展趋势动态

随着中国航空业的发展，民航客流的增加，近年来，机场在建设过程中呈现出交通集约化的趋势。这种交通集约化主要体现在以下两方面。一方面，机场内部的设计更加集约。航站楼的设计改变了以前平面铺开的方式，而更多向立体发展，以此来缩短乘客登机所需的时间以及路程。另一方面，航站楼外围的设计与其他交通设施的联系更加紧密。便利的公交系统、轨道系统的建设，使城市各个区域到达航站楼更加便利，到达航站楼后能够快速地处理出发、到达和中转的旅客。这种交通集约化的设计正是代表着航站楼建设的发展趋势。

首先，将航站楼进行多楼层设计，将不同航线、不同区域的航班通过楼层的方式进行区分，满足客流高峰期机场人口疏散的需要。多层设计能够将同时到达机场的旅客进行分流。对于入境的旅客通过楼层的分隔进行分流，对于即将离境的旅客，则是通过地铁、公交及其他方式来实现分流，从而避免了出、入境过程中的拥挤。

其次，合理设计航站楼中转站及附属设施，满足人流中转的需要。高效的中转是满足乘客换乘需要的必要条件。因此，航站楼发展趋势必然要最大限度地减少换乘所带来的阻碍。因此，航站楼除设有国内航班换乘、国际航班换乘之外，还要打通国际与国内航班换乘的通道，使得整个航站楼形成一个统一的系统。

最后，提高航站楼机位的利用率，尽可能进行近机位登机。提高航站楼机位的利用率，可以通过两种方式来实现：一方面，复合机位的使用，在候机厅设置上下层公用登机桥，提高换乘的便捷率，这种公用登机桥既可以是国内航线的互换，也可以是国际与国内航线之间的互换；另一方面，可转换机位的使用，此法以其灵活性的优势，提升近机位登机的比例，从而提升机场的服务品质。

6.2　机场航站楼基本设施

航站楼的使用者可分为四类，即旅客及迎送者、航空公司人员、机场当局及有关工作人员、商业经营者。航站楼及设施应该最大程度满足上述四类人员，特别是旅客及迎送者的各种需求。

6.2.1 航站楼大厅

航站楼大厅可以实现以下功能：值机、交运行李、旅客及迎送者等候、安排各种公共服务设施等。

作为多数出发旅客的最初目标，值机区应设在航站楼大厅入口处附近。旅客在值机区柜台办理机票，将行李称重、挂标签、托运。值机区的面积、值机柜台的数量、布置型式，与高峰小时客流量、旅客到达航站楼的时间分布、柜台工作人员办理手续的速度及行李处理设施水平等诸多因素有关。

航站楼大厅通常还设有问询台、各航空公司售票处、银行、邮政、电信等设施，以及供旅客和迎送者购物、休闲、餐饮的服务区域。

6.2.2 安全检查设施

为确保航空安全，出发旅客登机前必须接受安全检查。安检一般设在值机区和出发候机室之间，具体控制点可根据流程类型、旅客人数、安检设备和安检工作人员数量等灵活布置。目前，我国许多繁忙机场常常在安检门出现堵塞，以致使安检成为阻塞客流的瓶颈。因此，安检在选点、确定设施时要根据客流量认真筹划。

常用的安检设备有磁感应门（供人通过时检查）［图 6-6(a)］、X 光机（查手提行李）［图 6-6(b)］、手持式金属探测器［图 6-6(c)］等。

(a) 磁感应门

(b) X光机

(c) 手持式金属探测器

图 6-6　常用安检设备

6.2.3 政府联检设施

政府联检设施包括海关、边防和卫生检疫，是国际旅客必须经过的关卡。各国的管制要求和办理次序不尽相同。我国要求的次序是出发旅客先经海关，再值机，然后经过边防；到达旅客先经边防，再经检疫，最后经过海关。

① 为加快客流过关速度，航站楼海关检查通常设绿色、红色两条通道。红色为主动报关通道，绿色为无需报关通道。海关对旅客所携带行李一般也用 X 光机检查。

② 国际旅客进出港必须在边防口交验护照和有关证件。

③ 根据国际卫生组织规定，对天花、霍乱等十几种疫情，各国应严密监控，严禁患传染病的旅客入境。旅客入境时要填表并交验证件。

6.2.4 候机室

候机室是出发旅客登机前的集合、休息场所，通常分散设在航站楼机门位附近。候机室应宁静、舒适。考虑到飞机容量的变化，航站楼候机区可采用玻璃墙等作灵活隔断。候机室要为下机旅客提供通道，使之不干扰出发旅客。候机室一般设在二层，以便旅客通过登机桥登机。

当要客较多时，应考虑在航站楼专设贵宾候机室。贵宾候机室要求环境优雅、舒适，有时还设保安装置，因为要客常常是犯罪分子袭击的对象。

6.2.5 行李处理设施

航空旅行由于需将旅客和行李分开，遂使行李处理比其他交通方式要复杂许多。这在一定程度上也使航站楼设计复杂化，因为要配置许多设施才能保证旅客在航站楼内准确、快速、安全地托运或提取行李。进、出港行李流程应严格分开（图 6-7）。行李的处理，根据航站楼规模和行李吞吐量，可采用同层、二层、三层等方案。

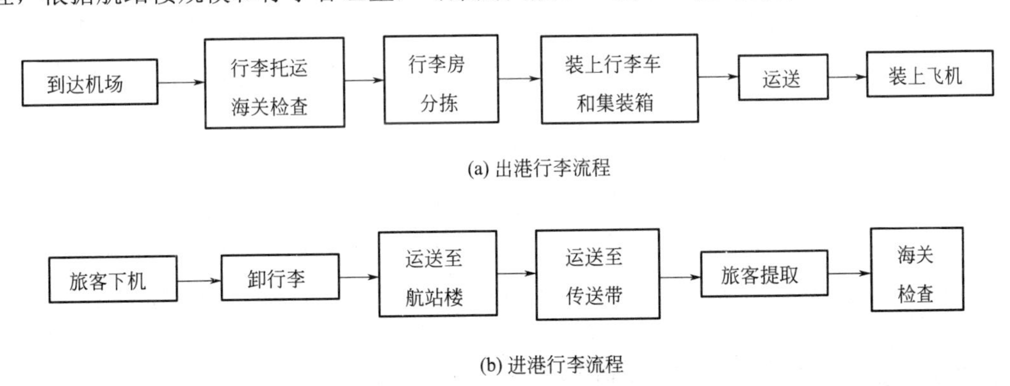

图 6-7 进、出港行李处理流程

旅客的提取行李装置，按在行李提取层行李输送装置的形状，可分为直线式、长圆盘式、跑道式和圆盘式四种形式。除了必要的输送设备，现在许多先进机场还采用了进、出港行李自动分拣系统，从而大大提高了机场行李处理的速度和准确性。

6.2.6 机械化代步设施

航站楼内每天都有大量的人员在流动。为方便人们在航站楼的活动，特别是增加旅客在各功能区转换时的舒适感，航站楼常常装设代步机械。常见的代步设备有电梯、自动扶梯、自动人行步道等。自动人行步道运行安全平稳，使用后可大大增加人的交通量并避免人流拥挤。断电停运时，可作为路面供人行走。

6.2.7 登机桥

通常，航站楼在空侧要与飞机建立联系，登机桥就是建立这种联系的设备，它是航站楼门位与飞机舱门的过渡通道。采用登机桥，可使上、下飞机的旅客免受天气、气候、飞机噪声、发动机喷气吹袭等因素影响，也便于机场工作人员对出发、到达旅客客流进行组织和疏导。

登机桥是以金属外壳或透明材料做的密封通道。桥本身可水平转动、前后伸缩、高低升降，因此能适应一定的机型和机位变化。登机桥须由专职人员操纵。

6.2.8 商业经营设施

随着航空客运量的迅猛增加，特别是率先在航站楼开展大规模商业经营的机场的巨大成功，航站楼商业经营设施已成为机场当局创收的一个重要渠道。目前，在商业经营卓有成效的机场，如哥本哈根、伦敦、新加坡等机场，都有项目完备、规模庞大的航站楼商业经营设施。商业经营收入一般都占到机场总收入的60%以上。航站楼可以开展的商业经营项目是繁多的。例如免税商场、银行、保险、会议厅、健身厅、娱乐室、影院、书店、理发店、珠宝店、旅馆、广告、餐厅、儿童托管所等。

6.2.9 其他设施

以上所列举的设施都直接与旅客发生联系。实际上，航站楼的运营还需要其他许多设施，如机场当局、航空公司、公安以及各职能、技术、业务部门的办公、工作用房和众多的设施、设备。

航站楼是多功能的高级交通公用建筑，目前“智能建筑”的概念已被广泛运用于现代化机场航站楼。智能建筑是利用系统集成方法，将计算机技术、通信技术、信息技术、自动控制技术与建筑艺术有机结合，通过对设备的自动监控、对信息资源的管理和对使用者的信息服务及其与建筑的优化组合，所得到的安全、高效、舒适、便利和灵活的建筑。

拓展阅读 新加坡樟宜机场商业成就探讨

长期以来，新加坡樟宜机场的商业成就令人瞩目：2017—2018财年期间，完成旅客吞吐量达到6297.2万人次，货物吞吐量214.13万吨，完成利润41.75亿元，同比增长8.4%，樟宜集团总收入增长12.9%达130亿元。在总收入构成中，有60%的收入来源于非航收入，其中在非航收入里面商业收入达到了80%。商业收入的极高占比保证了樟宜机场总收入的持续健康发展，这是所有机场管理者都希望自身机场也能够达到的优良状态。

6.3 机场航站楼旅客流程

航站楼的旅客均是按照到达和离港有目的地流动的，在设计航站楼时必须很好地安排旅客流通的方向和空间，这样才能充分利用空间，使旅客顺利地到达要去的地方，不致造成拥挤和混乱。目前通用的安排方式是把出港和进港分别安置在上、下两层，上层为出港，下层为进港，这样互不干扰又可以互相联系。由于国内旅客和国际旅客所要办理的手续不同，通常把这两部分旅客分别安排在同一航站楼的两个区域，或者分别安排在两个航站楼内。

6.3.1 航站楼流程组织原则

在组织航站楼内的各种流程时，第一，要避免不同类型流程交叉、掺混和干扰，严格将进、出港旅客分隔；出港旅客在（海关、出境、安检等）检查后与送行者及未被检查旅客分隔；到港旅客在（检疫、入境、海关等）检查前与迎接者及已被检查旅客分隔；国际航班旅客与国内航班旅客分隔；旅客流程与行李流程分隔；安全区（隔离区）与非安全区分隔等，以确保对走私、贩毒、劫机等非法活动的控制。第二，流程要简捷、通顺、有连续性，并借助各种标志、指示力求做到“流程自明”。第三，在旅客流程中，尽可能避免转换楼层或变化地面标高。第四，在人流集中的地方或耗时较长的控制点，应考虑提供足够的工作面积和旅客排队等候空间，以免发生拥挤或受其他人流的干扰。

6.3.2 航站楼旅客乘机流程

旅客流程要考虑三部分旅客：①国内旅客手续简单，占用航站楼的时间少，但流量较大，因而国内旅客候机区的候机面积较小但通道比较宽。②国际旅客要办理护照、检疫等手续，行李也较多，在航站楼内停留的时间长，同时还要在免税店购物，因而国际旅客的候机区要相应扩大候机室的面积，但通道面积要求较小。③中转旅客是等候衔接航班的旅客，一般不到航站楼外活动，所以要专门安排他们的流动路线，当国内转国际航班或国际转国内航班的旅客较多时流动路线比较复杂，如果流量较大，机场当局就应该适当考虑安排专门的流动线路。图 6-8 是比较典型的国内航站楼旅客和行李运行流程图。

6.3.2.1 值机

值机是民航运输生产的一个关键性环节，主要为旅客办理乘机手续，工作内容包括查验客票、办理值机手续、候补旅客接收、截载、送机工作、航班起飞后的工作等，做好值机工作对于提高服务质量和保证飞行正常及安全具有重要意义。随着科技的发展，除了柜台值机之外，出现了网上值机、APP 值机、微信值机等快捷化值机方式，这种快捷化值机方式比较适用于无行李托运的旅客。对值机人员而言，其提供的服务可分为两大类。

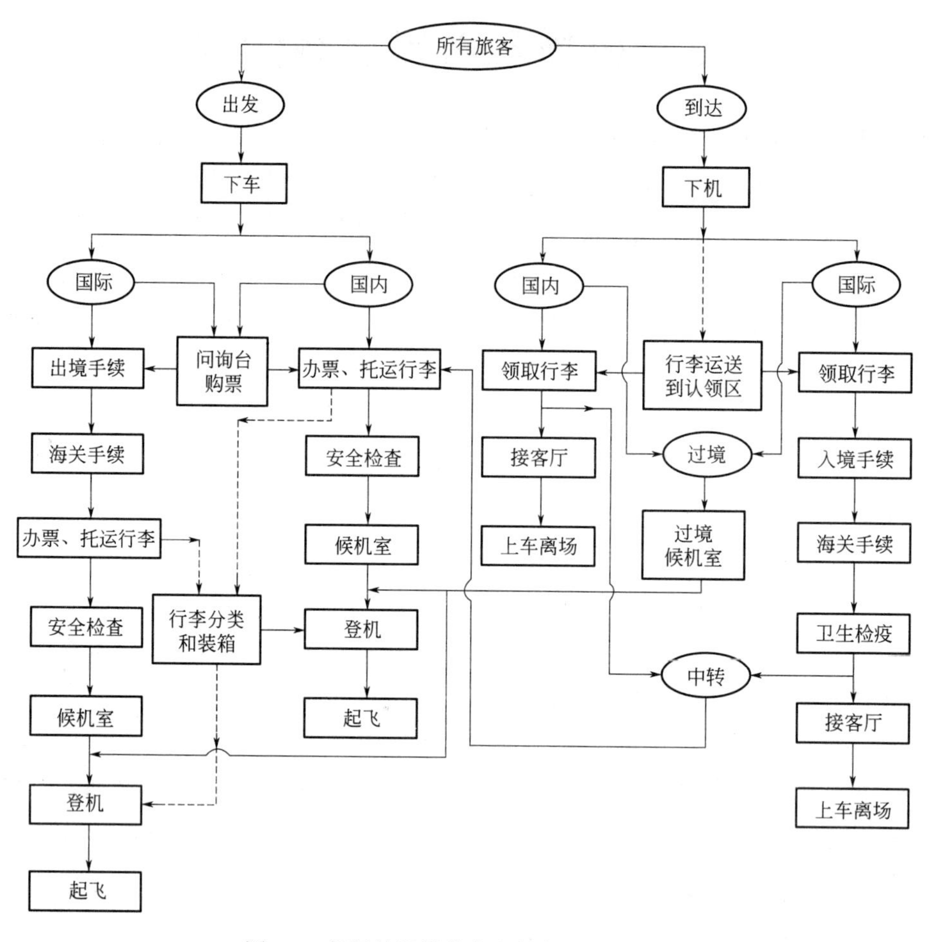

图 6-8 机场航站楼旅客和行李运行流程图

（1）旅客服务 根据不同旅客和不同需求，可将旅客分为普通旅客服务（图 6-9）、头等舱和公务舱旅客服务、重要旅客服务、特殊旅客服务、常客服务、晚到旅客服务、中转旅客服务、团队旅客服务等。

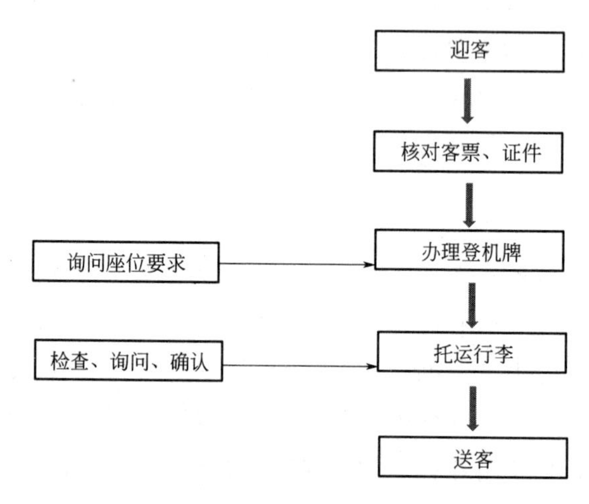

图 6-9 普通旅客服务流程

（2）行李服务　旅客行李包括托运行李和非托运行李（自理行李和免费随身携带行李）。行李服务包括：常规托运行李服务、易碎行李服务、超标行李服务（超大、超小、超重等情况）、宠物托运服务、晚交运行李服务、团队行李服务和补托运行李服务（包括柜台补托运和登机口补托运）等。

6.3.2.2　安检

安检服务是十分必要的，它是民航企业提供高质量旅客服务最重要的内容之一。安全检查是安全技术检查的简称，是指在民用机场实施的为防止劫（炸）机和其他危害航空安全的事件发生，保障旅客、机组人员和飞机安全所采取的一种强制性的安全技术性检查。机场设立安检部门应当经过中国民用航空局（CAAC）审核同意，并颁发“民用航空安全检查许可证”；民航地区管理局在民航局授权范围内行使审核权。未取得“民用航空安全检查许可证”，任何部门或者个人不得从事安检工作。“民用航空安全检查许可证”有效期为五年，到期由颁证机关重新审核换发。安检部门具有行政法规的执法权、检查权、拒绝登机权、航空器的监护权。

安检工作包括对乘坐民用航空器的旅客及其行李、进入候机隔离区的其他人员及其物品，以及空运货物、邮件的安全检查；对候机隔离区内的人员、物品进行安全监控；对执行飞行任务的民用航空器实施监护。

民航旅客接受机场安检的内容如下。①证件检查。证件检查员不仅要检查乘机旅客的证件，还要检查包括机场工作人员在内的所有需要通过安检通道进入候机隔离区人员的证件，符合规定的才可以放行。证件检查作为旅客安全检查的第一道工序，证件检查员负责对旅客的有效身份证件、登机牌进行核查，防止旅客或其他人员利用涂改、伪造、冒名顶替以及其他无效证件通过安检通道进入候机隔离区，同时还要协助执法部门发现和查控在控人员。②人身检查。旅客通过安全门时提示旅客取出身上的金属物品，通过安全门后再使用手持金属探测器或手工人身检查的方法进行复查。对通过安全门报警的旅客，应当重复过门检查或用手持金属探测器或手工人身检查的方法进行复查，排除疑点后方可放行。对经过手工人身检查仍有疑点的旅客，经安检部门值班领导批准后，可将其带到安检室从严检查，检查应当由同性别的两名以上安检人员实施。③开箱（包）检查。针对旅客的自理行李和随身携带行李必须经过安全检查仪器检查。发现可疑物品时应当开箱（包）检查，开箱（包）检查时，可疑物品的携带者应当在场。开箱（包）检查的程序一般如下。

a. 观察外层　看它的外形，检查外部小口袋及有拉链的外夹层。

b. 检查内层和夹层　用手沿包的各个侧面上下摸查，将所有的夹层、底层和内层小口袋检查一遍。

c. 检查包内物品　按X光机操作员所指的重点部位和物品进行检查；在没有具体目标的情况下应一件一件检查；已查和未查的物品要分开，放置要整齐有序；如包内有枪支等重大违禁物品，应先取出保管好，及时进行处理，然后再细查其他物品，要对物主采取看护措施。

d. 善后处理　检查后如有问题应及时报告领导，或交公安机关处理；没有发现问题的应协助旅客将物品放回包内，对其合作表示感谢。

趣味阅读　关于民航旅客携带“充电宝”乘机规定的公告

充电宝是指主要功能用于给手机等电子设备提供外部电源的锂电池移动电源。根据现行有效国际民航组织《危险物品安全航空运输技术细则》和《中国民用航空危险品运输管理规定》，旅客携带充电宝乘机应遵守以下规定：

一、充电宝必须是旅客个人自用携带。

二、充电宝只能在手提行李中携带或随身携带，严禁在托运行李中携带。

三、充电宝额定能量不超过 100Wh，无需航空公司批准；额定能量超过 100Wh 但不超过 160Wh，经航空公司批准后方可携带，但每名旅客不得携带超过两个充电宝。

四、严禁携带额定能量超过 160Wh 的充电宝；严禁携带未标明额定能量同时也未能通过标注的其他参数计算得出额定能量的充电宝。

五、不得在飞行过程中使用充电宝给电子设备充电。对于有启动开关的充电宝，在飞行过程中应始终关闭充电宝。

上述规定同时适用于机组人员。

充电宝一般都含锂电池，锂是一种极不稳定的金属，含锂的电池或充电宝在摩擦或碰撞过程中易产生高温火花。尤其是一些三无产品，即无标识、无标量、无生产厂家的充电宝更是危险。充电宝都是随身携带，如果安检时发现旅客的充电宝是三无产品，安检员会提示旅客不能携带上飞机。

6.3.2.3　政府联检

政府联检包括海关检查、边防检查和检验检疫。

（1）海关检查　中国海关关于入境物品有关规定如下。

① 一般规定　海外旅客离华前应将行李物品交海关检验，并出示入境时由海关签发的旅客行李物品申报表。

a. 入境时海关放行的个人使用物品（如照相机、摄像机）出境时应携带出境。

b. 入境时海关禁止入境并被扣押的物品，除易腐或失效的，应由旅客自己带走或委托他人在三个月内取走。逾期未领取的物品由海关依法处理。

c. 分运行李和海运出境物品的物主离华前应办理海关手续，出示有效证件。

② 红色与绿色检查站的有关规定　下列出境旅客应通过红色检查站（红色通道）。

a. 携带文物、货物或样品者。

b. 携带带入境内而应带出境外物品者。

c. 携带外币、金银及制品超出入境时报关的数量者。

d. 携带超过海关规定的限量（数量、金额及其他）者。

e. 其他出境旅客可以通过绿色检查站（绿色通道），但必须出示证件，包括行李申报单。

（2）边防检查　出入境边防检查是国家通过设在对外开放口岸的出入境边防检查机关（及各出入境边防检查站），依法对出入境人员、交通工具及其携带、载运的行李物品、货物等实施检查、监督的一种行政管理活动。出入境边防检查的目的是维护国家主权，保卫国家安全，维护口岸出入境秩序，防范和打击非法出入境行为。

出入境边防检查的对象如下。

a. 出入境人员。

b. 出入境证件。

c. 出入境交通运输工具。

d. 出入境货物和行李物品。

（3）检验检疫

① 卫生检疫　卫生检疫是为了防止传染病由国外传入或由国内传出，在国际通航的港口、机场、陆地边境和国界江河口岸设立国境卫生检疫机关，对进出国境人员、交通工具、货物、行李和邮件等实施医学检查和必要的卫生处理，这种综合性的措施称为国境卫生检疫。

② 动植物检疫　动植物检疫部门是代表国家依法在开发口岸执行进出境动植物检疫、检验、监管的检验机关。动植物检疫部门依据《中华人民共和国进出境动植物检疫法》，对进出境动植物、动植物产品的生产、加工等过程实施检疫，为防止传染病及有害生物传入、传出国境。

禁止下列各种物品入境。

a. 动植物病原体（包括菌种、毒种等）、害虫及其他有害生物。

b. 动植物疫情流行的国家和地区的有关动植物、动植物产品和其他检疫物。

c. 动物尸体及标本。

d. 土壤。口岸动植物检疫机关发现有禁止进境物的，作退回或者销毁处理。因科学研究等特殊需要引进按规定禁止进境的必须事先提出申请，经国家的动植物检疫机关批准。

e. 其他。

根据相关检疫法律法规规定，携带规定名录以外的动植物、动植物产品和其他检疫物进境的，在进境时向海关申报并接受口岸动植物检疫机关的检疫。携带动物进境的，必须持有输入国家或者地区的检疫证书等证件。旅客携带伴侣动物进境的，根据1993年农业部和海关总署关于实施《关于旅客携带伴侣犬、猫进境的管理规定》的通知，每人限1只。携带的伴侣犬、猫必须持有输出国（或地区）官方检疫机关出具的检疫证书和狂犬病免疫证书。口岸动植物检疫机关对旅客携带的动物实施为期30天的隔离检疫，经检疫合格的准予进境，检疫不合格的由检疫机关按有关规定处理。

6.4　机场航站楼服务运行支持系统

6.4.1　航站楼公共信息标志导向系统

公共信息标志导向系统是引导人们在公共场所进行活动的信息系统。该系统可以由下列相互联系的子系统构成：城市出入口信息导向系统（机场、火车站、汽车站、码头等），市内交通信息导向系统（客流导引系统），市内公共服务、娱乐设施信息导向系统（终端导向系统）。机场航站楼也大量使用公共信息标志，提供航站楼内旅客和相关人员自由活动所需要的信息。

构成机场导向系统的导向要素包括图形标志、文字标志、平面示意图、信息板、流程图、电子导向设施以及用作导向的便携印刷品等。

导向系统的功能：①基本功能，即指引方向；②辅助功能，即强化区域形象（重要功能）。导向系统的工作目标是在一个陌生的区域内，可以不受语言和文化障碍的影响，只依靠导向系统就能够方便、迅速、准确地获得所需的信息，并相对自由地活动。

我国导向系统国家标准包括《标志用公共信息图形符号》（GB/T 10001）、《公共信息导向系统　导向要素的设计原则与要求》（GB/T 20501）、《公共信息导向系统　设置原则与要求》（GB/T 15566）。

导向系统民航行业标准包括《民用航空公共信息标志用图形符号》（MH 0005-1997）、《民用航空公共信息图形标志设置原则与要求》（MH/T 0012-1997）。我国航站楼常用信息标志如表 6-1 所示。详细可参考《民用航空公共信息标志用图形符号》（MH 0005-1997）。

表 6-1　我国航站楼常用信息标志

名称	图标	释义	名称	图标	释义
机场		表示民用机场或提供民航服务	方向		表示方向
水平步道		表示供人们使用的水平运行自动扶梯	问询		表示提供问询服务的场所
售票		表示出售机票、候补机票的场所	洗手间		表示有供男女使用的洗漱设施

续表

名称	图标	释义	名称	图标	释义
办理乘机手续		表示旅客办理登机牌和交运手提行李等乘机手续的场所	出发		表示旅客离港及送客的地点
行李提取		表示到达旅客提取交运行李的场所	到达		表示旅客到达及接客的地点
行李查询	?	表示机场帮助旅客查找行李的场所（不代表失物招领）	中转联程		表示持联程客票的旅客办理中转手续、候机场所
卫生检疫		表示由口岸卫生检疫机关对出入境人员、交通工具、货物、行李、邮包和食品实施检疫检查、传染病监测、卫生监督、卫生检验的场所	动植物检疫		表示由口岸动植物检疫机关对输入、输出的过境动植物及其产品和其他检疫物实施检疫的场所
托运行李检查		表示对登机旅客交运的行李进行检查的场所	边防检查（护照检查）		表示对涉外旅客进行边防护照检查的场所
安全检查		表示对乘机旅客进行安全检查的通道	海关		表示进行海关检查的场所
红色通道（有申报物品）		表示对通过海关的旅客所携带的全部行李进行检查的通道	贵宾候机室	VIP	表示贵宾或重要旅客候机的场所
绿色通道（无申报物品）		表示对通过海关的旅客所携带的部分行李进行检查的通道	登机口	NO.5	表示登机的通道口 根据需要变换数字

续表

名称	图标	释义	名称	图标	释义
行李手推车		表示供旅客使用的行李手推车的存放地点	育婴室		表示带婴儿旅客等候的专用场所
候机厅		表示供人们休息、等候的场所	头等舱候机室		表示持头等舱客票的旅客候机的场所
商店		表示出售各种商品的商店或小卖部	停车场		表示停放机动车辆的场所
航空货运		表示办理航空货运的场所	货物检查		表示机场货运处对托运货物进行安全检查的场所
货物交运		表示交运货物的场所	货物提取		表示领取托运货物的场所

6.4.2 航站楼信息服务系统

航站楼信息服务系统是一个包括航站楼运营、旅客服务、指挥调度、信息查询、广播等覆盖航站楼内日常生产运营和旅客服务的综合集成解决系统。拥有一套完善的集先进性和实用性为一体的航站楼信息服务系统，并在计算机信息集成系统基础上实现系统信息联网，是21世纪智能航站楼的重要标志。当今航站楼信息服务系统建设与管理大致包含的范围是计算机信息管理系统、离港系统、航班信息显示系统、行李自动分拣系统、安检信息管理系统、时钟系统等。

（1）计算机信息管理系统　计算机信息管理系统是整个信息项目建设的核心系统，它负责将各类子系统提供的信息进行汇总处理进而让各生产线运营部门实现信息共享，是大型机场整个信息项目的核心部分。这些系统相互联系，在机场航站楼内构成了成百上千台设备，布点遍及各个角落，为乘机旅客和机场各服务系统提供各种信息显示功能。

计算机信息管理系统（信息集成系统）的建设目标是能提供一个信息共享的运营环境，使各电子系统均在信息集成系统统一的航班信息之下自动运作。支持机场各生产运营部门在指挥中心的协调指挥下进行统一的调度管理，以实现最优化的生产运营和设备运行，为航站楼安全高效的生产管理提供信息化、自动化手段，并能为旅客、航空公司以及机场自身的业务管理提供及时、准确、系统、完整的航班信息服务。

（2）离港系统　机场离港系统是航空公司及其代理人、机场地面服务人员在处理旅客登机过程中，用来保证旅客顺利、高效地办理乘机手续（值机），轻松地登机，保证航班正点安全起飞的一个面向用户的实时的计算机事务处理系统。它主要是基于机场本地局域网提供在本地和远端都可直接访问后台离港主机应用的途径，使在机场本地可以实现后台离港主机原始操作环境下的离港系统功能，如离港控制和管理，旅客值机、登机、配载平衡和旅客、行李的查询等以及电子客票、常旅客等航空公司特性服务的应用等。同时能够在机场与后台离港主机的连接中断时，提供本地及备份离港系统功能，并为其他系统提供数据接口（如安检信息管理系统、集成系统等)。离港系统所提供的统计数据可作为机场进行有关分析的依据，通过离港系统接口与行李自动分拣、安检、信息集成等系统进行数据交换，实现数据共享。建立它的目的是为旅客提供高品质的服务和提升机场服务形象。

离港系统是航空公司旅客服务大型联机事务处理系统，分为旅客值机、航班数据控制、配载平衡三大部分。

① 旅客值机系统　旅客值机系统是一套自动控制和记录旅客登机活动过程的系统。它记录旅客所乘坐的航班、航程、座位证实情况，记录附加旅客数据（如行李重量、中转航站等)，记录为旅客办理乘机手续即接收旅客情况或将旅客列为候补情况。它可以顺序接收旅客、候补旅客，也可以选择接收；旅客也可以一次办理多个航班的登机手续。

值机系统有姓名、序号、不分姓名和手工等四种办理值机的方式，每种方式都可以有座位选择。

旅客值机系统指令设计为简洁的工作人员、旅客与系统之间的对话方式。当旅客值机系统存有旅客数据时，值机员可提取旅客记录为其办理乘机手续。旅客被接收后，系统自动分配座位号和登机号。当旅客在离港系统中没有记录，或旅客记录未被证实时，该旅客被列为候补旅客，系统不会接收，而是产生候补号。当飞机仍有剩余座位时，再将其正式接收。在接收这类旅客时，系统同时为旅客建立订票记录编号及其他数据记录。当旅客需换乘其他航班时，系统设计了相应的换乘航班指令。

在办理值机前，离港系统可为要客、团体旅客或其他有特殊需求的旅客预留座位。已预留座位的旅客在办理乘机手续时，系统将预留的座位分配给旅客。若有特殊情况，可解除已预留的座位。对于多航段航班，旅客可在起始站一次办理全程的乘机手续，使旅客在过站时不必提取行李。

旅客时限是旅客办好乘机手续后，从值机柜台到登机口的通告时间。每个办理值机的终端都必须设定此项，否则旅客不会被接收。

对于候补旅客，系统设计了候补旅客优先等级。旅客值机系统会在情况允许时，根据候补旅客的优先等级自动接收候补旅客。若候补旅客没有到达机场，由旅客值机系统自动处理的候补旅客或由值机员处理的候补旅客将列为需通知的旅客。值机员需对此类旅客进行处理。未被接收的旅客可以转换到其他航班上，同时保留乘客的值机数据，包括旅客办理值机手续时被列为候补的优先等级。

旅客值机系统同时可以处理机场税和超重行李税。旅客值机系统需要来自航班操作数据和订座系统的信息。一般情况下，所有的数据都自动存放在航班数据控制系统中，订座系统自动向离港系统传送数据。当有意外情况发生，系统不能自动提供所需信息时，离港系统设置了手动备份指令，以保证系统的正常使用。

② 航班数据控制系统　航班数据控制系统主要负责值机系统的数据管理工作，通常旅客值机航班由航班数据控制系统编辑，将季节航班表生成在系统中，为旅客值机做准备工作。其重要的工作是向订座系统申请得到旅客名单。

航班数据控制系统主要实现以下功能。

a. 航班信息显示 / 修改。

b. 定期航班时刻表的建立 / 修改。

c. 航班记录显示 / 修改。

d. 飞机布局表的建立、修改、显示。

③ 航班配载平衡系统　航班配载平衡系统供航空公司、机场配载工作人员使用，它既可以同离港系统中值机功能模块结合使用，也可单独使用。操作人员以指令形式将必要数据输入离港系统，系统即可精确计算出所需结果。飞机配载为飞机起飞前必要程序。配载员综合考量飞机平衡的各种因素，确定飞机业载分布，取得飞机起飞前的重量、重心等数值，确定飞机重量、重心是否在规定范围内。传统的手工配载方式工作程度复杂，环节较多，人为因素影响大，容易产生错误。计算机配载将配载员从烦琐的手工方式中解脱出来，大大提高了配载工作效率，提高了配载准确性。

航班配载平衡系统的主要实现方式有以下几种。

a. 建立配载航班信息。

b. 根据飞机平衡要求确定业载分布。

c. 做出航班的舱单。

d. 发送相关的业务报文。

（3）航班信息显示系统　航班信息显示系统是机场对外信息发布的重要手段之一，主要用于为旅客和工作人员提供进出港航班动态信息，利用高清晰度 CRT、PDP 及 LCD 等各种技术和产品，通过合理的显示点设置构成清晰、方便、易识别的航班信息发布体系，引导出港旅客办理乘机、候机、登机手续，引导到港旅客提取行李和帮助接送旅客的人员获得相关航班信息等。

在哪个值机柜台办理手续，通过哪个安检通道，登机门在哪个区域，飞机是否准时起飞和到达等信息，都必须依赖及时准确的航班信息显示系统，它是各类服务信息的传达窗口。航班信息显示系统的信息包括航班信息综合显示、值机引导显示、值机柜台显示、登机引导显示、登机门牌显示、登机门信息显示、到达信息显示、到达行李转盘信息显示、到达行李搬运信息显示、出发行李转盘信息显示、休闲客厅信息显示、安检引导信息显示等信息类型，其发布的信息内容除了通常的航班运营信息（如值机办票信息、登机信息、行李信息、中转信息等）外，还有旅客前往目的地的旅游信息（如气象信息、风光介绍、交通住宿等），机场经营管理活动中必要的一些通告、警告信息等。

（4）行李自动分拣系统　行李自动分拣系统的应用将给机场的运营、服务带来显著的改善：第一，行李的自动传输与分拣可提高工作效率，减轻劳动强度，减少甚至杜绝差错，特别是在航班高峰时段更为明显；第二，行李自动分拣系统同离港系统配合可以实现开放式柜台办票，即旅客可在其航班截至办票之前的任何时间在任意柜台办理值机手续，除了方便旅客，它也有效降低高峰时间的业务流量；第三，该系统所采集的行李数据实现了物流与信息流的有机结合，是机场信息化管理的基础，同时支持机场间的数据共享，以提供行李的跟踪查询等增值服务；第四，该系统支持行李的集中安检，这不仅改善了业务流程，同时以较低的投入解决对行李中爆炸物品的检测问题，这在当前民航安全问题成为全球关注焦点的时候具有重要意义。

（5）安检信息管理系统　安检信息管理系统是集旅客身份验证、行李安全检查、安检人员管理、布控信息管理于一体的机场综合性安全信息管理系统，是保障航空安全的必要手段。安检信息管理系统主要由服务器、系统软件、磁盘阵列、控制管理工作站、条码阅读、指纹仪、数码相机、票据打印机等组成。在计算机工作站，条码阅读器与离港系统共用，由离港系统提供。

（6）时钟系统　时钟系统为航站楼提供标准统一的时间，接受全球（GPS）或中央电视台（CCTV）时钟信号对机场时钟进行精确校对，以确保航站楼计算机系统和对外时间显示系统误差小于 1 毫秒，无时间累计误差，帮助工作人员和旅客随时掌握准确的时间信息。

（7）广播系统　广播系统是一个机场航站楼专用的综合性广播系统，由自动广播软件实现语音合成和逻辑控制，集中或分区播放航班动态信息、值机信息、登机信息和机场服务信息，具有人工广播功能的系统。主要功能是在航站楼的各公共区域广播机场航班动态，为旅客提供航班信息；同时广播机场业务信息，满足航站楼生产调度的要求；广播火灾通知，满足消防的需要。为方便来自不同国家和地区的旅客，系统采用中文、英语等语种广播。广播方式采用人工广播和自动广播两种方式。广播内容遵循《民航机场候机楼广播用语规范》。

（8）内部通信系统　内部通信系统是航站楼内建立的一套独立的调度通信交换网，供航站楼内各业务部门之间指挥调度、相互通信使用。

（9）楼宇自动控制系统　楼宇自动控制系统是通过直接数字控制器对航站楼内的水系统、空调系统、供配电系统以及大型机电设备进行合理有效的控制，以期达到既创造舒适宜人的航站楼内部环境，又达到节约能耗的目的。

（10）综合布线系统　综合布线系统采用先进的综合布线设计理念进行系统设计，很方便地达到机场管理自动化和办公自动化的目的。该系统支持电话和多种计算机数据通信系统，可传输语音、数据和图像信息，能与外部通信网络相连接，提供各种网络通信服务。

（11）安防系统　安防系统包括闭路电视监控系统、通道控制系统、门禁系统和紧急报警系统。在航站楼一层内设消防安防中心。

闭路电视监控系统是航站楼的安全保障措施之一，它对楼内的重要位置以及进出航站楼人员的全部活动过程进行有效的实时记录与监控。

通道控制系统又称门禁管理系统，是在航站楼内公共区域至隔离区域、重要机房的通道入口以及消防状态下的跨区通道的主要入口安装门磁开关、电控锁或感应读卡机等控制装置，并由安保中心室监控，且对各通道口的位置、通行对象及通行时间等实时进行控制。

在航站楼的旅客服务、办票、安检、商业柜台等处设置紧急手动报警系统按钮。系统采用总线方式，通过带地址编码的按钮，发出报警信号至安防监控室，并对应报警具体地点，便于保安、公安部门及时处理现场。

（12）火灾自动报警及联动控制系统　火灾自动报警的保护等级按工程建筑防火等级设置，设控制中心报警系统和消防联动控制系统。

（13）电子客票系统　电子客票是普通纸质机票的一种电子替代产品，将普通纸质机票的票面信息以电子票联的方式存储在订座系统的电子客票数据库中。电子客票系统建立在旅客订座、离港系统的基础之上，将多家航空公司登机业务集于一身。

（14）综合多媒体视频视讯服务系统　综合多媒体视频视讯服务技术是目前最先进的流媒体实时交换传输技术，可以将高品质的视频播放、现场（远程）直播、智能化VOD点播、视频（远程）通信、视频（远程）会议、视频（远程）监控、广播电视、数字电视、智能化视频录制（PVR）、视频邮件、视频推送、智能化视频广告、虚拟（企业）频道、多媒体展示、智能化导览、电子地图、参观者自助互动终端、电子商务、互动商业、IP数据传输等数十种高品质视频、多媒体、语音、通信和IP数据相关的服务整合在一个系统平台上，统一智能化管理，可以通过一条线路进行传输，视频质量可以达到高清至超高清品质，全球范围内的数千千米异地视频传输延时仅为0.2秒，数百兆的超高清视频文件瞬间播放时间小于1秒。

（15）有线电视系统　有线电视系统（CATV）可为旅客及工作人员显示航班信息及有线电视节目。在进出港大厅、候机室、休息厅、贵宾室、餐饮、商店、值班室等处设电视终端盒。

本章小结

航站楼是机场最主要的建筑物，它的规划设计、布局、旅客流程、流程组织、基本设施的布置等都直接影响着航站楼的日常运营。

本章练习

一、选择题

1. 机场航站楼的构型包括（　　）。

A. 线型　　B. 转运车型

C. 指廊型　　D. 卫星厅型

2. 机场航站楼基本设施不包括（　　）。

A. 值机柜台　　B. 安检设施　　C. 停车场　　D. 车道边

3. 某旅客乘坐航班从长沙至北京，中途无经停或中转，则该旅客出港流程不包括（　　）。

A. 值机　　B. 安检　　C. 联检　　D. 登机

4. 表示旅客办理登机牌和交运手提行李等乘机手续的场所的图标是（　　）。

A. 　　B. 　　C. 　　D.

5. 离港系统是航空公司旅客服务大型联机事务处理系统，分为（　　）三大部分。

A. 旅客值机　　B. 航班数据控制

C. 配载平衡　　D. 航班信息显示系统

二、判断题

1. 安检部门具有行政法规的执法权、检查权、拒绝登机权、航空器的监护权。（　　）

2. 航站楼信息服务系统是一个包括航站楼运营、旅客服务、指挥调度、信息查询、广播等覆盖航站楼内日常生产运营和旅客服务的综合集成解决系统。（　　）

3. 航站楼的构型无须考虑空侧、陆侧的变化。（　　）

4. 航站楼流程设计应避免不同类型流程之间的交叉、干扰。（　　）

第 7 章

机场陆侧交通系统

事件聚焦　北京大兴国际机场双层出发车道边世界首创

2019 年 9 月 25 日，7 架大型客机依次从跑道起飞，标志着北京大兴国际机场正式通航。北京大兴国际机场工程建设难度世界少有，其航站楼是世界最大的减隔震建筑，建设了世界最大单块混凝土板。其机场航站楼是世界首个实现高铁下穿的航站楼，双层出发车道边世界首创，有效保证了旅客进出机场效率。机场跑道在国内首次采用“全向型”布局，在航空器地面引导、低能见度条件运行等多方面运用世界领先航行新技术，确保了运行效率和品质。在全球枢纽机场中首次实现了场内通用车辆 100% 使用新能源，是国内可再生能源利用率最高的机场。

知识目标

1. 理解机场陆侧交通的定义。
2. 理解机场停车场的概念及建设和管理规定。
3. 理解机场车道边的定义、功能及分类。
4. 掌握机场陆侧交通布局种类。

第 7 章
机场陆侧
交通系统

能力目标

1. 能分析目前机场停车场运营弊端，且提出有效改善策略。
2. 能辨析不同机场车道边布局的优缺点。

素质目标

1. 树立全局观念，培养学生从多层次、多角度思考问题的能力。
2. 树立民航责任感，培养学生团结协作、有效沟通的意识和能力。

7.1　机场陆侧交通定义

机场陆侧交通连接机场以及所在城市及周边地区交通系统，对机场和城市的发展都起到不可忽视的作用。机场陆侧交通具有以下几个特点。

① 根据机场客流的分布特征，绝大多数旅客来自机场所处的城市，小部分则来自周边地区的城镇。所以机场的陆侧交通包括了机场与所在城市的连接及机场与周边地区城镇的连接，主要功能满足城市之间的交通需求。

② 机场需要远离城市中心，这样能够保障用地、净空等限制，也不妨碍城市的发展；同时机场服务于所在城市，所以应该与客流的发源地较近，方便乘客的出行。研究发现，机场与城市的距离在 10 ～ 30 千米较为恰当，说明机场陆侧交通是一个短途交通通道。

③ 根据机场所在城市规模不同，机场陆侧交通也要与同城市的规模相适应，选择的交通方式种类繁多，其中轨道交通、出租车、机场巴士等公共交通皆可为机场以及所在城市服务。

综上所述，本文将机场陆侧交通定义为机场与其所在地区城市构成的起止点，具有较大的交通流，主要经由地点大致相同，由公共交通及自驾车为主要的交通方式实现旅客流、货物流移动的短途交通通道。

7.2 机场陆侧交通方式

随着我国民航业务量的不断发展，机场尤其是大型机场的陆侧交通模式由单一交通方式转为包括轨道交通、机场巴士、出租车及私家车等多种方式的陆侧交通系统。并且机场规模越大，其陆侧交通方式越复杂，且每一种陆侧交通方式皆有其优缺点。

目前，轨道交通、私家车、出租车和机场巴士是国内外大型机场陆侧交通的主要方式。它们具有互不相同的特性，在机场陆侧交通体系中发挥着相辅相成、互为补充的作用。

私家车具有灵活、方便、舒适等特点，因此在欧美等发达国家机场陆侧交通中一直占据主导地位；我国民航事业起步较晚，21 世纪以前的航空旅客大多数为商业人士或政府人员，机场客流量不大但私家车占据主导地位。进入 21 世纪后，航空旅客变得多元化、平民化，我国大型机场客流量已居世界前列，由于城市交通容量的限制，相关部门鼓励公共优先的出行方式，因而我国大型机场的集疏运陆侧交通越来越多元化，虽然私家车的分担率较高，但再也不是占据主导地位。

对于出租车而言，从特性方面分析，它是私家车的替代者。私家车和出租车都具有灵活、方便、舒适等优点，因此由于种种原因未能驾驶私家车的旅客选择出租车的可能性会很大。出租车和私家车的不同点是出租车的费用可能略高。

机场巴士是公共交通方式的一种，有着诸多优点，如：快速、价格便宜、环保等，但是也具有因线路固定造成搭乘不便、发车频率较低等缺点，因此机场巴士在机场陆侧交通中能分担一定的客流量，但是分担率增长空间并不大。

机场轨道交通（比如地铁、轻轨、磁悬浮、市域铁路等）虽然不如私家车和出租车那样搭乘方便，但是其舒适度要高于机场巴士，且可靠性也远高于前者。除此之外，它还具有运量大、污染小等显著优点，在我国大力倡导发展公共交通的形式下，轨道交通将是未来机场陆侧交通体系的主导交通方式。

随着航空业发展需求的日益变化，还出现了像采用直升机运送旅客往返机场之间的方式，当然因为这种交通方式需要投入的资金较多，且在客源较少的情况下，大部分直升机承运公司很难经营下去，但是也不乏例外，比如英国的希思罗机场、盖特威克机场之间使用直升机运营就非常成功。除了直升机以外，还有采用水运的交通方式帮助旅客进出机场，这种方式适合于机场靠近江河海湾，一般也就是我们说的水上机场，比如威尼斯机场、伦敦城市机场等，旅客在到达或离开机场的时候还可以欣赏到漂亮的风景。

趣味阅读 国外机场陆侧交通方式

1. 美国

美国航空业起步较早，已经形成了比较成熟的机场体系。美国汽车工业非常发达，国民人均车辆拥有量很高。美国早期城市规划就提倡要建设一个小汽车通行无阻的国家，所以美国拥有一个非常发达的公路网体系，小汽车出行已经成了国民日常社会活动的主要方式。因此美国大型机场的客运陆侧交通发展模式和特征主要表现为：

① 私人小汽车构成了机场陆侧交通的主体，轨道交通衔接机场的案例较少。

② 公共交通（包括机场巴士、地铁、铁路、公共汽车等）设施水平较欠缺，公共交通模式分担比例较小。

③ 机场内停车场设施、租车设施非常发达。

2. 欧洲

欧洲国家普遍疆域较小，经济发达地区较为集中，国家之间航空飞行时间基本都在 2 小时以内。虽然欧洲小汽车人均拥有量也很高，但由于欧洲的城镇历史久远，路网容量有限且无法扩充，这使得欧洲各国很早就开始注重公共交通的发展，形成较为先进和发达的公共交通网。高速铁路网的建成使得西欧许多重要城市间使用轨道运输的旅行时间等于甚至优于航空旅行时间。为了发展航空运输业、抢夺客源，机场的决策与规划者也很注重机场的公共交通体系，将市内地铁、机场快线、区域铁路车站等大运量轨道设施接入机场，而且这些轨道交通的服务水平要高于私人小汽车，因此无论从速度还是经济角度考虑，公共轨道交通都是最优选择。欧洲机场客运交通系统发展模式：

① 陆侧交通向多模式、多样化发展。

② 公共交通模式分担比例普遍较高。

③ 注重场内旅客衔接换乘系统的规划：轨道交通车站多设在机场内部，与航站楼有良好的衔接。

3. 亚洲

与欧美发达国家相比，亚洲机场发展起步较晚，但随着近年来亚洲经济发达地区航空运输的迅猛发展，亚洲一些大城市的主要机场发展迅速，并形成了一批大型机场，如日本羽田机场、韩国仁川机场等。亚洲新建机场的特征是规划用地较充足，而且在规划之初就充分考虑了陆侧交通系统的规划，大多配备了衔接机场的各种轨道交通。亚洲大型机场陆侧交通系统发展模式可以概括为：

① 公共交通成为机场陆侧交通体系的主体；

② 公共交通程序为多模式、多层次的特征；

③ 注重旅客换乘系统的规划，轨道交通车站多设于机场内部，公交车站布设在邻近航站楼的车道边。

亚洲城市人口密度高，发展迅速，城市用地紧张。亚洲城市大多适合也必须依靠公共交通来解决城市内交通问题，一些发展比较成熟的城市内已经拥有了很发达的公共交通网。另一些正在高速发展中的大城市也以形成一个覆盖能力强、服务水平高的公共交通系统作为其城市客运规划的目标。亚洲城市居民习惯使用公共交通作为日常通勤及社会生活的主要交通方式。

虽然机场发展起步较晚，但在借鉴了欧美发达国家的经验教训之后，亚洲的大型机场根据自身条件形成了集约化的发展方式。在规划之初就对陆侧交通体系有了综合的考虑。机场通常以轨道交通作为集疏运系统的主要干道，通过与城市公交网的紧密衔接来覆盖大多数的客运需求。

7.3 机场停车场

7.3.1 民用机场停车场建设和管理规定

《民用机场停车场建设和管理暂行规定》（1990 年 7 月 21 日民航局令第 11 号发布，1997 年 1 月 6 日民航总局令第 60 号修订，CCAR － 162SB － R1）

第一条 根据一九八八年十月三日公安部、建设部关于《停车场建设和管理暂行规定》，为加强民用机场（含军民合用机场的民用部分，下同）停车场的建设和管理，维护停车场的秩序，保障交通安全畅通，特制定本规定。

第二条 本规定所指停车场系机场内候机楼、宾馆等大型建筑物附近为社会车辆提供服务的停放场所。

第三条 停车场的建设，必须符合机场规划和保障机场内道路交通安全畅通的要求。规划设计应遵守公安部、建设部一九八八年十月三日制定的《停车场规划设计规则（试行）》的有关规定。

机场内停车场的设计方案（包括有关的主体工程设计方案）须经基建机场管理部门

和民航机场公安（交通管理）部门审核，方可办理施工手续；停车场竣工后，必须经基建机场管理部门和民航机场公安部门共同验收，合格后方可使用。

第四条 新建、改建和扩建的机场候机楼、宾馆等大型公共建筑，必须修建或增建停车场和非机动车停车场（棚）。停车场应与主体工程同时设计、同时施工、同时使用，否则不予批准施工。

本规定所指的大型公共建筑已竣工使用而未按标准配建停车场的，应补建或扩建停车场地。

第五条 民航机场公安部门应当协同基建机场管理部门制定停车场规划，并对停车场的建设实施监督。

第六条 机场候机楼、宾馆停车场实行合理的收费制度。由民航机场根据有关规定制定管理办法，实施统一管理。

第七条 车辆流量较大的候机楼停车场，要组织人员负责维护秩序，按顺序派车。出租汽车以外的其他机动车辆，应在停车场的指定位置依次停放。

第八条 凡到民用机场承揽客运业务的出租汽车，必须申请民航机场公安部门制发的机场客运许可证，经批准后方可在机场运营。

7.3.2 国内机场停车场发展现状

机场如何合理设置停车场是一个非常复杂的问题。停车场需求与许多因素有关，如进出机场的人数、类型、交通方式、停车费用、停车时间，等等。停车场作为机场航站楼建设时必须配建的重要基础设施，除具备一般的功能之外，还要合理地处理其与航站楼等其他建筑的位置关系，高效地运营管理，以提高机场陆侧交通的服务水平，吸引更多的客源。

国内机场停车场的管理基本还停留在自主运营阶段。在这种模式下，许多机场将停车场作为经营性业务的一部分，组建专门的停车场管理公司自行经营。

（1）前期规划不合理，停车场功能和作用发挥有限　如对停车场的地位没有充分认清，仅仅把停车场作为机场的辅助设施，规划设计理念滞后，停留于传统的思维模式，在设计上将机场停车场功能等同于一般城市停车场功能，而不是为接送旅客和旅客出行的停车场模式；对停车场建设规模把握不准确，中小机场由于客流量较少导致其停车场利用率较低，而大型机场客流量高以至于经常出现车辆无处可停的现象；对机场停车场的特点考虑不全，停车场内部规划不够科学。由于缺乏对机场停车流动性大、便捷性要求高等特点的认识，国内机场停车场在进出口规划、场内流程规划以及流程标志、标示指引等各个方面都存在着明显不足，既增加了车辆进出航站楼的难度，又增加了旅客进出停车场的难度；机场停车场普遍缺乏与航站楼流程的有效连接，加上引导标志标识不够明细，为进出港旅客带来不便。

（2）经营模式以自营为主，停车资源价值没有最大化　目前国内机场运营管理模式基本还停留在自营型阶段。在自营型模式下，各大机场普遍将停车场作为经营性业务的一部分，组建专门的停车场管理公司自行经营。从各大机场经营情况来看，自行经营的模式很难实现机场停车资源价值的最大化，主要表现在：停车资源的分散及多方面管理造成资源的流失。各大机场停车资源分别被停车场、酒店宾馆和贵宾服务机构等有关单位瓜分，各自经营，停车场公司无权干涉其他单位的停车，造成停车资源流失。停车场运营成本过高。中小机场停车场的使用率偏低，加之大量设施的折旧、人工和维护成本等支出造成国内机场停车场运营成本过高，从而影响停车场的收益。大型机场的停车场一般都会建设停车楼以满足巨大的停车需求，停车楼的建设成本比一般的露天停车场要高很多，因此大型机场虽然其停车场使用率较高，但是经营压力也很大；在收费机制上不够灵活，国内机场停车场基本是实行政府定价或者政府指导价，从市场运作的角度来看，经营者不能借助价格机制合理调配停车场资源。

7.3.3 机场停车场未来发展趋势

随着科技的进步、停车供需缺口的矛盾，停车场领域的智能化改造需求仍然较为充分，体现了“智慧机场”的未来导向。未来行业发展的方向主要体现在无人化、人性化、联网化和定制化四个方面。

（1）无人化　由于人力成本高以及技术发展成熟，停车场无人值守自助缴费系统在欧美发达地区应用较为广泛，随着人力成本的进一步提升以及科技的进一步发展，无人值守停车场预计也将在我国得到进一步普及。

（2）人性化　在停车场智能管理系统设计上，工程开发人员更多基于便捷性和车辆人员安全进行考量。停车场管理系统人性化设计主要体现在以下几点：第一，人机的交互及互动性增强，例如在手机上实现缴费、预约停车等功能。第二，基于停车大数据而进行人性化推广的商业模式将进一步普及，例如消费折扣管理、VIP 积分管理等。第三，基于车位的精确诱导，借助多媒体信息发布和显示，可以直接显示停车场空余车位的位置，从而帮助驾驶人员快速寻找到停车位，提高停车效率。

（3）联网化　停车场的联网化体现在停车场的管控通过联网共享数据，以打破信息孤岛，建设智慧停车物联网平台，实现停车诱导、车位预定、电子自助付费、快速出入等功能。

（4）定制化　通常根据停车场的服务对象不同，可将停车场分为公共停车场、配建停车场和专用停车场。不同应用领域的停车场对系统软、硬件要求也有所差异。以商业地产配套建设的停车场为例，客户一般要求停车场智能管理系统能够接入客户的内部信息管理系统，满足其客户积分管理兑换、内部进出客户数据分析、管理报表等各类管理要求。

在智能交通建设日趋推进和市场需求不断扩大的情形下，停车场相关产品不仅需要能满足简单的车辆进出，更需要能针对不同停车场景满足多样化停车需求。因此定制化服务日益成为停车场智能管理系统发展的一大趋势。

趣味阅读 北京大兴国际机场配备智能停车楼

北京大兴国际机场的停车楼在航站楼南侧，东西两个停车楼像一对翅膀位于综合服务楼的两侧。按照规划，这座地下 1 层、地上 3 层的停车楼一共提供了约 4200 个车位。但经过优化设计，停车楼的车位数量增加至 4321 个，之所以能在原有规划基础上增加车位，得益于很多智能化措施。在这栋智能化停车楼中，特意引入了机器人自动泊车、反向查车等功能。其中，一项在德国机场尝试的 AGV 自动机器人泊车装备也引用到大兴国际机场。大兴国际机场停车楼的一层布局 148 个停车位，均依靠两个机器人完成泊车。机器人将如叉车一般将车辆托起运到车位。由于无人操作，车辆间距可以更近，省下了不少空间，也就增加了停车位。在未来操作过程中，开车的乘客只要把车停到 1 层的入口，机器人便能帮助完成后续的操作；而取车时，提前在手机客户端上点“取车”按钮，机器人便可以提前把车停在出口等待乘客。此外，停车楼的“反向查车”功能则可以帮助旅客寻找停放的车辆。如果旅客忘记车辆停放的具体位置，就可以到停车楼里的反向寻车机上输入车牌号，机器上就能显示准确位置，还可以把路线直接发送到手机上供人寻找。

7.4 机场车道边

车道边是机场航站区陆侧道路系统中极其重要的组成部分，为了使车辆进入机场后能够有序便利地接送旅客，我们往往会在机场航站楼前布置充足的路边停车带，这种停车带的集中布置和不同类型车辆停靠的组合形式构成了机场特有的人车接驳的交通设施，即车道边。机场车道边是航站楼的外延空间，出发与到达的旅客在车道边进行上下车、进入或离开航站楼，它与航站楼的出发、到达层功能进行着无缝衔接。

7.4.1 机场车道边概述

7.4.1.1 机场车道边定义

机场车道边是指机场航站楼前供车辆通行、停靠和供旅客进出航站楼的道路。从功能上来说，车道边是指机场陆侧供车辆停靠、旅客上下车的道路，在此区域，旅客可实现步行或乘坐地面交通工具进出机场。

7.4.1.2 机场车道边组成与功能

机场车道边通常由一条或多条人行道、人行道边临时停车区及供车辆通行的多条机动车道组成，不同类型车辆停靠方式的不同以及到发车辆的运行特点的差异使得车道边有着不同的布置与组织方式。车道边的主要功能可以归纳为以下几点：①供到发车辆上下客；②满足车辆的短时停靠；③供旅客排队候车；④供过境车辆通过。

7.4.1.3 机场车道边分类

机场车道边包括航站楼楼前车道边与停车楼楼内车道边。其中，航站楼楼前车道边按出发与到达流程分为出发车道边、到达车道边。

（1）出发车道边　对应出发层，车辆下客，引导离港客流至航站楼内部办票。特点是人流量大，集中；车辆类型多，停车区域多，交通状况复杂。

（2）到达车道边　对应到达层，车辆上客，引导到港客流至指定候车区域。特点是高峰时段人流较大；各类型车辆分区域停靠。

7.4.2 机场车道边布局

机场航站楼车道边布局模式可分别从边线型、竖向和横向三个方面理解。

7.4.2.1 航站楼车道边边线型

由于航站楼的建筑构型不同，车道边在线型上表现为直线式和弧线式两种（图 7-1）。由于种种原因，目前机场航站楼以直线式居多，因此直线式是航站楼车道边普遍选择的模式。

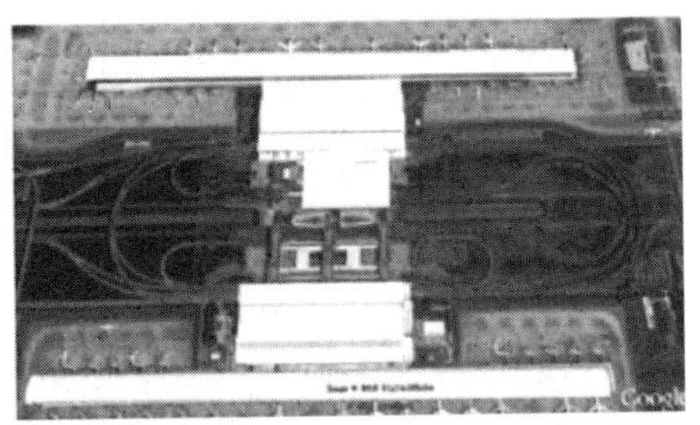

图 7-1　上海浦东国际机场直线式车道边（上）和韩国仁川机场弧线式车道边（下）

7.4.2.2 航站楼车道边竖向布局

从竖向布局上航站楼车道边可分为一层式、二层式、三层式等。机场旅客分为出发旅客和到达旅客，因此车道边也分为出发车道边和到达车道边。

一层式车道边（图 7-2）是指出发车道边和到达车道边位于同一层（一般是地面层），一般适用于客流量较小的机场。

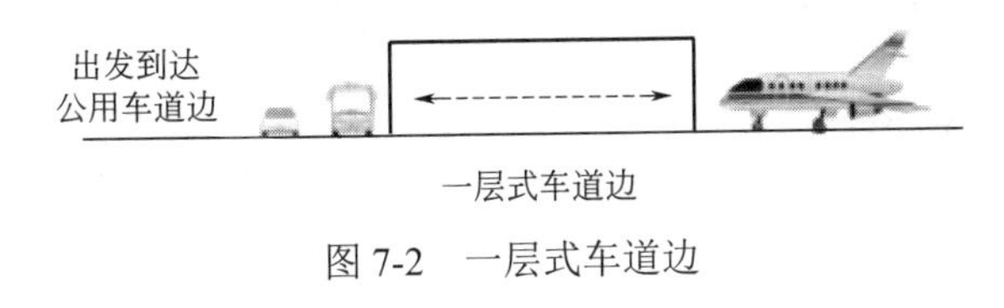

图 7-2　一层式车道边

二层式车道边（图 7-3）指出发车道边和到达车道边分处异层（一般上层为出发层，下层为到达层），出发车辆和到达车辆分开，以缓解交通拥挤，一般适用于客流量比较大的中型机场。

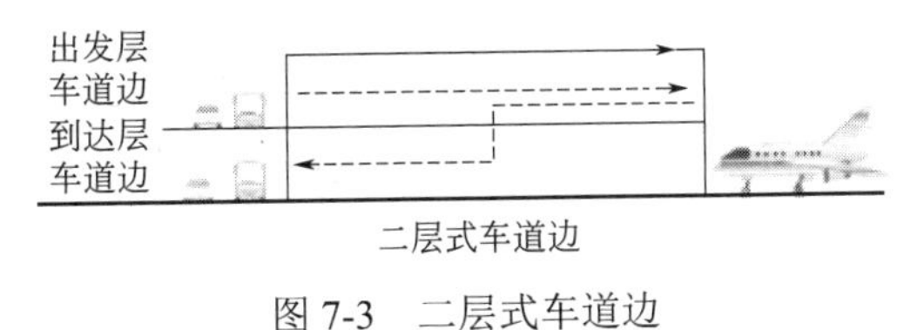

图 7-3　二层式车道边

三层式车道边是指一些大型枢纽机场为缓解高峰时刻到达车道边的拥挤，在二层式布局的基础上增加一层车道边，形成竖向三层式布局。目前，我国机场航站楼车道边布局方式为最上层为出发层，中间层和下层为到达层，到达层分别用于巴士和出租车（如北京首都国际机场 T3 航站楼）（图 7-4）。美国机场航站楼车道边的布局方式多变，有些机场最上层为出发层，中间层和下层为到达层，两层到达层分别用于私家车和营运车辆（如奥兰多国际机场）；有些机场上层为出发层，下层为到达层，都只服务于私家车，而中间层为出发和到达共用层，服务于营运车辆（如丹佛国际机场）。

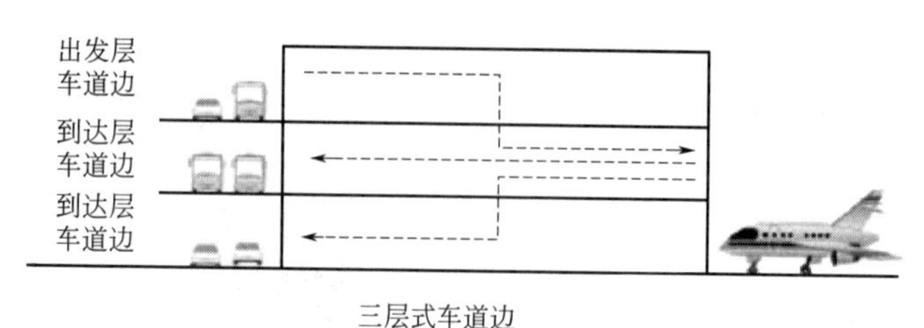

图 7-4　三层式车道边

7.4.2.3　航站楼车道边横向布局

根据航站楼前车辆停靠方式不同，车道边横向布局分为平行式停靠、斜向式停靠和港湾式停靠三种布局模式。

（1）平行式停靠布局　根据道路横向断面类型，参照市政道路中路幅的概念将车道边平面布局模式分为一幅式、二幅式及三幅式三种。为满足客流量的需求又有效利用资源，不同规模的机场应选择合理的布局模式进行规划建设。

一幅式车道边指路面上无隔离带，各条车道之间均无实体隔离。适用于旅客量不大的小型机场，整个航站楼流程以一层或一层半为主。

二幅式车道边指路面有一条隔离带，将车道边分为内侧车道边和外侧车道边两部分，这样车道边就“被复制”了，其容量便可以增大将近 1 倍，在外侧车道边下车的旅客通过人行横道步行进入航站楼。这种布局方式适用于中型机场航站楼，以实现不同车型的分离停靠。

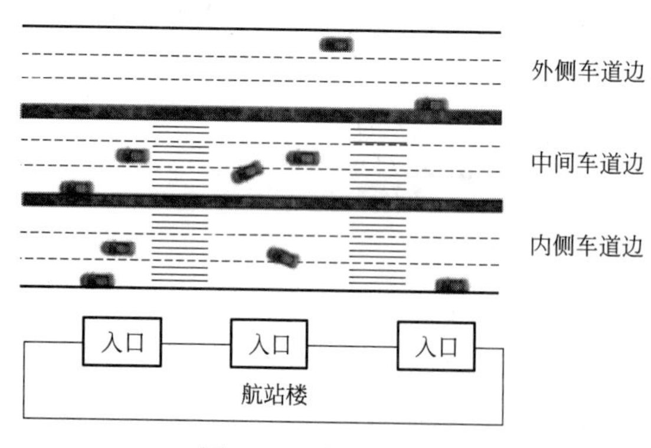

图 7-5　三幅式车道边

三幅式车道边（图 7-5）指路面有两条隔离带，将车道边分为内侧车道边、中间车道边和外侧车道边三部分。此时，相当于车道边“被复制”了两次，其容量可增大将近 2 倍。此类型适用于大型枢纽机场。每个机场的客流量、中转率和管理方式等不同，使得每个机场对各幅车道边的分工用途有所不同。

（2）斜向式停靠布局　这种布局模式指停靠方式是在车道边固定停车位，在指定的停车位车头位置做停车导向岛，使车头与车道边有一个夹角（即斜停），主要有以下两种布局方式。

① 无路肩固定车位式斜停　一般停靠角度在 45°～60°，车道边不设置路肩，只采用固定停车位停靠的方式。采用这种布局模式，能够在单位长度的车道边提供更多的停车空间，根据车辆运行特征，可分为倒退式和前进式。倒退式［图 7-6(a)］是指车辆停靠位置紧靠航站楼，顺车进入停车位，下客完毕后向后倒车离开停车位。美国许多大中型机场采用这种布局模式，我国北京首都国际机场 T2 和 T3 航站楼到达层的巴士停靠采用这种模式。前进式［图 7-6(b)］是指为了减少倒车造成的不便，将靠近航站楼的车道留出，方便车辆斜停后向前行驶离开车道边。这种布局模式既增加了停车空间，又方便驾驶员操作，但是需要的车道边宽度较大（至少 4 条车道），且旅客在下车后需穿行内侧行车道进入航站楼，影响车辆通行。美国兰伯特 - 圣路易斯国际机场的出发层车道边就是采用这种布局模式。目前我国的主要机场均没有采用这种布局模式。

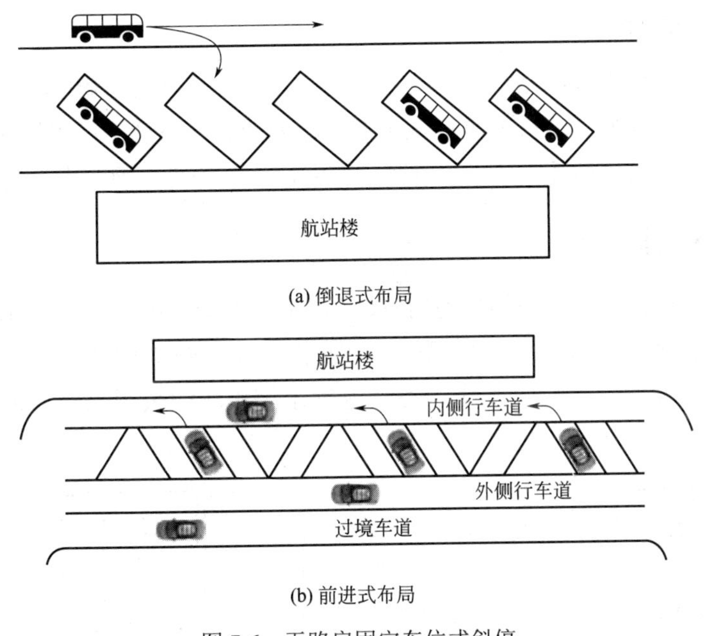

图 7-6　无路肩固定车位式斜停

② 有路肩固定车位式斜停（图 7-7）又称锯齿形，是指每个停车导向岛之间保留一定的间距，车头和车道边夹角较小，一般小于 45°。这种布局模式在国内外许多机场均有采用。上海虹桥国际机场 T2 航站楼到达层车道边（北侧）的社会大中型巴士采用这种方式停靠。

（3）港湾式停靠布局（图 7-8）　港湾式停靠布局是指类似于市政道路中港湾式公交车停靠站，在车道边的设计过程中，为不影响车道边的通行能力和服务水平、降低公共汽车停靠时对交通流的影响，而设计的港湾式停靠车道边。这种布局模式在国内外许多机场均有采用，我国上海虹桥国际机场 T2 航站楼到达层车道边（南侧）的社会大中型巴士采用这种方式停靠。

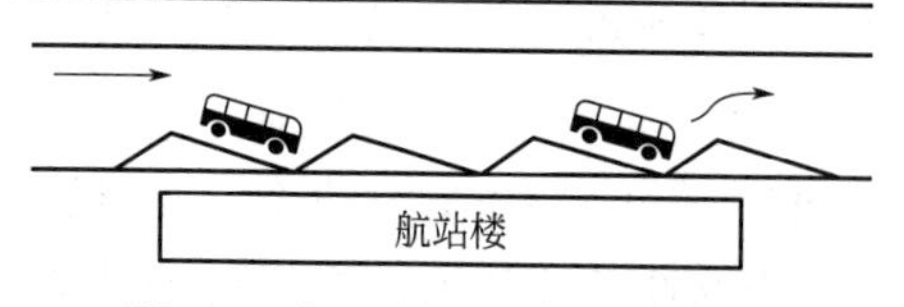

图 7-7　有路肩固定车位式斜停

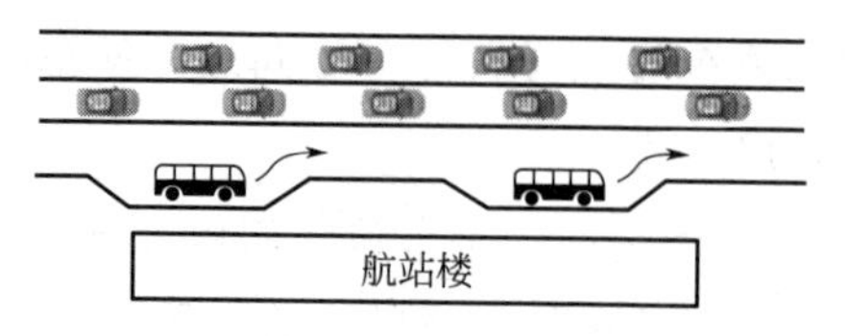

图 7-8　港湾式停靠布局

7.5　机场陆侧交通布局

出入机场地面道路布局与航站楼构型、集散程度（集中式或单元式）、附属设施（停车场、车站等）诸多因素有关，同时还要考虑航站区未来扩建的灵活性。出入机场地面道路通常包括航站楼正面道路（毗邻航站楼车道边）、航站区进出道路、重复循环道路、工作道路、机场进出道路等。概括起来，常见的出入机场道路布局有以下四种。

7.5.1　集中布局

当航站区建有集中式航站楼或有关连续的建筑群时，可采用集中布局（图 7-9）。采用这种布局，所有与旅客有关的车辆几乎通过相同的道路系列。停车场和租车场也集中设置。美国许多民用机场都采用了这种道路布局，如芝加哥、旧金山、洛杉矶等机场。

7.5.2　分区布局

将道路系列分区划分，如划分为出发、到达两个区域，或按不同的航空公司划分为若干个区域。每个区域都有属于自己的航站正面道路。图 7-10 为一个划分为两个区域的分区布局道路系统。美国奥兰多、杰克逊维尔等机场即采用分区布局概念设计陆侧道路。

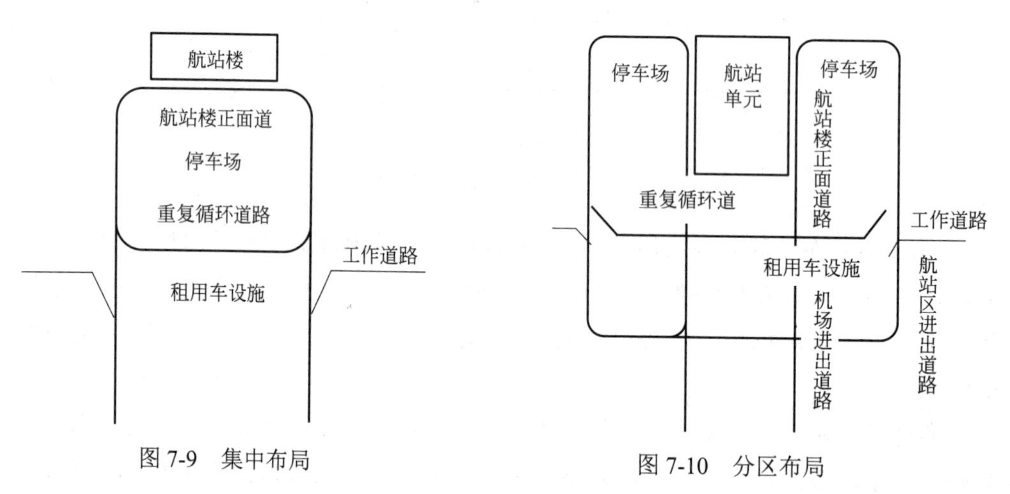

图 7-9　集中布局　　图 7-10　分区布局

7.5.3　环形分散布局

当单元航站楼构成半环形时，可采用如图 7-11 所示的环形分散道路布局，美国肯尼迪机场和堪萨斯城机场均采用这种布局。

7.5.4 组合式布局

单元航站楼在一条直线上分布时，可采用图 7-12 所示的组合式布局。美国的达拉斯机场、休斯敦机场等即采用这种方案。

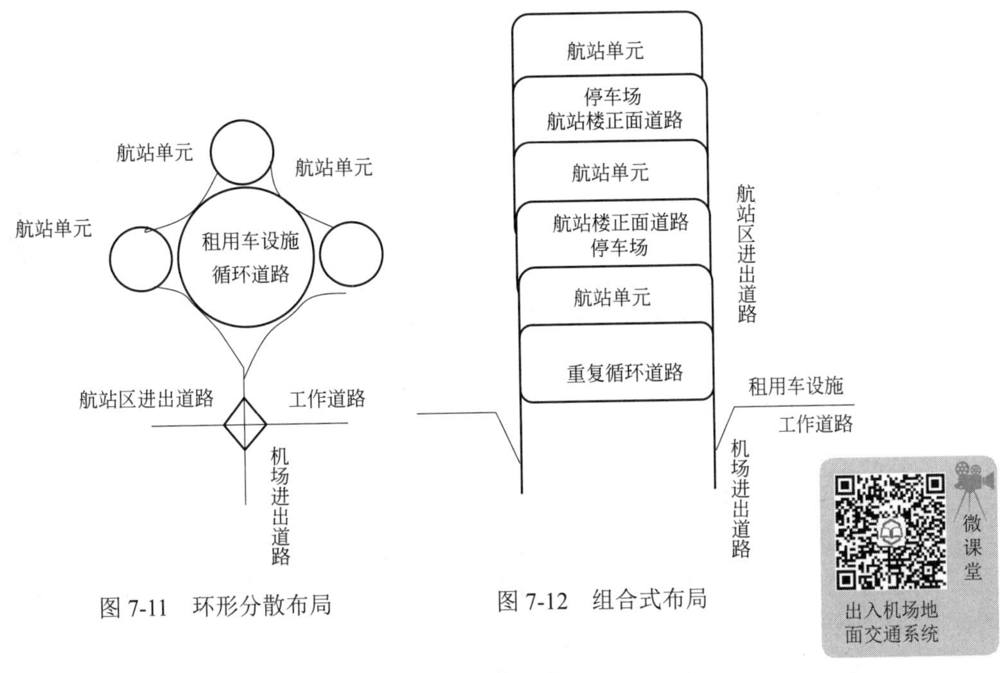

图 7-11 环形分散布局　　图 7-12 组合式布局

拓展阅读 大型机场公交集疏运网络分析

大型机场客流量大、客源分布广泛，而且由于机场经营呈多元化发展趋势与机场周边产业园区的形成，机场旅客的集疏运与职工的通勤交通给附近路网造成了很大的压力。现代大型机场都不会再依靠单一的交通模式来解决集疏运问题，其服务的区域也不再单单是所在城市。因此，功能的变化使得集疏运网络规划也应该向多层次发展。按衔接区域划分，集疏运网络可以分为以下三个层次：（1）与城市中心衔接；（2）与市域和大区域市间的衔接；（3）与机场周边开发区的衔接。

拓展阅读
型机场公交集疏运网络分析

本章小结

由于地面交通形式的多样化和航站区陆侧的多功能，使机场陆侧交通系统的组成及与城市交通系统的衔接变得非常复杂。同时，机场停车场、车道边的合理设计与否也是影响机场陆侧交通畅通的关键因素。

出入机场地面道路布局与航站楼构型、集散程度（集中式或单元式）、附属设施（停车场、车站等）诸多因素有关，同时还要考虑航站区未来扩建的灵活性。概括起来，常见的出入机场道路布局有集中布局、分区布局、环形分散布局和组合式布局四种。

本章练习

一、选择题

1. 机场车道边的主要功能是（　　）。

A. 供到发车辆上下客　　B. 满足车辆的短时停靠

C. 供旅客排队候车　　D. 供过境车辆通过

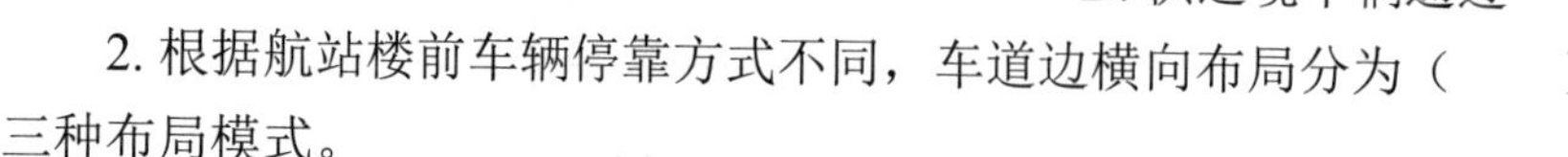

2. 根据航站楼前车辆停靠方式不同，车道边横向布局分为（　　）三种布局模式。

A. 平行式停靠　　B. 锯齿形停靠

C. 斜向式停靠　　D. 港湾式停靠

3. 下列描述正确的是（　　）。

A. 机场停车场的建设不用考虑与航站楼等其他建筑的位置关系

B. 停车场的建设，必须符合机场规划和保障机场内道路交通安全畅通的要求

C. 国内机场停车场完全处于自主经营模式

D. 机场停车场建设不应与“智慧机场”相结合

4. 下列描述错误的是（　　）。

A. 机场车道边是指机场航站楼前供车辆通行、停靠和供旅客进出航站楼的道路

B. 不同类型车辆停靠方式的不同使得车道边有着不同的布置与组织方式

C. 机场车道边包括航站楼楼前车道边与停车楼楼内车道边

D. 到发车辆的运行特点的差异对车道边的布置与组织方式影响较小

二、填空题

1. ____________ 是指机场航站楼前供车辆通行、停靠和供旅客进出航站楼的道路。

2. 由于航站楼的建筑构型不同，车道边在线型上表现为 ________ 和 ________ 两种。

3. ________ 指路面有两条隔离带，将车道边分为内侧车道边、中间车道边和外侧车道边三部分。

4. 根据道路横向断面类型，参照市政道路中路幅的概念将车道边平面布局模式分为 ________、________ 及 ________ 三种。

5. 常见的出入机场道路布局有 ________、________、________ 和 ________ 四种。

第 8 章

机场容量和航班安排

事件聚焦 欧洲航班起降时刻体制新发展

对于航空公司而言，一些机场容量有限直接导致的后果就是航班起降时刻的不足问题。欧盟在 1993 年首次对起降时刻分配实施管理。在给定的航班计划周期中，一家航空公司所拥有的起降时刻能够保留到下一个周期。但是，一家航空公司在前一个航班计划周期中如果起降时刻使用率少于 80%，那么可能会丧失起降时刻。没有使用的和新出现的起降时刻将统一放入一个“池中”，在这个池中，一半的起降时刻首先分配给新进入者（在前一个周期只拥有很少量起降时刻的航空公司），剩下的一半将由一个完全独立的协调员公平分配。欧盟每一位成员国都设有自己的协调员，在国际和国内起降时刻分配方面没有什么区别。

由于起降时刻本身具有的价值，因此那些已经拥有起降时刻的航空公司对此很少能够达成一致意见。在全球最繁忙的机场，需求永远超出供给，而许多航空公司现在所拥有的起降时刻实际上是几十年前由政府分配的，那时机场的基础资源根本不存在紧张问题。

第 8 章
机场容量和
航班安排

知识目标

1. 识记机场容量的定义。
2. 掌握机场跑道容量的影响因素。
3. 理解机场高峰的形成特性。
4. 掌握航班安排的协调问题。

能力目标

1. 能分析限制机场容量发展的因素。
2. 能从机场、航空公司、旅客三个角度分析机场高峰时间对航班安排的影响。

素质目标

1. 树立严密的逻辑思维意识，培养严谨工作的意识。
2. 培养学生的思考能力，使其具备从多角度分析、解决问题的能力。

8.1　机场容量概述

8.1.1　机场容量的定义

机场容量指机场系统各项设施在一定的时间内（通常为 1 小时，也可为 1 天或者 1 年）通过不同运输对象（飞机、旅客、货物等）的最大能力，也称为容量或极限容量。

为实现极限容量，必须对该设施连续不断地供应均衡的运输对象。然而，由于运输要求的变化和波动，实际上很难达到这一点。因而，在运输需求量接近极限容量时，运输对象必然会因等待通过而出现延误。需求量越接近于极限容量，平均延误时间越大。延误会造成经济损失，延误多少也反映了服务水平和服务质量的高低。依据某个可接受的服务水平，也即某个相应的可容许的平均延误时间所确定的容量，称作实际容量（图 8-1）。机场系统各项设施的容量和延误时间，可单独进行分析，而系统的容量决定于最受限制的设施的容量。系统的总延误则为各组成部分（设施）延误的总和。飞行区的容量通常由跑道的容量所控制。

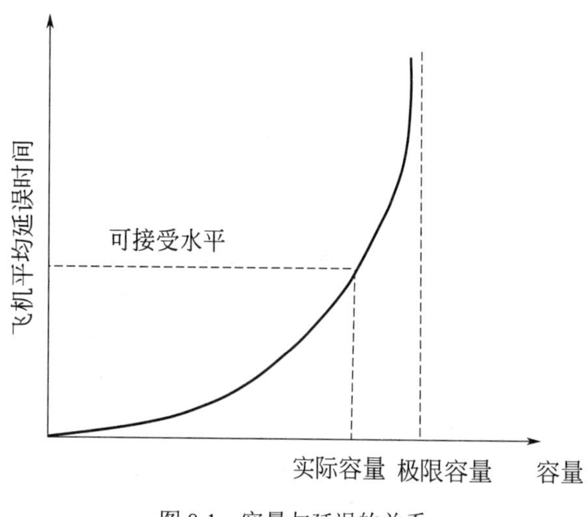

图 8-1　容量与延误的关系

容量分析主要用于判别现有设施是否满足运输需求，确定设施新建或扩建所需的规模。延误分析则主要用于方案比较及经济分析和评价。

8.1.2　机场容量的分类

机场系统分为陆侧和空侧两部分。机场陆侧范围主要包括航站楼、机场公共交通、停车场等可能制约机场容量的区域。空侧范围包括跑道、滑行道、机坪、停机位、廊桥、除冰坪等。机场系统容量因主要受陆侧和空侧容量的影响，故将机场容量分为陆侧容量和空侧容量两部分。

（1）陆侧容量

① 陆侧交通容量　机场的陆侧交通指的是机场与城市相联系的地面交通。由于机场一般选址在城市边缘，其陆侧交通处于城市和机场两个交通系统的次要地位。陆侧交通容量的大小是城市基础设施水平的集中体现，直接影响机场功能的实现。提高机场陆侧交通容量可以通过发展综合交通体系、加快轨道交通网的建设等方式来实现。

② 机场航站楼容量　机场航站楼容量指在一定的时间内（1 小时或者 1 年等）可满

足办理完成各项乘机服务的旅客的数量。航站楼的单位小时最大容量，又可以细分为航站楼单位小时设计的最大容量和航站楼实际的单位小时容量。

（2）空侧容量

① 跑道容量　机场跑道容量是一个跑道体系处理飞机活动的最大能力。即当有连续服务请求时，在规定的时间间隔里，确定一个跑道体系所能容纳的最大飞机运行架次。明确一个机场的跑道运行容量，将为实施该机场的空中交通管制指挥和流量控制管理等提供基本依据。

跑道容量从长远来看，是一个随机的概率数量，在不同的时刻有着不同的数值。从研究和实际运用的角度看，分为理论容量（又称饱和容量或跑道最大容量）、实际容量、持续容量和计划容量。理论容量没有考虑任何服务水平要求，实际容量、持续容量和计划容量是通过明确或不明确的指定可接受的服务水平（延误程度）或者通过空管人员工作量定义容量。

趣味阅读　武汉天河国际机场高峰小时容量提升至 39 架次

近年来，武汉天河国际机场软硬件环境持续改善。2016 年 8 月 18 日，新建第二跑道、滑行道、停机位等投入使用；2017 年 8 月 31 日，T3 航站楼成功转场投用，机场飞行区保障能力和运行环境得到持续改善。2018 年以来，武汉天河国际机场航班放行正常率稳步提升，年度平均放行正常率达到 87.23%，位列中南地区第 1 名。经评估，从 2019 年 1 月 15 日开始，武汉天河国际机场的高峰小时起降架次从 33 架次调整为 39 架次。

2019 年春运，得益于“放量”，武汉天河国际机场日均航班起降达到 640 余架次，同比 2018 年增幅达 20.7%，新开腾冲、库尔勒等旅游航线，新增九元航空公司在汉运营，增开广州、深圳、北京、上海、香港、澳门、首尔、甲米等地加班航班，满足市民观光游以及务工人员返乡探亲等多方面出行需求。

② 滑行道容量　滑行道容量指滑行道系统每小时能从机坪向跑道系统转送的飞机架次数。由于考虑了设计余度等原因，滑行道容量往往大于跑道容量。

③ 机坪容量　机坪容量分为静态容量和动态容量。静态容量是指在特定时刻可以在机坪上同时停放的最大飞机架次数；动态容量是指机位每小时可以接纳的飞机架次数。由于机场管理部门可以较容易地增加机坪机位，所以机坪容量通常也大于跑道容量。

趣味阅读　机坪－门位容量评估

机坪－门位容量指一个固定的门位数在规定的时段内最多能容纳的飞机数量。

影响门位容量的因素有以下几个方面：

（1）可供飞机使用的门位类型和数目　门位类型是指其容纳大型、中型或小型飞机的能力。

（2）使用门位的飞机类型组成和各类飞机需占用的门位时间　飞机占用门位的时间包括操纵飞机进出门位、旅客上下飞机、飞机加油、装卸货物、机舱清洁、膳食和用水供应等。飞机占用门位所需时间随飞机类型和航程远近而定（如右表所示）。

各类飞机门位占用时间

飞行类型	典型飞机	门位占用和周转时间 / 分钟
远程（特别是国际航线）	宽体喷气机（B747）	60 ～ 150
中程—远程	远程喷气机（B767）	45 ～ 90
短程—中程	短程、商务装载大的喷气机（A300、B727）	25 ～ 60
短程	小飞机（Short-brother）	20 ～ 45

（3）门位的使用限制和利用程度　门位的使用情况可能有两种方式，一种是所有飞机都能使用的门位（不受限制），另一种是各门位供特定用户或飞机使用。对于通用情况的门位容量，可按下式分析

$$C_g = \frac{uN_g}{\sum_i m_i T_{gi}} \times 60 \quad （架 / 时）$$

式中　N_g——可供使用的门位数；

u——门位利用系数，通常变动于 0.5 ～ 0.8；

m_i——i 类飞机在机队中的比例；

T_{gi}——i 类飞机的门位占用时间。

【例题】某机场共设有 10 个门位。该机场的机队组成为短程飞机 10%，中程飞机 60%，远程飞机 30%。各类飞机通用各个门位，其利用系数为 0.7。请分析门位的容量。

【解析】

参照上表，设门位的占用时间为：短程飞机 30 分钟，中程飞机 50 分钟，远程飞机 80 分钟。

由上述公式可得：

C=(0.7×10×60)/(0.1×30+0.6×50+0.3×80) ≈ 7.4(架 / 时)

该机场的门位容量约为 7.4 架 / 时。

机坪 - 门位容量估算

④ 空域容量　空中交通容量（空域容量）指某空管单元（跑道、扇区、终端区等）在一定的系统结构（空域结构、飞行程序等）、管制规则和安全等级下，考虑可变因素（飞机流配置、人为因素、气象因素等）的影响，该管制单元在单位时间内所提供或者能够提供的航空器服务架次。

趣味阅读 机场容量评估

快速发展的民航使得众多机场面临着各种突出问题，例如：空域资源、时刻资源、保障能力、航班延误、管制员工作负荷、新技术应用等。这些都和机场的容量有关。为了增加机场容量，很多机场采取了新建跑道、新建机场、空域优化调整等措施，还有一些大型机场通过软件解决，比如增开管制扇区、进离场分离等手段，还有增加运力、换大飞机等。但是，每个机场的特点不尽相同，没有经过系统性的客观分析，往往会事倍而功半。

例如国内某机场新建第三条跑道正式投入使用，虽然在跑道数量上已经比肩首都国际机场，但该机场的容量却并没有随着跑道的增加而显著提升。通过航行所的容量评估才发现新增第三条跑道后，该机场仅增加了 10% 的容量。此案例说明，提升机场容量需要综合性客观分析来解决，要开展机场容量评估工作。

机场容量评估如下。①机场的空域范围：包括进近管制区、进离场航线；可能影响机场容量的航路航线；间隔标准、移交协议以及其他空域管制要求等。②机场空侧范围：包括跑道、滑行道、机坪、停机位、廊桥等单元；各单元的运行规则和运行限制。③机场的陆侧范围：主要包括航站楼内的安检、值机等重点环节，也要遵循相关指标。④地面保障范围：包括机坪保障设备（各种车辆）保障能力。

容量评估通过各种评估方法分析制约容量的主要因素及影响程度，并针对这些因素提出不同阶段空管、机场等单位的具体改进措施，对各种改进方案预期效果进行仿真，形成提升容量的综合解决方案，最终目标是实现跑道最大容量。

8.2 机场高峰时间和航班安排

8.2.1 机场高峰时间

机场高峰时间指机场最大的容量区间，即机场旅客运输人次或者货物运输吨数最多的时刻区间。机场高峰时间一般表述形式有年度差别、某年度的月高峰、某月或某周内的日高峰、某日内的时高峰。

机场运营者希望将需求更平均地分配于每一个工作日，以便减少因高峰而引起设施供应方面的要求；而航空公司更希望最大程度地提高机队的利用率，希望通过在黄金时间（高峰时间）提供服务的方式来提高载运率。因此，机场和航空公司之间存在潜在的冲突。

8.2.2 机场高峰时间统计指标

（1）标准繁忙率　标准繁忙率（the standard busy rate ，SBR）这一方法或其变形在英国及欧洲其他地方被视为是一种标准方法，尤其是英国机场。这一方法被界定为“第三十高峰小时客流量法”，即只有 29 个单位小时的流量高于这个单位小时。这种第三十高峰小时的理论来源于民用工程的实践。在这种实践中，这一设计准则公式多年来一直被用于决定公路的设计流量。SBR 的设计可以确保以设计年为准，设施在一年中超负荷运转的时间少于 30 小时。这一数字被认为是一个合理的超负荷运转的小时数。

（2）繁忙小时率　繁忙小时率（busy hour rate，BHR）或所谓 5% 繁忙小时是对 SBR 的修改，因为 SBR 所包含的拥挤程度在不同的机场是不同的。将运营量按数量大小排序，并计算占年流量达 5% 的小时数，紧接着下一个小时的流量即为繁忙小时率（BHR）（图 8-2）。BHR 方法存在一个很大的不利方面，即需要收集和分析的数据过多，非小机场力所能及。

（3）典型高峰小时旅客　典型高峰小时旅客（typical peak hour passenger，TPHP）是用年旅客流量来测量高峰的比率方法，美国联邦航空管理局（FAA）介绍了一种估算的方法（表 8-1）。

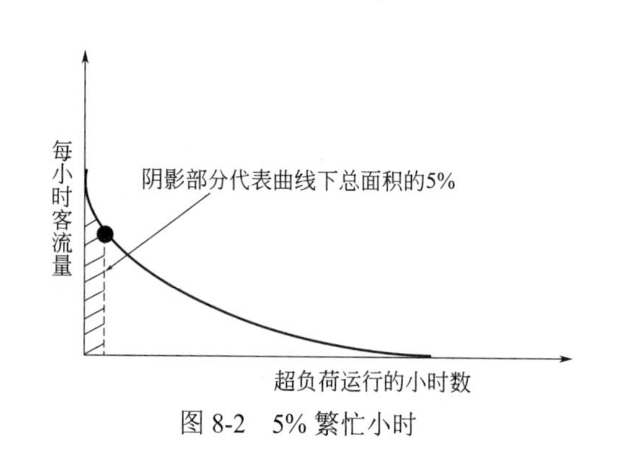

图 8-2　5% 繁忙小时

表 8-1　美国联邦航空管理局 (FAA) 建议的 TPHP 流量

年旅客总数 / 人	TPHP 在年流量中的百分比
20000000	0.030%
10000000 ～ 19999999	0.035%
1000000 ～ 9999999	0.040%
500000 ～ 999999	0.050%
100000 ～ 499999	0.065%
100000 以下	0.120%

（4）最忙时间表小时　最忙时间表小时（busiest timetable hour，BTH）这种简单的方法对于数据基础较差的小机场来说是可行的。利用平均载运率及现行或计划中的时间表便可计算出 BTH。这种方法受航空公司预测失误、重排航班表、为各种意外变化重新调整设备及平均载运率差别的制约。

（5）高峰轮廓小时　高峰轮廓小时（peak profile hour，PPH）有时亦称平均日高峰。这一方法颇为直观，易于理解。首先选择高峰月，然后以实际月天数（如 28 天、29 天、30 天或 31 天）来计算每小时平均流量。这样便可以得出“平均高峰日”的平均小时流量。高峰轮廓小时是平均高峰日中价值最大的一个小时。经验表明，许多机场的高峰轮廓小时与标准繁忙率十分接近。

8.2.3　影响高峰特性的因素

机场高峰的形式和时间在很大程度上取决于机场交通的性质与机场所服务的地区的性质。

（1）国内航班与国际航班之比　国内航班趋向于用反映工作日类型的方法来经营，因为多数的公务旅行都是使用国内航班。

（2）包机与定期航班之比　包机的时刻表是为最大程度地提高飞机的利用率而确定的，没有必要一定要安排在高峰期间。而经营定期航班的航空公司则认为高峰期间最有商业竞争力。

（3）远程运输与短程运输之比　短程航班在起飞后或起飞前常被安排用于最大程度地利用一天的时间。因此，短程航班的高峰一般是在上午 8 点至 9 点及下午 4 点半至 6 点半。远程航班的安排主要是考虑便利的到达时间，以便旅客和机组成员得到合理的休息及避开机场的宵禁。

（4）地理位置　航班的安排要保证旅客可以方便地利用交通工具和饭店营业时间到达目的地。

（5）人员集结区（集散区）的性质　机场所服务的地区的性质对高峰的性质有很大影响。比如，芝加哥、洛杉矶、伦敦、巴黎等综合性商业大都市的机场一年中流量平稳，只是在圣诞节、复活节及夏季假日期间出现高峰，反映休闲旅行的增加。位于季节性很强的度假区附近的机场，如地中海地区的机场，在假期的月份中表现出了十分显著的高峰。

趣味阅读　台风“利奇马”过后，上海两机场口岸迎出入境客流高峰

2019 年受第 9 号台风“利奇马”影响，8 月 10 ～ 11 日，上海浦东、虹桥机场出现大面积航班取消或延误，浦东国际机场共取消出境航班 220 余架次、入境航班近 200 架次，虹桥国际机场共取消出境航班 20 架次、入境航班 20 架次。

2019 年 8 月 11 日上午 9 时起，随着台风“利奇马”影响减弱，两大机场出入境口岸逐步恢复运行，大量延误的国际航班开始集中出入境。据上海边检机关统计，截至当天晚上 8 时，上海边检机关在浦东、虹桥两大机场口岸共验放出入境人员 12 余万人次，出入境航班 580 余架次，其中浦东机场口岸出入境人员已超 11 万人次。

8.2.4 航班安排

（1）影响航空公司航班安排的因素　对于航空公司而言，安排航班，特别是在一个主要枢纽机场安排航班，是一个复杂的问题。航班的安排需要相当的技巧及对公司策略与经营程序的透彻理解。在需要考虑的诸多因素中，下列因素最为重要。

① 利用率和载运率　航空器是一种昂贵的设备，只有通过飞行才能带来收入。很明显，在其他因素相同的情况下，高利用率这一因素尤为重要。然而，利用率本身并不能单独成为安排航班的标准，它必须与高载运率相结合。离开了第二个因素航空器就可能被安排在低于盈亏平衡的水平下飞行。

② 可靠性　航空公司不会只凭着考察飞机利用率这一唯一标准来安排航班。然而，飞机利用率的考察却取决于载运率和正点率两个制约因素。在追求利用率的时候，就正

点率而言，服务的可靠性将受到损害。航班的安排要考虑两种不确定性因素的影响：设备的可靠性和由于航路原因而引起的晚点或延误。

③ 远程航班安排的窗口　航班的安排必须考虑到在始发、中途及目的地机场的离港与进港时间。例如，从伦敦飞往澳大利亚悉尼的航班应在傍晚离港，以保证刚好在悉尼早上 6 点宵禁撤去之后到达。早上 9 点飞离希思罗机场，经孟买到悉尼的航班，将于次日晚上 9 点 40 分到达，距离夜里 11 点的宵禁只有 80 分钟。除非有紧急情况，宵禁是不能豁免的。很明显，这样安排航班，一旦出现失误，回旋的余地太小了。在安排离港时间的时候还要看到，旅客要从市中心赶到机场，并要在预定的离港时间之前的一个合理时间到达。图 8-3 是在实践中飞离伦敦的航班安排窗口的一个例子。在伦敦到东京的航线上，有两处禁止喷气式客机夜间飞行的地方：中国香港（格林尼治时间 16:00 ～ 22:30）和东京（格林尼治时间 14:00 ～ 21:00）。航班要安排在很窄的限制之内，以保证刚好在过午夜之前到达迪拜，并避开香港和东京的夜间宵禁。鉴于远程航班的这种特性，在安排航班时，必须考虑到离港前及途中的合理延误。

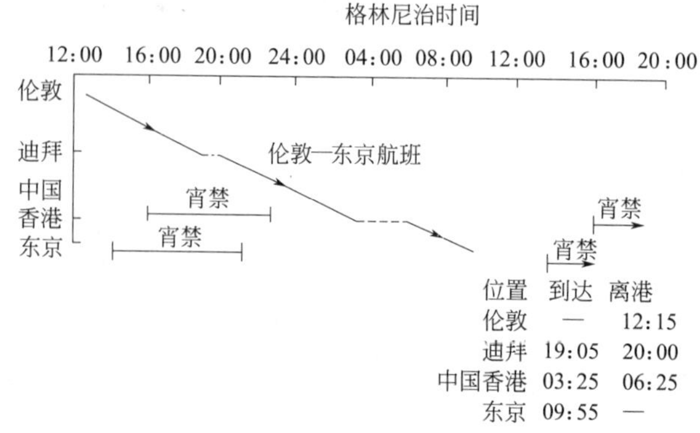

图 8-3　飞离伦敦航班安排窗口的例子

④ 短程航班的便利　由于短程航班常常运送大量的公务旅行者，离港和进港时间对于航班市场至关重要。不能保证在当天的上下班时间左右往返的短程航班很难有市场。

⑤ 一般机组保证问题　除了远程航班在途中要有短暂停留，以及机组要换班等特殊问题之外，所有的航班都要考虑维修、地面、空中、机组等多方面的可行性。非常明显，在所需的不同机组人员的数量与航班安排之间存在着很强的相互关系，特别是当长短途航班通盘考虑时，这种关系尤为突出。

⑥ 飞机的保证　鉴于机队所用飞机的类型、使用年限、用途等各不相同，某一具体飞机应具备的保证性也不同。一般来讲，B747 可连续运营 120 小时，此后便需要进行 8 小时的保养，包括进入维修地点和牵引时间，而这一时间也许意味着要停工 12 小时。每三周要有 24 小时的进一步保养时间。每三个月要进行一次大检修，大检修可能是 2 天半或 5 天，甚至一个月。

⑦ 市场可能性　就航空公司而言，离港或进港时间的安排必须具备市场可能性。在诸如上海浦东国际机场等主要枢纽点，航班的衔接尤为重要。只要有可能，旅客就不会在机场做长时间的中途停留。航空公司要考虑的其他因素有：枢纽机场的离港和进港时间要与公共交通及旅馆的营业时间相协调，客房是否有保证，等等。如果一周内有数个航班，一周内的航班连续性问题也十分重要。

⑧ 夏季 – 冬季变化　如果存在大量的季节性交通（特别是在假期）在夏季与冬季经营之间，在航班安排策略上有很大不同。

⑨ 起降费定价政策　许多机场要么用价格政策来分散高峰，要么对黄金时间的晚间经营收取额外费用作为补偿。以英国机场管理局（现已改名英国机场管理公司）为例，该局在伦敦希思罗机场采用了惩罚性高峰小时收费制度，以鼓励航空公司将经营业务从希思罗转向盖特威克机场，或是将经营业务避开高峰期间。根据这一制度，高峰期间一架远程B747在希思罗机场一次典型停留，其费用是非高峰期间的2.8倍，是在相同的高峰时间在知名度略小一些的盖特威克机场所需费用的183%。

（2）IATA的航班安排政策　IATA（国际航空运输协会）在其《航班安排程序指南》中规定了航班安排的一般政策。某些机场有官方限制，一般由政府部门进行协调。更加普遍的做法是航空公司通过机场协调部门，自行安排大家均可接受的航班表。根据建议，最好由国家航空公司或是最大的航空公司来负责机场协调工作。协调的结果是编制出公认的优先次序，在尽可能少地保留分歧的前提下，制定出一份大家认可的航班表。这些优先次序包括以下内容。

① 历史性优先权　航空公司有权优先在下一个相同季节安排航班。

② 运营的有效期　如果两个或两个以上航空公司竞争同一运营时间，准备经营最长时间的航空公司有优先权。

③ 紧急情况　短期的紧急情况按延误处理，只有长期的紧急情况才影响到重排航班。

④ 设备、航线等的变化　在所有就同一时间段提出的新要求当中，由于使用速度不同的新设备或是调整班次，使之更加现实而提出的申请有优先权。

航空是由不同的部分组成的。这些部分可大致分为有规则的定期航班、有组织的包机、不规则的通用航空、军事活动，等等。机场的作用是通过咨询各部分的代表，为任何有限的设施提供适当的途径。IATA的政策指出，协调的目的在于：

① 不靠政府干涉解决难题。

② 保证所有的经营者在现有的限制之内，在满足其航班安排要求方面机会均等。

③ 寻求一个公认的、可以将有关经营者经济上的不良后果降至最低程度的航班表。

④ 最大限度地降低给公共旅行和贸易团体造成的不便。

⑤ 对航班时刻安排限制进行定期评估。

在IATA每半年一次的夏季和冬季航班安排会议上，航班是在世界范围的基础上安排的。出席这种大型会议的有100多个IATA的成员航空公司和非成员航空公司。在会上，通过反复讨论各种航班提案，机场协调者们最终可达成一个为他们所代表的机场所同意的航班表。

（3）机场的航班安排　许多存在高峰能力问题的大型机场制定并宣布了强硬政策，这些政策影响着航班的安排。机场经营者的观点不仅表达了自己的需求，而且也反映了航空旅客和作为工业集团的航空公司的利益。在某些情况下，机场的政策甚至代表了那些非旅客的公众的利益。上述利益的保护是通过这样的方式进行的，在机场的经济和环境限制之内安排航班，提供安全和有秩序的交通运输服务以满足旅客的需要。各种利益集团的观点有很大差别。机场的经营者寻求在设施允许的范围内尽可能经

济有效地经营。航空旅客希望在合理的、不拥挤的条件下旅行并尽量减少延误，希望在排除不可靠因素的前提下，在需要时有较高的服务频率。作为一个工业集团，航空公司也在追求经营效率及服务的高频率和可靠性。然而，每个航空公司都很自然地希望使自己的服务尽可能完善，希望得到最好的竞争条件。

本章小结

机场容量指机场系统各项设施在一定的时间内通过不同运输对象的最大能力。机场容量影响航空运输的经营，制约着航空运输业的发展。

机场高峰时刻是机场容量的最大区间，有效地确定机场高峰时刻，可以帮助机场更加高效地进行航班管理，促进航空企业和航空运输市场的发展。

在航班安排上，各种利益集团的观点有很大差别。机场的经营者寻求在设施允许的范围内尽可能经济有效地经营。航空旅客希望在合理的、不拥挤的条件下旅行并尽量减少延误，希望在排除不可靠因素的前提下，在需要时有较高的服务频率。作为一个工业集团，航空公司也在追求经营效率及服务的高频率和可靠性。

本章练习

一、选择题

第8章
练习参考答案

1. 主要用于判别现有设施是否满足运输需求是（　　）。

A. 效益分析　　B. 延误分析

C. 容量分析　　D. 经济分析

2. 影响航班安排的因素包括（　　）。

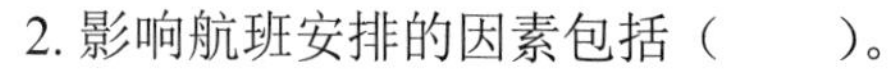

A. 飞机维修　　B. 机场起降费调整　　C. 短程航班便利　　D. 季节变化

3. 机场高峰时间表述形式有（　　）。

A. 年度差别　　B. 某年度的月高峰　　C. 某月的日高峰　　D. 某日的时高峰

4.“平均日高峰”又称为（　　）。

A. 高峰轮廓小时　　B. 标准繁忙率　　C. 繁忙小时率　　D. 最忙时间表

5. 主要用于方案比较及经济分析和评价的是（　　）。

A. 效益分析　　B. 延误分析　　C. 容量分析　　D. 经济分析

二、判断题

1. 机场各项设施在一定时间段内通过不同运输对象的最大能力，称为实际容量。（　　）

2. 一般情况下，机场设施的设计需完全满足服务需求，才能应对高峰变化。（　　）

3. 机场起降费调整对航班安排没有影响。（　　）

4.“第三十高峰小时客流量法”又称繁忙小时率。（　　）

第 9 章

机场飞行区安全维护

事件聚焦　关于福州机场一起不安全事件的通报

2019 年 7 月 22 日下午 3 时 50 分，一架厦门航空公司 B737-800 型飞机（机号 B-1550）执行福州至厦门航班（航班号 MF8422）。飞机按指令滑行时，机组发现前方有地面车辆穿越滑行道，机组立即采取措施，未与车辆发生碰撞，福州机场其他航班未受影响。

事件发生后，民航华东地区管理局立刻按规章要求开展调查，初步查明该事件是一起因地面车辆驾驶员违规穿越滑行道，导致航空器紧急刹车避让的一般不安全事件，经核实，该车辆系驻场保障单位海航航空技术（福州）有限责任公司的一名工作人员驾驶的运行保障车辆。目前已吊销该涉事车辆驾驶员场内通行证件，并要求福州机场迅速开展机坪安全整治。

后续民航华东地区管理局将对此事件开展后续调查，对相关责任单位和责任人进行严肃处理。

第 9 章
机场飞行区
安全维护

知识目标

1. 掌握飞行区道面检查的频次、方式以及检查内容。
2. 掌握机场除冰雪的方法。
3. 理解机场鸟击发生的原因。
4. 掌握机坪各类人员和车辆的安全防护措施。
5. 理解机场道面异物（FOD）的分类。

能力目标

1. 能正确安排道面检查准备工作、检查方式和检查内容。
2. 能说出机场各类鸟击、FOD 防范措施。
3. 能对进入机坪人员的身份进行排查。

素质目标

1. 树立正确的空防安全意识。
2. 培养严谨的岗位工作态度。

机场安全管理是确保机场运行安全的核心工作，对于航空器在机场的起降、地面运行以及其他地面保障系统的安全至关重要。其中航空器运行是关注的重点内容，因此下面将着重介绍与航空器运行密切相关的飞行区道面管理、机场除冰雪管理、机场鸟击防范、机坪运行管理、机场FOD防范管理以及机场应急救援管理。

9.1 机场道面管理

飞行区场地主要包括机场跑道、升降带、跑道端安全区、滑行道、机坪以及排水系统、其他土面区、围界安防系统、巡场路等。

机场飞行区的运行效率是构成机场核心生产力的关键因素，其中机场飞行区道面管理的水平是机场安全管理的重中之重，要想提高飞行区的运行效率，保证飞行安全，就必须整体提高飞行区道面管理的水平。

9.1.1 道面检查

（1）飞行区道面检查前的工作准备

① 携带控制区工作证件和车辆通行证。

② 穿戴可视性反光服。

③ 巡查车工作正常，车辆没有可能对航空器造成危险的外来物。

④ 配备对讲机并处于适用状态，调整到规定频率。

⑤ 配备清扫工具、量具。

（2）飞行区道面检查频次

① 每日对跑道及道肩、快脱道、跑道联络道进行4次例行检查。

② 每日对滑行道进行4次例行检查。

③ 每日对机坪进行一次系统检查。

④ 每月对跑道进行一次全覆盖式的徒步检查。

⑤ 每季度对滑行道、机坪进行一次全覆盖式的徒步检查。

（3）飞行区道面检查时间安排　道面检查时间按预先和塔台协商的时间进行，具体时间由工作人员每次向塔台申请，工作人员只有在经过塔台允许的情况下才能进入飞行区进行道面检查，检查完毕之后也要和塔台报告。

图9-1　飞行区道面徒步检查

（4）飞行区道面检查方式　飞行区道面日检查采取驾车的方式。

飞行区道面月检查采取徒步检查的方式，如图9-1所示。

（5）飞行区道面检查内容

① 道面清洁情况，特别注意可能会被发动

机吸入的物体，如损坏道面的碎片、嵌缝料老化碎片、石子、飞机掉落的金属或塑料零件、鸟类或其他动物尸体、其他外来物等。

② 水泥混凝土道面是否完整，道面损坏情况，包括破损的板块、掉边、掉角、拱起、错台等；沥青混凝土道面是否完整，道面上不得存在可能影响航空器操纵的轮辙、裂缝、坑洼、鼓包、泛油等现象。

③ 雨后道面与相邻土面区的高差。

④ 灯具的损坏情况。

⑤ 道面标志的清晰程度。

⑥ 机坪井盖完好情况和密合程度等。

趣味阅读 南宁机场开展春运前飞行区道面安全检查

新年伊始，为做好2017年春运保障准备，确保安全运行，南宁机场修缮动力部开展了春运前飞行区道面检查维护工作。

一是开展航前步行检查跑道。检查内容包括：道面破损、面层开裂、掉边掉角、道面FOD排查等隐患排查，并及时安排人员对破损道面进行了修补。二是进行飞行区打草和土壤密实度检测。三是完成道面标志线全面检查，并对跑道标志线、机坪标志线、廊桥回位点等进行更新，确保标志线清晰有效。四是强化巡道、驱鸟、维护等飞行区重要岗位安全意识，严抓按章操作和安全行车。

多项措施的实施，有效保证了飞行区道面安全。

（6）检查发现问题的处置

① 检查过程中如果发现有航空器零件、轮胎碎片、灯具碎片、外来物和动物尸体等杂物时，工作人员应立即通知塔台管制人员，随后报告并将物件移交值班班长，做好记录。

② 检查过程中如果发现道面有燃油、其他污染物以及道面破损等现象时，工作人员能立即处理的，应立即处理；一时不能处理的，应立即报值班班长，值班班长应协调现场指挥中心和塔台，在发现问题24小时内完成修补或者处理。

③ 如果道面破损范围和破损程度有可能影响航空器正常运行时，应当立即将破损的具体情况和拟采取的措施报告值班班长，值班班长应立即报告塔台并立即予以核实，在确认后，应立即组织抢修，并通知塔台组织航空器避让。

（7）特殊情况下的检查

① 如果塔台或运控中心通知发生鸟击、扎破航空器轮胎、道面有异物等报告时，工作人员应立即提出检查申请，经塔台允许后进入飞行区实施检查。

② 在跑道、滑行道或其附近区域进行不停航施工，施工车辆、人员需要通过正在对航空器开放使用的道面时，工作人员应在每次施工车辆、人员通过道面后再进行一次检查，确认道面未遗留外来物影响航空器的正常运行，并将检查结果通报塔台。

③ 当出现大风、雷雨及其他不利气候条件时，工作人员应与塔台和现场运控中心保

持密切联系，增加对飞行区的巡视检查次数。

④ 当遇有停航，维护区域开航前，应急救援及各类演练结束后，工作人员应对影响区域进行道面检查。

⑤ 道面上出现坠机、航空器碰撞、紧急迫降、火灾等重大安全事故，机场重新开放前，工作人员应对道面进行系统检查。

⑥ 强暴风雨导致道面可能出现大面积积水，或者外来物可能被吹上道面等情况时，工作人员需要增加道面检查次数。

⑦ 冰雪条件下，道面可能出现结冰、积雪等情况时，工作人员需要增加道面检查次数。

9.1.2 跑道摩擦系数测试

对于飞行区道面，特别是跑道，为了保持良好的摩阻性，保证道面具有良好的抗滑性，必须及时进行跑道除胶，及时清除各种道面污染。民航局规定，跑道日航空器着陆15架次以上的机场，应当配备跑道摩擦系数测试设备。

由于飞机着陆速度很高，致使接地时轮胎与道面之间产生强烈摩擦而导致极高的温度，使轮胎橡胶瞬间熔化并涂抹在道面纹理中，造成明显的道面橡胶沉积。随着道面胶层的不断加厚，道面摩擦系数明显降低，影响飞机的制动性能。特别是在湿道面状态下，跑道摩擦力显著降低，直接影响飞机的着陆安全。因此，机场跑道要定期进行除胶。跑道的橡胶沉积速度与多种因素有关，其中飞机的起降架次是影响最大的因素。

目前道面除胶主要有三种方法：超高压水枪冲洗法（图9-2）、化学除胶法和机械打磨法。

图9-2 超高压水枪冲洗法除胶

机场道面可能出现各种污染，如不及时清除，也会对跑道使用性能造成不利影响。泥土是跑道上可能经常出现的污染。在升降带土质区植被不良或没有植被时，被风刮到跑道上的尘土，或经雨水形成的尘泥，都可能嵌入道面的纹理之中，从而影响跑道的摩阻性。道面上还可能出现各种油料，如航空煤油、润滑油等，这些油品不仅会污染、腐蚀道面，也会影响道面的摩阻性。此外，道面上废弃的油漆标志，也应彻底清除。

9.1.3 道面清洁

飞行区道面清洁是指为了使飞行区的跑道、滑行道、机坪和土质区保持清洁，及时清除污染、杂物，特别是影响航空器安全的外来物，以防止外来物对飞机的伤害，应对跑道、滑行道进行定期清扫（图 9-3）。机坪上的杂物除了道面本身损坏的碎石、混合料碎渣及接缝材料外，还有从飞机、车辆上遗落、脱落的零部件、货物和其他杂物，因此机坪上随时都可能出现影响飞行安全的杂物，机坪上只要有飞机活动就应该有值班维护人员随时清扫。道面上出现个别石子、杂物，宜人工用扫把清除。

图 9-3 清扫车清扫跑道

机场道面表面可能会受到燃油、润滑油、液压油、标志油漆、橡胶或其他物质的污染，污染物可能造成道面滑溜、遮盖地面标志或对道面造成侵蚀，同时也影响场地美观，特别是对道面有侵蚀作用且易燃的油类和其他物质应随时清除，以减少其对道面的损伤和防止火灾。

拓展阅读 福州机场在存在异物的跑道起降飞机事件

2008 年 5 月 9 日，福州长乐国际机场发生一起因跑道巡视检查未及时发现国航 CA1821 /B5343 航班丢失在跑道上的滑行灯破裂碎片，导致后续航班在有异物的跑道上起降的不安全事件。

9.2 机场除冰雪管理

为了保证冰雪天气条件下的飞行安全和航班正常，提高机场使用效率，机场管理机构应当成立机场除冰雪委员会。机场除冰雪委员会由机场管理机构的分管领导担任，其成员由机场管理机构、航空公司、空中交通管制部门等主要驻场单位负责人组成。

9.2.1 机场除冰雪委员会的主要职责

机场除冰雪委员会的主要职责包括以下内容。

① 组织制订机场除冰雪工作预案。

② 指导和协调机场除冰雪预案的实施。

③ 因冰雪不能保证飞机安全起降时，就临时关闭机场再做决定。

机场应该结合实际情况，制订可操作的除冰雪预案，以保证除冰雪工作有效进行。机场除冰雪工作预案应当载明如下主要内容。

① 机场除冰雪委员会人员组成情况。

② 除冰雪作业责任单位、责任人及其相应职责。

③ 除冰雪过程中的情报传递程序和通信方式。

④ 为清除冰雪而关闭跑道及其设施的决定程序。

⑤ 除冰雪作业顺序、车辆设备、人员的作业组合方式。

⑥ 跑道摩擦系数的测试方法和公布的程序。

⑦ 除冰雪车辆、设备及物资储备清单。

9.2.2　机场除冰雪准备工作及基本要求

在冬季到来之前，机场管理机构应当做好除冰雪的准备工作。准备工作事项应当包括以下内容。

① 机场除冰雪人员培训。

② 对除冰雪车辆及设备进行全面维护保养。

③ 根据预案对车辆设备、通信程序进行模拟演练，检验机场除冰雪工作预案的合理性和可操作性。

④ 对除冰液等物资储备情况进行全面检查。

对实施除冰雪作业的基本要求包括以下内容。

① 除冰雪作业的基本目标是保证跑道、滑行道、机坪、车辆服务通道能够同步开始使用，不发生因局部原因而影响机场的开放使用。

② 在组织除冰雪作业时，应根据雪情、风向风速、气温状况和本场扫雪车辆状况，确定相应的除冰雪作业方法，合理选用人员、设备及其联合作业方式。

9.2.3　机场除冰雪方法及注意事项

除冰雪的主要作业方法有机械除雪、化学制剂除雪、人工清扫等，其注意事项如下。

① 机械除雪设备分为冷吹式除雪车（图 9-4）和热吹式除雪车（图 9-5）。冷吹式除雪车一般用于清扫跑道、滑行道等开阔区域的中、大雪和干雪，并适用于在下雪过程中“边下边扫”。除雪时，如无强侧风，可从道面中心或边线开始，呈人字形或梯形编队；如遇强侧风，应从上风口开始，呈梯形编队。除雪过程中应注意控制编队车速及车辆间的配合。热吹式除雪车一般用于清除开阔地区的各类雪，尤其适用于清除湿雪、雪浆及道面化冰，但其用于下雪过程中“边下边扫”时易造成道面结冰。当出现道面结冰现象时，应当及时洒除冰剂。在清扫沥青道面的积雪时，应注意行车速度，防止因除雪车的

高温气流对道面造成破坏。此外，可使用多台除雪车呈梯形或人字形编队，车辆之间应保持较小间距，防止前车吹过的地区因后车未能跟上而造成二次结冰。同时应避免单车作业，以提高作业效率。

图 9-4　冷吹式除雪车

图 9-5　热吹式除雪车

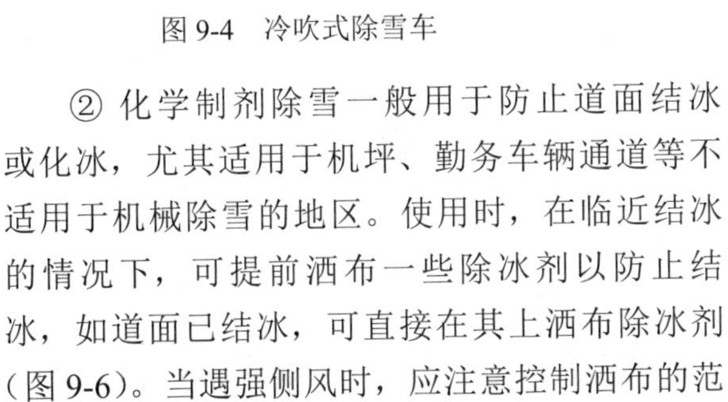

② 化学制剂除雪一般用于防止道面结冰或化冰，尤其适用于机坪、勤务车辆通道等不适用于机械除雪的地区。使用时，在临近结冰的情况下，可提前洒布一些除冰剂以防止结冰，如道面已结冰，可直接在其上洒布除冰剂（图 9-6）。当遇强侧风时，应注意控制洒布的范围。但化学制剂除冰可能会造成对各种铺筑面及环境的污染。

图 9-6　机场跑道洒布除冰剂除冰

③ 人工除冰除雪（图 9-7）一般为机械、化学制剂除冰除雪方法的补充，特别适合于边角地区及机械作业受到较大限制的地区，因此，机场管理机构对机械除雪难以达到的地区实行人工除雪责任分区是非常重要的。

图 9-7　机场人工除冰除雪

④ 除雪作业过程中，应注意保护跑道、滑行道边灯及其他助航设备，严禁在跑道、滑行道边灯外侧 2 米以内地区堆放雪和冰。雪和冰的堆放高度与飞机发动机（螺旋桨）的垂直距离不得小于 0.4 米，与翼展的垂直距离不得小于 1 米。除雪完成后，应当测试

跑道的摩擦系数，并将结果报告空中交通管制部门。

⑤ 机坪的除冰除雪应从机坪滑行道和机位滑行通道开始，除雪效果要达到滑行道标志明显和中线灯清洁。机位除雪可用机械除雪、化学制剂除雪和人工清扫配合进行。应在机坪上选择专门地区来处理积雪，或者全部装上卡车运到排水良好的地方。

⑥ 在接近停放飞机的地区，应当使用小型除雪车。在离飞机小于 5 米的地方，不得使用机械除雪设备，以免由于道面光滑引起除雪车辆设备撞坏飞机。有些特别地区（如上下旅客、装卸货物等地区），应随时采用化学制剂除冰雪。

⑦ 当使用两辆及以上的车辆除雪时，必须指定一名指挥员伴随扫雪车组，负责指挥和管制，与塔台保持联络，报告工作进程和道面的表面状况。

⑧ 当道面结冰时，可以使用机械加热除冰、化学制剂除冰和撒沙等方法处理。

⑨ 防止道面结冰，可在道面结冰前就先洒布除冰液。特别是小的湿雪，气温在零摄氏度左右时，提前洒布除冰液对防止道面结冰是非常必要的。

在除冰雪作业过程中，除冰雪人员应当与除冰雪指挥员保持密切联系，服从指令，防止因通信联络问题，造成除冰雪车辆设备、人员误入已开放使用的地区。

当机场某一区域除冰雪完毕后，除冰雪委员会应及时就是否开放使用该区域作出决定，并向空中交通管制部门通报。任何人员在进入、退出跑道等飞行敏感区域时必须征得空中交通管制部门的同意。

当发生下列情况时，机场除冰雪委员会主任应及时就是否临时关闭机场作出决定。

① 跑道积雪厚度直接影响飞机的安全起降。

② 跑道结冰。

趣味阅读 长白山机场开展除冰雪保障工作

2019 年 11 月 17 日，受冷空气影响，长白山地区迎来 2019 年一场较大规模降雪，17 日晚 22 点至 1 点由雨夹雪转为大到暴雪；18 日早 8 点转为零星小雪，积雪厚度达到 22 厘米，持续降雪达 11 小时，就此拉开了长白山机场公司除冰雪工作的序幕。

根据长白山地区冬季降雪周期长、降雪厚度深、昼夜温差大、凝冻速度快等天气特征，长白山机场在降雪前已组织召开针对冰雪程序、除冰雪路线、编队作业、相互配合协作等环节开展的冬季除冰雪演练。

为确保大雪天气航班运行，杜绝不安全事件发生，长白山机场公司领导紧急组织召开除冰雪协调会议，结合以往冬季保障经验，根据各岗位工作实际，安排部署、明确职责，制订了周密详尽的保障方案。会议要求各部门要全力做好除冰雪保障工作，加大雪情观测，保障由于天气原因航班延误旅客的安抚工作，全方位确保广大旅客平安出行。18 日早晨 4 点半，长白山机场公司运行保障部开始对跑道联络道、滑行道、机坪开展除冰雪工作，为保证清冰雪质量，机场公司出动大型清雪车辆 9 台，长白山机场于 16 时正常开放。

由于天气原因导致飞机延误，部分旅客滞留机场，长白山机场地面服务部践行真情服务理念，缓解旅客焦躁紧张的心情，为滞留旅客发放热餐食，送上热水、毛毯和地垫，随时回答旅客的登机查询，及时安抚旅客的情绪，真诚地为每一位旅客送去温暖、周到的服务。旅客留下满满的感动，纷纷表示感受到了机场的温暖，大大提升机场服务满意度。

此次除冰雪保障过程，长白山机场公司准备充分、组织有力，部门密切配合，通力协作，顺利保障了航班的运行安全和正常放行，提高了对恶劣天气的应对能力，为今后除冰雪保障工作积累了成功经验。

9.3 机场鸟击防范

鸟击又称鸟撞，是指飞机在起飞、飞行和着陆的过程中与空中的飞鸟相撞所产生的飞行安全事故或事故征候，鸟击所产生的飞行事故具有突发性和多发性的特点。初期，空中飞行的航空器数量较少，运量也很小，飞行速度较慢，因此鸟击对航空器所造成的危险程度较低。随着科学技术的飞速发展，航空器的体积、运载量、飞行速度迅速增加，特别是高涵道比发动机的使用，使鸟类无法警觉和躲避运动中的航空器，被吸入或撞向航空器。据测算，一只 500 克的飞鸟与时速 370 千米 / 时的飞机相撞，将产生高达 3 吨的冲击力，超过飞机设计标准的 2 ～ 3 倍，高速运动使得鸟击的破坏力达到惊人的程度，所以一只浑身是肉的鸟儿也能变成击落飞机的“炮弹”。鸟击事故一旦发生，直接威胁到空勤人员及旅客的生命安全，造成严重的经济损失，轻者让飞机不能正常飞行，被迫紧急降落；严重时会造成机毁人亡。据权威统计，全球每年大约发生 1 万次鸟击飞机事件，国际航空联合会已把鸟害升级为“A 类航空灾难”。

9.3.1 鸟击发生的根源

随着飞机制造业的不断发展，飞机数量不断增多、飞行的航线不断增加，同时，人类活动范围不断扩大，使适于鸟类生活、栖息、繁衍的自然环境大幅度减少，机场便成了鸟类生活、栖息、繁衍的理想场所，使得机场发生鸟击事故的概率增大。机场鸟击事故的根源在于机场环境对鸟类的吸引，即机场有吸引鸟类的因素，如食物、水源及适宜鸟类栖息或营巢等因素。还有，机场的地理状况、天气状况和当地的气候等都会对机场发生鸟击造成一定的影响。

（1）机场的选址因素　有些机场选择建在远离城市中心的城郊，这样的地理环境往往是人类活动较少，地势开阔平坦，灌木丛生，绿树成荫，机场周边的高大乔木、林地、农田等环境距离机场较近，导致机场及其周边的绿化覆盖率较大，生态环境较好，为鸟类觅食、栖息和繁衍提供了首选场所，栖息于附近生活的鸟类有很大可能会进入机场或者觅食、归巢时途经机场上空，对机场的飞行安全造成很大威胁。还有些国家把机场建在了候鸟的迁徙路线上，为鸟击事故的发生埋下了隐患。候鸟的迁徙是指鸟类在越冬地和繁殖地之间进行定期、集群的迁飞，候鸟在每年的春季和秋季进行迁徙。候鸟迁徙往往是种群数量多，集群规模大，昼夜活动频繁。如果机场建在鸟类的某条迁徙路线上，在鸟类迁徙期会出现大群候鸟经过机场上空、在机场内活动等。所以我们对新机场的选址、设计及建设都必须充分考虑到周围环境。

（2）水源因素 机场及机场周边的水源也会吸引大量的鸟类，机场内的土道面和一些低洼地雨后会形成积水，在这些积水中会滋生出水生昆虫，会吸引大量鸟类觅食、饮水等，机场周边的河流、湖泊和湿地等环境也会吸引大量鸟类。大量鸟类尤其是水鸟和涉禽，它们有时会途经机场上空、在机场内活动，对机场的飞行安全构成了极大的威胁。

（3）食物因素 根据鸟类不同食性的需求，可以将鸟类分为三种类型：肉食性鸟类、植食性鸟类、杂食性鸟类。鸟类不仅在食性方面存在差异，它们在觅食习惯上也存在差异。机场及机场附近的食物吸引了鸟类前来觅食，尤其是一些杂食性鸟类，它们可充分利用当地的季节性食物。由于鸟类食性存在差异，有些鸟种集群与其他鸟种混群觅食。当这些鸟种在机场内或在机场上空出现时，都会给飞行安全造成极大的威胁，机场及机场附近的环境虽然为鸟类提供了食源，但随着季节的变化，食源也不尽相同。春季，土壤开始解冻，植物开始萌芽，土壤昆虫数量增多，机场内草坪中的昆虫开始活动，吸引了大量的食虫鸟和地栖性鸟类。如蒙古百灵、云雀等鸟种，而且这些鸟种多数集群活动，喜鹊等杂食鸟类也会前来捕食地面低矮植物上的昆虫和新鲜植物嫩芽，家燕、雨燕等捕食空中的飞虫，这些鸟类又经常在跑道附近活动或横穿跑道，春季杂草生长也会招来鼠类、兔子等小型动物，来捕食草坪中的昆虫和新生植物嫩芽，草坪上的鼠类、兔子和小型鸟类又会招来猛禽前来捕食，如红隼、红脚隼等，它们常在空中悬停寻找食物。这样在草、鼠和鸟之间形成了复杂的“草—虫—食虫鸟”“草—食谷鸟”“草—鼠—猛禽”的食物链；如果机场及机场周围有结果植物，夏季这些果实成熟，也会吸引鸟类前来觅食，鸟类的这些行为对飞机的安全起降构成严重的潜在威胁；秋季草坪中会有大量草籽，会吸引一些鸟类，机场附近农民收割完庄稼掉落在农田的粮食也会吸引一些鸟种；冬季，机场及机场周围的明水面会被冰封，很少有鸟类在上面逗留，草坪、农田被积雪覆盖，可供鸟类的食物减少，所以鸟类种类比较单一。冬季会有些留鸟和候鸟在机场附近，虽然冬季鸟种较少，但是对飞机飞行安全也存在潜在的威胁。如果机场及机场周围有生活垃圾，也会吸引鸟类觅食，如喜鹊、乌鸦等鸟种。因为鸟类食性不同，不论一年四季哪个季节，机场及机场附近的环境都会为鸟种提供食源，所以切断鸟类可获得的食源是抑制鸟类在机场出现的关键。

（4）栖息地因素 如果机场附近的树木长势好、密度高，就会招引鸟种前来栖息和筑巢，如杨树就容易招引喜鹊前来筑巢。还有一些为林地，成为一些鸟种俯瞰周围环境的有利场所；还会吸引非繁殖季节鸟类夜间集群栖息。机场飞行区内鸟类通常选择高草地、建筑物屋顶、气象站以及灌木丛和林地等作为隐蔽场所。由于实行封闭式管理的机场飞行区内人为活动较少，土道面也为鸟类提供了开阔的生境。所以为了避免机场鸟击灾害事故发生，我们应对于机场及机场附近有利于鸟类栖息和隐蔽的场所及时移除或拆除。

（5）气候和天气因素　雨季机场飞机鸟撞事故发生率往往较高。雨后草丛动物和土壤动物开始大量地出来活动，有些会在土道面表面活动，有些会爬向跑道，它们会吸引鸟类前来觅食。从季节上来看，春秋季节是鸟击事故的高峰期。

9.3.2 鸟击发生规律

（1）鸟击发生的季节性规律　大量研究资料表明：鸟击事故主要发生在一年中的春秋两季。春天为鸟类繁殖期，大量幼鸟出生，幼鸟飞行能力差，成鸟换羽；植物开始萌芽，土壤动物和草丛动物开始出来活动，吸引了鸟类来此觅食；同时大量候鸟开始北移，鸟类的活动数量增多；秋天因大量候鸟的迁徙数量骤增。夏季和冬季鸟类活动没有春秋季活动频繁，鸟击事故就会相应较少。由于春秋两季是鸟类的迁徙高峰期，所以对机场发生鸟击事故存在着潜在的威胁。

（2）鸟击发生的时间规律　鸟击在一天二十四小时的不同时段都有可能发生。但在全天之中，鸟击的发生在时间上显现出一定的规律。在新西兰克赖斯特彻奇国际机场，在全天中，鸟击的最高峰值为早晨九点，在晚上八点呈现另一高峰值。1999 年，加拿大民航鸟击事件在日规律上也出现了 2 个最高值，一个是上午八点到十点，另一个是下午三点到五点，研究表明这可能与早晨和傍晚鸟类活动频繁有关。有些鸟类为夜行性鸟类，同时在迁徙季节时有些鸟类有夜间迁徙的习性，因此夜间也会发生鸟击。如果把一天分为早、中、晚三个时间段，上午鸟类忙着觅食，傍晚鸟类回巢过夜，在这两个时间段鸟类活动数量较大。鸟击事故在早晚集中发生的频率占 76.69%，其中晚上发生鸟击事故占鸟击事故总数的 55.39%，鸟类活动高峰大多集中在上半夜（月份多在鸟类的迁徙期）这可能与鸟类的夜行性和迁徙性有关。

（3）鸟击发生的飞行阶段和高度　鸟击发生的高度，根据研究结果显示，鸟击事故发生在 700 米以下的超过 90%，其中大约有 75% 是发生在机场附近空域的 305 米以下，这与喜好低空飞翔的鸟类有关。

飞机起飞和降落过程是最容易发生鸟击的阶段。据统计，超过 90% 的鸟击事故发生在机场和机场附近区域。并主要发生于飞机的起飞、爬升、近地和降落阶段。

（4）鸟击对航空器的损伤　据研究数据显示，飞机的发动机遭遇鸟击的次数最多，飞机遭遇鸟击后会使发动机停车，严重时会造成机毁人亡。根据中国民用航空局机场司发布的《2013 年中国民航鸟击航空器信息分析报告》显示，按航空器受鸟击的损伤情况，可将鸟击的损伤程度划分为四个等级：严重损伤、中等损伤、轻度损伤和无损伤。严重损伤指航空器严重损坏、更换发动机或更换 6 片以上发动机叶片；中等损伤指航空器出现破洞或发动机叶片损伤；轻度损伤指航空器出现凹坑。该报告还显示，2013 年共发生 3124 起鸟击，鸟击集中在发动机、机翼 / 旋翼、雷达罩、风挡等部位（图 9-8），其中鸟击造成的航空器损伤以无损伤为主，严重损伤 1 起，中等损伤 201 起，轻度损伤 110 起。

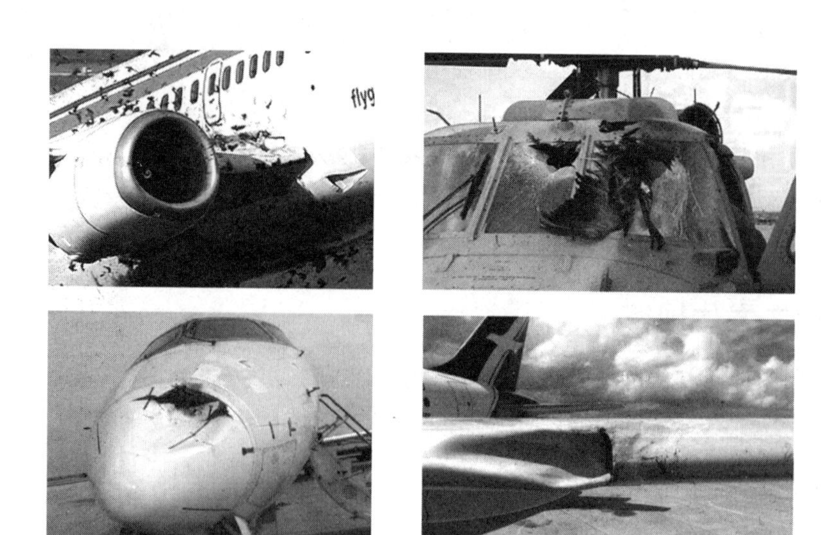

图 9-8　鸟击对飞机各部位的损伤

9.3.3 鸟击的防治措施

对于机场鸟击灾害，要采用综合治理的方法，因为机场及机场附近环境对鸟类的吸引是机场发生鸟击灾害的根源，因此减少机场环境中吸引鸟类的生态因子是解决鸟击威胁的根本方法，以生态学和鸟类学为指导，改善机场内外的生态环境，对鸟的活动进行一定限制的治理，同时配置适当的驱鸟设备进行驱赶，结合鸟害特点全面综合治理。

9.3.3.1 生态防治

机场环境的治理，即通过改善或者去除机场及其附近区域对鸟类有吸引力的环境。它是鸟击防治最有效的途径。主要通过以下三方面治理。

（1）草地的治理　草地防治主要是机场内部防治。草地一般在机场内占有很大面积，草地的管理对于机场来说是非常重要的，机场草地对于机场来说可以有效地调节机场内的小生态气候，可以美化环境，还具有吸收水分和融雪的功能。但是机场草地也存在着不足之处，它可以滋生昆虫、鼠类、野兔和土壤动物，从而吸引大量鸟类来觅食，故防止鸟击应该切断鸟类的食源。在草丛动物和土壤动物数量较高时，喷洒农药或者昆虫驱避剂，对于喷散的农药要选择低毒、高效、低残留并且对机场这个小生态系统破坏较小的农药剂，在风力较小时的天气进行喷洒农药，还要注意农药交替使用，以免害虫产生抗药性，从而将草丛动物和土壤生物减少到最低限度；定期在草地上和土道面上投放鼠药和鼠夹，起到减少动物数量的目的。

（2）机场植被的治理　机场及机场附近区域的树木是鸟类觅食、栖息和繁衍的良好庇护所，可以为鸟类提供丰富的食源。我们应该对机场及附近的灌木丛和树林进行治理。机场附近区域有些树木比较高大，树木分叉多，它们会吸引一些大鸟筑巢，对于机场附近的树木不可能全部清除，所以要定期进行修剪高度或适当移除，修剪掉树木的分支，使树木的顶端尽量稀疏，可以减少鸟类在上面筑巢。

（3）机场水源的治理　机场内土道面的低洼地会在雨后积水，水体中会滋生水生生物，吸引鸟类前来觅食，威胁飞机的飞行安全，所以要及时填平；机场内的排水管道应建造封闭式。如有些机场排水沟不是封闭式的，排水沟有时会被植物和淤泥阻塞，而积水使得此处有鸟类活动，所以排水沟应及时清理，使积水流走，沟内应始终保持相对干燥。

9.3.3.2　驱赶防治

（1）粘鸟网　在机场跑道周边安放透明的丝织的粘鸟网，形成一堵透明的墙，鸟类飞过时很容易被粘住。

（2）以鸟攻鸟　利用训练有素的苍鹰、秃鹫、隼等猛禽来驱赶机场附近的其他鸟类。法国巴黎的戴高乐机场和美国纽约肯尼迪机场，都有由10余只猛禽组成的驱鸟队，每天在专家指挥下警惕地守卫在机场跑道周围的上空，保卫着飞机安全。我国伊宁机场已成功利用隼对机场飞行区内的鸟类进行驱赶和抓捕。

（3）稻草人　采用最传统的稻草人驱鸟方式，就是将稻草扎成人形，吊在空中随风飘动来驱鸟。这一方式操作简单，成本也很低。

（4）充气人　在鼓风机上套牢一套防止漏气的人形材料，人形材料随着鼓风机的吸气和鼓起而站立或倒下。

（5）化学药剂　在研究鸟类的嗅觉后研制一种有特殊气味的化学药剂，喷在草地上，使鸟类厌恶这种气味，从而远离草坪。例如美国一个机场将氨茴酸甲酯注入机场附近低洼处的积水中，这种在人类闻起来芳香可口的味道，却让来此处饮水的鸟类十分讨厌，从而驱散了机场附近的鸟群。

（6）驱鸟弹　该弹发射可达到300米的高度，升空后可发出橙红色烛光，刺激鸟类视觉系统，并发出超强的次声波频率，从视觉和听觉上对鸟类飞行构成威胁，能在短时间使鸟类失聪。

（7）煤气炮　利用一种只能发出声音而不会产生破坏作用的设备。它以煤气为动力，由电脑操控，每间隔数分钟就发出“砰砰”的轰响声，使鸟类闻声而逃。

（8）高音喇叭　利用录制的鸟类天敌的鸣叫声，或是利用同类鸟类遇到伤害后的悲鸣声，进行恐吓。

（9）绝种药物　研制化学药剂，把此药剂添加到饲料中后，鸟类吃了会产下不能孵化的无效卵，防止鸟类繁殖。

（10）猛兽粪便　从动物园找来狮虎等猛兽的粪便，利用猛兽粪便的气味吓走鸟类。

（11）航模驱鸟　将玩具飞机制作成猛禽的样子，人工遥控其在机场上空飞翔，从而将其他鸟类驱离机场上空。

（12）声波驱鸟　在机场利用定向或全向远程声波发射装置，向远距离目标发出警告、威慑、驱赶的声音，以驱赶地面和空中的鸟群。

（13）激光驱鸟　在机场围界内，利用激光电筒或安装可旋转的激光驱鸟设备，用绿色激光束横扫机场，迫使鸟儿飞走。在黎明、黄昏、下雨、大雾天气等气象条件下，激光最亮，驱鸟效果最显著。

（14）无人机驱鸟　一种以无人油动直升机为飞行平台进行驱鸟的方式，利用汽油发动机产生的噪声和涂有的不同颜色，提供声音和视觉刺激，从而达到驱赶高空飞行鸟类的目的。这种无人机能飞到800米。

9.4　机坪运行管理

9.4.1　机坪人员管理

机坪是地面车辆和人员作业较为密集的区域，因此在作业时操作人员要特别注意严格遵守操作规范，对危险区域和危险环节重点加强防范，避免航空器损坏或人员受伤的情况发生。

（1）机坪旅客的安全防护

① 航空公司或地面代理公司工作人员禁止在航空器发动机运转时组织旅客上、下航空器。

② 航空器使用客梯车或廊桥侧梯供旅客下机时，在摆渡车未到位的情况下，机组人员不得打开舱门。在后续摆渡车未到位的情况下，机组人员应适当控制旅客下机人数，安保人员应协助地面代理人员维护现场秩序。当发生旅客强行下机等特殊情况时，地面代理及安保人员应快速进行现场处置，避免旅客滞留机坪、穿越滑行道，并及时通报现场指挥中心。

③ 航空公司或地面代理公司工作人员必须对旅客自摆渡车至客梯车或旅客廊桥侧工作梯上、下航空器过程进行引导和监护。严防旅客靠近航空器发动机或接触现场保障设备 / 设施，避免其他航空器尾流吹袭或运转设备对旅客造成伤害。对于可能发生的员工与旅客混流、对流现象进行及时提示和制止。

④ 各驻场单位员工保障作业期间，确实因航班保障作业特殊需要，临时上、下航空器且与旅客登机、下机时间发生冲突时，员工选择合适位置（避免在客梯车或廊桥侧梯上）暂时等候，主动避让旅客。

⑤ 遇有雨、雪等特殊天气时，保洁部门应对机坪道面进行及时清理，避免旅客通行区域内的地面积水、积冰。航空公司及其地面代理应启动相应预案，做好设备保障和旅客服务，避免旅客受到伤害。

⑥ 若发现旅客跌倒、受伤等情况时，各相关保障单位应积极救治，同时将信息及时报告现场指挥中心。

（2）机坪作业人员的安全防护　允许进入机坪的人员范围包括以下人员。

① 持有机坪区域通行证件的工作人员。

② 持有民航局及其授权部门颁发的“中国民航空勤登机证”的空勤人员。

③ 凭有效证明加入机组的非空勤人员。

④ 持有民航局公安局或民航地区管理局公安局颁发的专门证件的民航行政管理机关工作人员。

⑤ 持临时通行证件并由有资格的工作人员陪同的人员。

对进入机坪作业的工作人员的管理包括以下几个方面。

① 在机坪从事保障作业的人员应当接受机场运行安全知识、场内道路交通管理、岗位作业规程和实际操作技能等方面的培训和考核。考试合格后，方可在机坪从事相应的保障工作。机场管理机构应当建立机坪从事相关保障作业所有人员的培训、考核记录档案。机场管理机构应每年至少对其在机场控制区工作的员工进行一次复训和考核。

② 进入机坪内的人员须佩带有效的控制区通行证件，主动接受安全检查，并服从监督和管理。

③ 持临时通行证的人员进入机坪内，须有控制区证件且具有引领权限的人员全程陪同，接受安全检查后方可进入，其活动区域不得超出通行证限定的区域。

④ 所有在机坪工作的人员应当按规定佩带控制区域通行证件，并穿着符合相关规定的可视性反光服。

⑤ 严禁工作人员携带任何违禁及限制性物品进入机坪（有关物品的分类定义参照执行《中国民用航空安全检查规则》的有关规定）。

⑥ 航空配餐供应品和机上供应品进入机坪时，运送车辆必须全程加封，铅封有编号，并有专人押运。安检人员查验铅封，核对车号、铅封号无误后放行。

⑦ 施工人员需进机坪施工的，必须申领机坪临时通行证件，持施工报告单，经安检人员按规定查验并登记后，方可进入机坪。

⑧ 工作人员应该按照人行步道行走。在车行道行走时，应顺车流方向，沿车行道道肩或边行走，注意观察和主动避让车辆。禁止任何工作人员徒步穿越滑行道、机位。

⑨ 当等待航空器入位时，除接机人员外，其他人员应在等待区内等待，直到廊桥或客梯车已经靠泊完毕。

⑩ 航空器推出 / 自滑前，送机人员应围绕航空器四周进行检查，确保其他工作人员和设备撤出机位安全区。推出时，其他工作人员还应避开航空器的后部；航空器自滑时，其他工作人员应避开航空器的前后部。

9.4.2 机坪设施设备管理

机坪设备是指因保障作业需要放置于机坪内的特种车辆、工作梯、尾撑、拖杆、换轮工装车、集装器、行李和集装器托盘等特种设备，因工作需要使用的机动车和非机动车等非特种设备。

在机坪上运行的主要设备包括旅客服务设备（廊桥、客梯车和摆渡车等）、飞机装卸设备（行李牵引车、行李拖斗、升降平台车、叉车、传送带车、食品车、清扫车等）和飞机服务设备（清水车、污水车、油车、管道车、飞机拖车、电源车、维修平台车、可升降飞机除冰车等），如图 9-9 所示。

(a) 廊桥

(b) 客梯车

(c) 摆渡车

(d) 行李牵引车

(e) 升降平台车

(f) 传送带车

(g) 油车

(h) 飞机拖车

(i) 电源车

(j) 飞机除冰车

图 9-9　机坪运行设备实例

（1）设施设备所属产权单位应当建立和严格落实设备管理制度，定期对设施设备进行检查，并保存好相关记录。尤其是对靠近飞机提供保障的设施设备应当制定相应作业规程，并严格按照作业规程实施保障作业；各保障单位应当将车辆、设备的保障作业规程报机场管理机构备案。

（2）旅客吞吐量达千万级以上（含）的，或有条件的机场宜采取以下技术手段提高机坪运行安全水平。

① 对机坪区域实现视频监控全覆盖。

② 在机坪内运行的保障车辆加装行车记录仪。

③ 保障车辆加装定位系统并可集中监控。

（3）各单位的保障作业设施设备应当处于适用状态，并符合下列条件。

① 机场及各保障单位应当使用经民航局通告合格的机场专用设备。

② 未列入民用航空局机场专用设备目录的设备，应当符合国家规定的标准和技术规范的要求。

③ 在设备的明显位置（如前部或侧部）应当有公司标识，设备漆面崭新、整洁，并粘贴反光标志。

④ 设备进入机坪应当通过多次管理机构组织的设备准入检测。

各保障作业单位应当设专人对所停（摆）放在机坪内的设施设备进行巡视、管理。

（4）凡因保障作业需要放置于机坪内的设备、车辆应当放置或停泊于指定的区域内，按统一朝向整齐摆放、停泊，并有效固定。

（5）提供保障作业的车辆不得影响相邻机位及飞机机位滑行通道的使用。

（6）机坪保障车辆如果遇到实施应急救援的车辆和处在滑行、推出或牵引状态时的飞机时，应当主动避让。

（7）机坪设施设备维护区域与飞机活动区应当有明确而清晰的分隔，如设立施工临时围栏或其他醒目隔离设施。围栏上应当设警示标志，夜晚应当予以照明。

9.4.3 机坪运行检查

机场管理机构要对机坪运行实施全天动态检查，确保机坪运行安全、正常、高效、有序。机场管理机构要定期对机坪进行巡视检查和专项检查。

（1）根据机坪的机位数量（运行情况）、机位使用率、保障作业单位的作业量等因素，机场管理机构的监查人员应当对机坪交通、保障作业、设施设备、环境卫生等内容进行动态巡视检查及处理。

（2）机场管理机构应当针对飞机保障作业的关键环节，围绕飞机入位指挥、飞机推出监护、专用设备保障作业、货物及行李装卸、登机桥及桥载设备操作等作业流程制订专项检查单，制订周期性检查计划，明确检查数量，分配工作任务，实施抽查。

（3）机场管理机构应当定期进行机坪道面、灯光的巡视检查，确保机坪的物理特性、标志线、标记牌、机坪照明等符合有关标准和规范要求，确保机坪处于适用状态。

（4）机场管理机构应当每日检查机坪交通情况，根据各单位车辆数量、交通事故及违章高发区域等因素，制订检查计划，针对无证驾驶、超速行驶、应当停车观察点不停车等违章行为进行专项抽查。

9.4.4 飞机运行保障管理

飞机在起飞准备或着陆到达以及机场过站和过夜时，需要在机坪进行短暂的停留，机坪由于其运行单位多、工种多、车辆多、人员多、交叉运行多等因素，很容易对停放飞机造成事故，所以机场管理机构要做好飞机运行保障管理工作。

（1）为飞机提供保障作业的单位，应当依据民航局相关规定、机坪运行管理细则、车辆与设备说明书制定相应的作业规程，并严格按照作业规程实施保障作业。

（2）机场管理机构应当针对远机位旅客上下流程进行优化，有条件的机场可划设旅客步行通道。旅客通行路线不得穿越飞机滑行路线，任何车辆不得横穿旅客队伍。

（3）旅客步行通过机坪上下飞机和进出航站楼时，航空公司或者其代理人应当安排专人引导，确保旅客不进入机坪等飞机活动区。

（4）在飞机入位前，接机人员应完成对机位的适用性检查。主要检查项目如下。

① 机位是否清洁。

② 人员、车辆及设备是否处于机位安全线区域外。

③ 登机桥轮是否处于登机桥回位点。

④ 是否有其他影响飞机停靠的障碍物。

（5）接机人员引导飞机入位时，应当使用指挥棒（夜间或低能见度运行时应当使用可发光的指挥棒）。在飞机入位时，接机人员应当观察大翼两侧的情况，以确保飞机入位安全。

（6）在飞机处于安全靠泊状态后，接机人员应当向保障作业人员发出可以开始作业的指令。保障作业人员接到此指令后，方可开始保障作业。飞机安全靠泊状态应当满足下列条件：发动机关闭；防撞灯关闭；轮挡按规范放置；飞机刹车松开。

（7）车辆在等待保障作业时，须按规定停放在相应临时作业保障等待区内，驾驶员须随车等候，所有设备必须有人看守。

（8）在飞机滑出或推出前，负责离位监护的机务人员应当确认其他车辆、设备及人员均已撤离至机位安全区域外，登机桥已撤离至回位点，机位保持清洁，无影响飞机推出的障碍物。

（9）飞机推出过程中，应当至少有两名机务人员在飞机大翼两侧进行安全监护；如发现推出路线上存在任何可能对飞机安全构成威胁的障碍物，应当立即提示机务指挥员停止推出。

（10）在飞机离位过程中，负责监护的机务人员须全面观察飞机以及地面工作人员的动向。

（11）负责监护的机务人员应当注意观察，确保飞机行进区域内无影响其安全运行的情况，且直到飞机推出或安全滑至预定地点后方可离开。

9.4.5 机坪不安全事件管理

机坪不安全事件分为飞机不安全事件和非飞机不安全事件。

飞机不安全事件包括：车辆、设备和堆放物与飞机碰撞，飞机与飞机擦碰，鸟击、外来物损伤飞机等。

非飞机不安全事件包括：车辆事故、人员伤亡事件、机坪施工不安全事件、仅造成财产损失的不安全事件等。

飞机保障作业过程中出现任何不安全事件，相关人员应当及时通知机场管理机构，飞机保障作业单位和机场管理机构应当及时采取处置措施。

不安全事件的处置原则如下。

（1）发生飞机地面突发故障事件后，航空公司和地面代理公司应当全面听从机场管理机构指令，优先对故障飞机进行保障。

（2）飞机在跑道、滑行道突发故障，应当停止使用受影响的跑道、滑行道，各保障单位在规定的时间内到达临时设置的引导点，由引导车引领至事故现场，实施飞机检修或拖曳工作。

（3）地面保障单位应当以优先拖曳为原则，如确定无法拖曳，应当立即组织旅客原地下客。

机场管理机构应当建立不安全事件信息数据库，将各类不安全事件信息纳入数据库汇总，对各类问题进行分类汇总，及时通报至相关责任单位，监督各相关责任单位制定整改措施，并持续跟踪整改进度。

9.5 机场FOD防范管理

9.5.1 FOD的定义

FOD（Foreign Object Debris），即可能损伤航空器的某种外来的物质、碎屑或物体，如金属零件、防水塑料布、碎石块、纸屑、树叶等，以上统称外来物。

9.5.2 FOD分类

机场范围内外来物的种类繁多、来源复杂，按照对航空器运行安全的危害大小可大致分为三类：高危外来物、中危外来物和低危外来物。

（1）高危外来物　金属零件和重量较重的外来物。高危外来物极为坚硬，击中航空器会对其造成极大的损伤，如图 9-10 所示。

（2）中危外来物　碎石块、报纸、包装箱等对飞行安全有一定影响的外来物，如图 9-11 所示。

（3）低危外来物　纸屑、树叶、非金属零碎垃圾等对航空器地面运行安全危害较小的外来物，如图 9-12 所示。

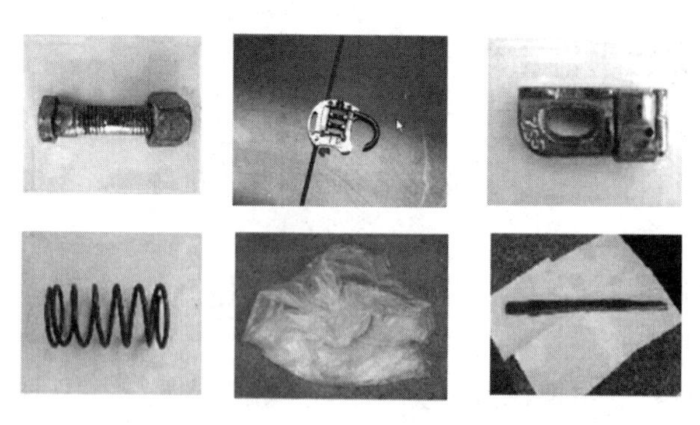

图 9-10　高危外来物

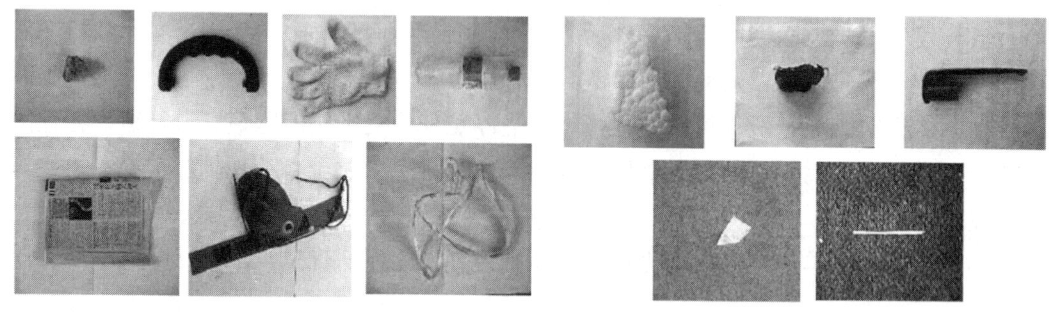

图 9-11　中危外来物

图 9-12　低危外来物

9.5.3　地面 FOD 的来源

地面 FOD 产生的来源很多，根据作业类型，主要分为以下几种情况。

（1）机坪运行作业　旅客由机坪登机时，他们可能会扔弃垃圾或个人物品。航班在装卸货物、行李时动作粗猛，也容易导致货物包装损坏、行李箱部件脱落，包装木箱上脱落的铁钉、行李箱锁等尖锐物品遗留、散落在装卸区附近。工作人员在卸货物、行李时货物包装和行李部件容易损坏脱落。在飞机推出停机位的过程中，飞机轮胎（特别是轮胎缝隙）很有可能扎入上面所说的外来物。

（2）航空器勤务　机务人员在修理受损的航空器时，有可能会将修理产生的锁线废料、螺栓、工具、容器、部件包装和其他零碎东西落在维修区域。地面保障设备脱落的螺栓、损坏的紧固件、车轮螺栓以及小块结构件也有可能会遗落在保障区域，从而会对飞机造成很大的伤害。

（3）航空器起降　飞机在起飞、着陆和滑行过程中，飞机脱落的零件也会带来外来物。

（4）机坪道面维护　机坪道面破损和错台所产生的石块也是 FOD 来源之一。

（5）空侧垃圾　建筑物和围界周边及航空器清洁下来的垃圾也是外来物的主要来源，被风吹落到机坪上，极容易使这些外来物进一步扩散到滑行道并进入航空器路线。

（6）不停航施工　不停航施工没有采取有效防范措施，致使部分施工材料、废弃物带到了跑道和滑行道区域。

9.5.4 机场 FOD 防范措施

（1）树立防范意识

① 制作宣传手册，并发放给各驻场单位。

② 在相应区域设置警示标牌，提醒工作人员。

③ 养成随手清洁的好习惯。

④ 组织驻场单位进行外来物大扫除活动。

（2）机场的防范措施

① 机场应建立有效的巡查与清扫制度。

② 机场应与空管部门建立外来物处理协调机制，保证机场的安全运行。

③ 应保持道面的整洁，发现外来物应立即清除。

④ 保洁人员应对机位进行及时打扫。

⑤ 机场应设置足够数量的有盖垃圾桶，并为垃圾桶与锥桶设置围栏，防止大风刮倒。

⑥ 机场场内垃圾应及时进行清理。

⑦ 机场要始终保持整洁的场内环境。

⑧ 机场道面出现破损时应及时进行维护。

⑨ 机场场内施工现场的沙石需进行遮盖，防止大风将沙石刮到跑道上。

⑩ 机场应对施工团队开展外来物防范宣传教育活动，让施工人员意识到外来物的危害。

⑪ 机场要建立机坪保障人员的培训和考核制度。

⑫ 机场可设置相应外来物探测设备以减少中间检查的次数，提高运行效率。

（3）航空公司及驻场单位的防范措施

① 接机人员要在航空器入位前五分钟对机位进行适用性检查，保证机位没有外来物。

② 在飞机推出前，保障人员需再次对机位进行检查。

③ 在货物装运过程中要避免遗撒货物，拖车车厢内要保持整洁，在用拖车运输货物时要用网套对拖车上的货物进行固定，防止拖车上的货物撒落在机坪区域。

④ 机务人员在维护工作结束之后，要及时对维护现场进行清理，保证维护现场和维护设备的整洁，还要及时对工具进行清点，不使用或损坏的设备切勿放在机坪。

9.6 应急救援管理

机场应急救援管理是机场安全管理中的重要部分，机场应急救援保障是机场日常安全运行的有效保障。科学有效的应急救援管理将为成功的应急救援处置提供有力保障。

应急救援管理主要包括以下五个方面：第一，要确保机场应急救援预案完善、有效、符合实际，能满足救援的实际需求。第二，要加强应急救援培训、训练和演练工作，确保应急救援指挥和处置人员熟悉应急救援预案，以便在救援时能快速启动预案、迅速按照预案要求开展救援行动。第三，要按要求配备应急救援设备，加强应急救援设备保养和维护，以便应急救援设备有效。第四，要完善应急救援专职或兼职队伍建设，确保应急救援管理人员的专业化。第五，要确保应急救援日常管理工作按计划按要求开展，需加强应急救援日常监管工作。

（1）应急救援预案管理　机场应当按照国家、地方人民政府的有关规定和民航管理部门的法规要求，制订机场应急救援预案。该预案应当征得地方人民政府的同意，并经民航管理部门批准后实施。该预案内容应该符合相关法规要求，并及时更新，确保预案有效。该预案应当纳入地方人民政府突发事件应急救援预案体系，并协调统一。

（2）应急救援培训、训练和演练管理　机场各应急救援单位应加强应急救援培训管理，确保参加应急救援各单位的值班领导、部门领导及员工熟知本单位、本部门及本岗位在应急救援工作中的职责和预案，从而确保在应急救援处置中，救援人员能按要求、按规范开展应急救援，提高应急救援的有效性和及时性。参加应急救援的各单位应当每年至少对按照机场应急救援预案承担救援工作职责的相关岗位的工作人员进行一次培训。对于专职应急救援管理人员、指挥人员、消防战斗员、医疗救护人员应当进行经常性的培训，培训内容包括应急救援基础理论、法规规章、技术标准、岗位职责、突发事件应急救援预案、医疗急救常识、消防知识、旅客疏散引导及其他相关技能。在机场航站楼工作的所有人员应当每年至少接受一次消防器材使用、人员疏散引导、熟悉建筑物布局等方面的培训。

机场各应急救援单位应加强应急救援训练管理，确保应急救援人员在训练中熟悉应急救援理论基础知识、技能和实际操作，并增强身体素质。

机场各应急救援单位应加强演练管理，按法规要求定期开展应急救援演练，并有效开展演练督导、总结讲评和整改工作，确保应急救援预案得到有效检验。

（3）应急救援设备设施管理　机场各应急救援单位应按照相关法规和实际需求配备数量充足的应急救援设备设施，并加强设备设施的保养、维护，确保应急救援设备在机场运行期间始终处于适用状态和有效状态。

（4）应急救援人员管理　机场各应急救援单位应按照法规和实际要求配备应急救援专职或兼职人员，确保应急救援各项日常管理工作得到有效开展，同时确保在发生应急救援突发事件时，有数量充足、专业有效的人员处置应急救援。

机场各应急救援单位应加强应急救援日常监管，建立日常监管制度，确保上述提及的应急救援预案、培训、训练、演练、设备和人员等各项应急救援管理按计划和要求开展。

本章小结

机场安全管理是确保机场运行安全的核心工作，对于航空器在机场的起降、地面运行以及其他地面保障系统的安全至关重要。其中航空器运行是关注的重点内容，与航空器运行密切相关的有飞行区道面管理、机场除冰雪管理、机场鸟击防范、机坪运行管理、机场 FOD 防范管理以及机场应急救援管理。

本章练习

一、选择题

第9章
练习参考答案

1. 飞行区道面月检查采取（　　）的方式。

A. 驾车检查　　B. 人工检查
C. 机械检查　　D. 徒步检查

2. 当道面结冰时，可以使用机械加热除冰、化学制剂除冰和（　　）等方法处理。

A. 撒沙　　B. 洒水　　C. 人工清扫　　D. 超高压水枪冲洗

3. 飞机各部位遭受鸟击最多的是（　　）。

A. 发动机　　B. 机翼　　C. 起落架　　D. 雷达罩

4. 一年四季当中，（　　）鸟类活动频繁，鸟击事故发生较多。

A. 春季　　B. 夏季　　C. 秋季　　D. 冬季

5.（　　）即可能损伤航空器的某种外来的物质、碎屑或物体，如金属零件、防水塑料布、碎石块、纸屑、树叶等，以上统称外来物。

A. FOD　　B. FOF　　C. WLW　　D. DOF

二、填空题

1. 目前道面除胶主要有三种方法：__________、__________和__________。

2. 除冰雪的主要作业方法有__________、__________、__________。

3. 机场范围内外来物的种类繁多、来源复杂，按照对航空器运行安全的危害大小可大致分为三类：__________、__________、__________。

三、判断题

1. 机场道面检查人员在进入飞行区进行道面检查时，可直接进入检查，不需要和塔台申请。（　　）

2. 防治鸟击最有效的方法是通过猎杀来减少机场空域的鸟类。（　　）

3. 鸟击事故主要发生在一年中的春秋两季。（　　）

4. 持临时通行证件的工作人员必须由有资格的工作人员陪同才能进入机场控制区域内。（　　）

5. 碎石头属于高危外来物。（　　）

机场管理篇

第 10 章

机场管理模式

事件聚焦　利用机场盈利——以民营化为契机构建“繁华地带”

日本静冈机场虽在 2009 年就已对外开放，但受交通不便等因素影响，一直处于赤字状态。而从 2019 年春季开始，通过实施民营化来解决这个问题。通过公开招标和竞争，最终三菱地所和东京急行电铁获得了静冈机场的 20 年运营权。但其所有权依然归静冈县所有，滑行跑道和机场建筑的运营则由民间公司管理。两公司提出规划，宣布“在 20 年间，将实现机场旅客倍增”。两公司的目标是“构建繁华地带”。譬如，在室外建造一个开放空间，让人们即便不坐飞机，也想来玩。此外，还计划建一个地方性食材市场，把机场西侧的土地作为活动广场，同时也在考虑建设宾馆和航空博物馆。

知识目标

第 10 章
机场管理模式

1. 掌握机场所有权形式的类型。
2. 理解机场私有化的原因。
3. 掌握我国国内机场的经营管理模式。
4. 掌握我国机场民营化改革的方式。

能力目标

1. 能分析当前世界主要机场的经营管理模式。
2. 能解读机场民营化改革对当前机场发展的必然性。

素质目标

1. 树立创新观念，培养学生的创新意识、创新能力。
2. 树立发展观念，培养学生用发展的眼光看待事物的变化。

10.1 机场所有权形式

纵观世界机场，其所有权形式主要有以下几种。

（1）政府直接管理的公有形式　机场归国家政府所有，政府专门设立相关部门——民用航空部或局，通常在国家运输部下，并且由政府直接进行管理。

（2）通过机场当局管理的公有形式　机场归国家政府所有，但政府不直接进行管理，而是通过机场当局进行管理，其目的就是建立一个更具专业的组织来执行，完成长期计划，而政府则作为政策控制中心，负责战略政策的制定。

（3）公有与私有的混合形式　机场设施有些归国家所有，有些则由私有企业控制，如有的机场飞行区等设施是公有的，而航站区因为是由航空公司投资兴建，则归航空公司所有和运营。随着机场投融资渠道的变化，有些机场卖掉一部分股份，就造成这种模式的存在。

（4）完全私有的机场　机场完全归私有集团和个人所有。英国机场集团公司出售全部股份，是机场私有化的一个典型代表。

国际机场理事会（ACI）关于机场所有权的政策载于《国际机场理事会的政策手册》，其中有："机场应被允许在多种类型所有权形式下经营。各个机场的所有权类型以及私有资本的参与类型因当地情况而各不相同。任何一个机场的所有权类型应当便于允许机场开展业务的灵活性，并确保机场使用者的利益通过在机场经营中施行健康的经济原则而受到保护。"

特别重要的是，机场无论采取何种所有权形式，它必须增进机场经营的安全、效率和保安；还应责无旁贷地担负起为所在地区服务的责任；它还应便于取得重组的资本投资，作为全球经济推动力的国际航空进行融资。既促进自身经济活动，也成为发展贸易和旅游、增加投资和促进繁荣的门户。

10.2 国外机场管理模式

10.2.1 美国机场管理模式

美国机场管理模式具有如下特点。

（1）公益性，政府所有　美国作为世界航空第一大国，机场归政府所有并定位为不以营利为目的。由政府投资、建设和管理。机场管理企业化程度较低，多为事业化机构。负责制定机场发展规划、开辟航线、机场设施的出租和日常维护工作，以最优惠的条件吸引航空公司，为公众提供便利的机场设施。

（2）管理型，专业化经营　在商业资源的开发上，机场以减少自身经营活动为原则，与航空公司职能界限清晰，机场不直接参与客货运输的经营活动，使机场公正地对待航空运输经营竞争，机场经营性业务的社会化程度相当高，将绝大部分的商业资源交由专业化企业经营，非航空主业收入高达总收入的70%～80%，甚至90%。

（3）政府投资建设，补贴促进发展　机场的利润收入只能用于机场的建设投入。政府对机场给予税费减免，并返还部分从机场商业等经营收益中征收的税费来支持机场的发展，各级政府和联邦航空局对机场的建设和经营给予资金补贴。机场建设投资一般靠地方政府发行债券来筹集，再由财政统一安排偿还。机场运营亏空由政府补助。这些措施为绝大多数中小机场的生存和发展创造了条件。

10.2.2　日本机场管理模式

日本机场管理模式特点具体如下。

（1）政府建设，分类管理　日本机场管理由各级政府直接承担，主要分三类：第一类是主要国际机场，如东京成田机场等，为中央政府投资建设、拥有，由运输省通过民航局进行管理、指导；第二类是国内干线机场及少数国际机场，如东京羽田机场等，为中央政府投资建设、拥有，由机场管理执行委员会、运输省和地方空港公团建立机构共同管理；第三类是国内专线机场，为地方政府投资建设、拥有，由地方空港公司管理。机场建设中政府所占份额及政府对地方公共团体补贴率随机场等级不同而有所区别，即收益率越低，补贴率越高。

（2）商业化融资　日本政府通过商业化模式来提高机场的融资效率和管理效率，如东京成田机场就是由政府设立"新东京国际空港公团"来具体负责机场的日常运营，受政府委托管理带有公共性质的事务，并进行商业化运作，但不以营利为最终目的；关西机场由于机场投资巨大，在相当长的时期内还难以赢利，但其流量大，具备商业化和企业化的基本条件，所以能够吸引投资，由"关西国际空港株式会社"进行运营，投资者是当地的大财团，而这些财团的发展对关西机场具有一定的依赖性。

10.2.3　英国机场管理模式

英国机场管理模式特点具体如下。

（1）多元化所有　英国机场管理模式有四种：一是地方政府和议会所有和管理的机场。如曼彻斯特、伯明翰机场等；二是英国机场公共控股公司所有并管理，如伦敦的希思罗等7个大型机场；三是民航局直接管理和组织运营的偏远机场；四是由私人经营的小型机场。

（2）政府主导的多元化投资建设　英国机场作为国家控制的重要基础设施。采用拍卖经营权、招标租赁、BOT等方式转换其经营模式，允许私人投资兴建并拥有。以此拓宽机场建设投融资渠道，改善经营管理水平，促进机场建设全面发展。如伦敦希思罗国际机场产权名义上归政府所有，但由英国机场集团公司、英国航空公司、英国汇丰投资银行等进行管理，其中投资近20亿英镑的第5航站楼工程，完全按照市场化模式根据投资比例组建有限责任公司进行运作。伦敦城市机场作为小型商务机场，则完全是由私人投资兴建的，包装上市将募集的资金用于机场的扩建和导航设备的更新。

（3）政府限价，商业化管理　按照英国法律规定，中央政府对希思罗、盖特威克及曼彻斯特三大机场的航空收费项目实行价格管制，以保护航空公司和小机场的利益。三大机场把制定有竞争力的机场收费价格作为吸引航班和旅客流量的主要手段，确立了“制定合理的机场收费标准—吸引更多的航班和旅客流量—大力发展商业—从商业中获取更大利润”的基本模式。随着管理的完善和生产规模的扩大，机场航空业务已成为吸引旅客和其他商务客户的基本手段和工具，商业经营成为机场获取利润的主要来源。

10.2.4 其他欧洲机场管理模式

其他欧洲机场管理模式特点具体如下。

（1）政府控股，企业化经营　欧洲机场普遍实行企业化经营，具体做法是在政府绝对控股情况下，全面开发、运营机场业务，力争为社会公众提供所有服务，包括建设航空城、空港经济区。德国法兰克福机场、荷兰阿姆斯特丹史基浦机场是典型的例子。

（2）板块清晰，资源多样化管理　德国法兰克福机场主营业务板块有航站楼管理、零售业务、地面服务、安全管理与安检、货运管理等五大板块。每个板块中所承担的业务领域广阔、延伸深远，各板块之间的业务领域划分清晰，服务覆盖了机场和与航空公司相关的整个物流链。法兰克福机场管理有四大特点：一是保持机场核心资源的绝对控制权；二是所有权与经营权相分离；三是大力加强资本管理和资源管理；四是对货运设施的经营管理采取自建租赁和 BOT 模式进行统一管理。

（3）准确定位，建设机场城市　荷兰阿姆斯特丹史基浦机场的定位为管理型机场，分为非执行董事会和执行董事会。机场引进了几十家地面代理公司和商业公司实行特许经营，在保证质量和价格的条件下互相竞争，提供几乎所有的配套服务，机场仅按照法律和合同规定进行检查监督。因管理体系完善，使机场每个项目都创造了良好的效益，特许经营收入占机场总收入的 60% 以上，史基浦机场集团一个最重要的目标是通过建立和发展机场城市，为相关利益者创建可持续的价值，发展高效的，有航空、铁路、公路等多种运输形式的枢纽，能提供 24 小时的服务并具备相应的设施。

10.2.5 新加坡机场管理模式

新加坡机场管理模式特点具体如下。

（1）政府直管，行业监督　新加坡樟宜机场是由新加坡民航局（CAAS）直接管理，该局的主要职责是在民用航空和机场运营的安全、质量和服务上确保高标准，确保机场运营的良好业绩，管理和促进航空运输的发展，预测航空业的需求变化并采取相应有效的策略，使新加坡樟宜机场成为一个全球主要的航空枢纽。新加坡樟宜机场没有行使机场业主职能的机场管理局，由 CAAS 下设的航空货运部、机场紧急事务部、机场管理部和商业部等几个直接与机场业务相关的部门代行机场管理局的职能。

（2）专业化经营，良性竞争　民航管理局不参与任何经营，机场运营交由专业化公司。如把机场的所有地面服务业务的经营权交给两家专业公司且其获得的专营权几乎一样，既避免形成独家垄断，也不会出现由于多家竞争而陷入恶性竞争的情况，在机场内形成良好的竞争局面。而机场管理当局则对各项具体地面服务都制定了服务标准，保证服务质量。

纵观世界机场的管理，各航空大国将机场定位为不以营利为目的，其机场的运行管理无一不是建立在政府主导基础上的。由政府所有并监管、政府投资规划建设、政府优惠政策给予经营补贴、政府引导资源开发，等等，机场始终是政府通过不同形式的授权赋予一定的职能，代表政府行使对机场这一基础性的公共设施的经营或管理。而机场的经营和获利主要是在依靠政府土地授权的基础上，通过专营、特许经营等方式收取专营权或特许经营权费实现，并以此保持机场公平的平台，提高机场范围内专业化管理和优质服务水平。

10.3 我国机场管理模式

10.3.1 中国香港机场管理模式

香港机场的所有权由香港特别行政区拥有，香港政府设有专门政府机构——民航处来管理整个航空业的发展，其中航权和空中管制都是由民航处直接管理，而机场则交给香港机场管理局管理。香港机场管理局（AA）是香港特别行政区政府全资拥有的法定机构，代表特区政府管理香港机场的运作。直接与机场管理局存在业务关系的机构或公司主要是特区政府民航处、航空公司和各个具体业务经营公司（图 10-1）。中国香港机场运营管理模式特点具体如下。

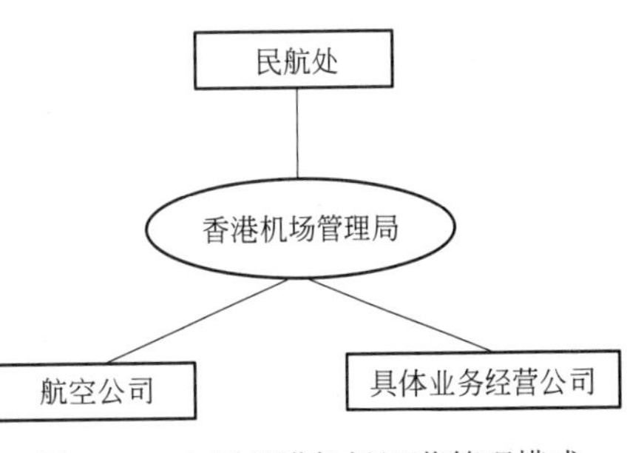

图 10-1　中国香港机场运营管理模式

（1）政府投资宏观管理　香港机场由中国香港特别行政区所有，由香港政府统一规划、统一投资兴建。香港机场管理局既有代政府对机场实行监管的职能，又在经济上独立于政府，采用市场化运作的模式对机场进行经营，其经营所得一方面用于偿还贷款，另一方面为机场扩建积累资金。

（2）法定授权，土地资源管理　香港特区政府制定的《机场管理局条例》对机场建设与管理进行全面定位，明确了机场管理局对机场范围内所有业务的领导与管理地位，从而保持了机场业务运作的整体性。香港新机场的土地使用权为政府无偿划拨，由机场对土地资源进行有效的规划、控制和运作，机场管理局代表政府集中统一经营、管理机场范围内的土地使用权，为机场的长远发展奠定了坚实的基础。

（3）BOT 专营及特许经营　机场管理局以专营权合约方式把与机场相关的业务授予其他专业公司进行经营，以授予特许经营牌照方式转让商业零售业、餐饮业、广告业的经营权。香港机场通过招标等方法，选择资质好、服务优秀、价格低廉的多家营运者，以 BOT 方式批出经营项目，由获得专营权的企业负责有关设施的融资、设计和建设，并在固定年限内以商业原则营运该设施，期限结束后，由机场管理局无偿收回土地使用权，并获得地上设施的所有权。香港机场内的航油、货运、机坪服务、飞机维修等投资额较大的经营项目均以此方式转让。机场通过专营权收费或租金获得收益。

10.3.2 中国澳门机场管理模式

澳门机场所有权属于澳门特别行政区政府，澳门政府也设有专门的民航管理机构——民用航空局来管理民航业，澳门民用航空局把对机场产权、专营权的管理交给了澳门国际机场专营股份有限公司。但是专营公司主要负责对机场专营权的经营管理，并不进行机场日常业务运作的具体管理，而是把具体的管理事务交给了机场管理有限公司。机场管理有限公司负责对在澳门机场获得各种业务专营权的经营单位（包括航空公司）进行管理和监督。

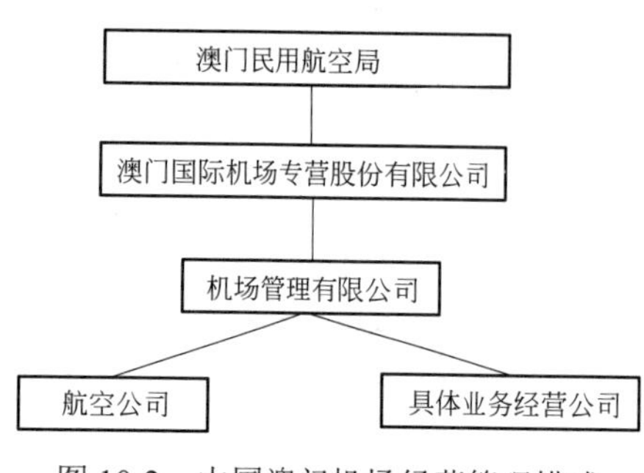

图 10-2　中国澳门机场经营管理模式

（1）澳门机场经营管理模式　澳门机场经营管理模式如图 10-2 所示。澳门国际机场专营股份有限公司由澳门政府、澳门旅游娱乐有限公司以及一些中资及港澳投资者所持有，其中澳门政府占 55.248%，澳门旅游娱乐股份有限公司占 37%。机场管理有限公司（ADA）最初由中国航空（澳门）（前身是澳门航空服务公司）和葡萄牙机场公司合资设立，经营了 17 年。

（2）专营公司和管理公司的职能　机场专营公司主要负责机场专营权的经营管理以及对外代表澳门机场的事务，所有在澳门机场有业务经营活动的公司都由专营公司来挑选和确定。

机场管理公司负责整个澳门机场的日常经营管理，负责监督业务特许经营公司的运作和服务标准。机场管理公司的业务管理范围主要有：机场现场管理，包括站坪服务、机务服务等方面的管理；航站楼管理；空中交通管制和航班信息；机场和航行维护；保安和安全管理；商业和财务管理。

专营公司通过对服务标准和费用控制监督机场管理公司，专营公司定期进行调研，评定服务标准，对于专营公司的费用开支，每年都给予一定的预算，人工成本方面则按照员工的数量给予相应的工资总额。

（3）澳门机场管理模式的特点　澳门机场管理模式的最大特点就是分专营公司、管理公司、具体业务经营公司三个层次，相较于香港机场而言，多了一个层次，而且三个层次的公司的产权是没有隶属关系的。机场专营公司与机场管理公司之间的关系就是“地主”与“管家”之间的关系。

10.3.3 内地机场的管理模式

从机场运营管理架构的角度，机场管理模式可以总结为以下六种。

（1）省（区、市）机场集团模式　省（区、市）机场集团模式是一种以省会机场为核心机场，以省内其他机场为成员机场的机场集团组织架构。即进行机场属地化管理，其中分为两种情况，第一种是成立了省（区、市）机场管理集团公司或管理公司，并由机场公司统一管理区域内的所有机场，如上海、天津、海南；第二种是成立了省（区、市）机场管理集团公司或机场管理公司，但机场公司只管理区域内部分而不是全部机场，如重庆、广东、四川。

以省为单位将全省的机场统一管理，存在很多优点：一是省政府可以把全省的资源调动起来扶持省内各机场的建设和发展；二是可以从全省的角度统一规划机场布局，统一考虑全省机场的建议，避免各地市各自为政；三是把全省的航空运输和机场的建设统筹考虑，一体化发展，更好地服务于全省的社会经济发展需要；四是能够发挥省机场集团公司的优势，在管理、人员、资金等方面形成规模优势，以大带小，有利于省内小型机场的生存和发展。省（区、市）机场管理集团最大的优势就在于省内资源的统一。当然，这种模式也会在一定程度上造成机场所在地的地市政府缺乏扶持机场建设和发展的主动性和积极性。

（2）跨省机场集团模式　跨省机场集团模式是一种超越省机场管理集团的运营管理架构，是由几个省的机场管理集团通过资产重组，组建为一个跨省的机场集团。目前，首都机场集团收购、托管、参股的机场，分布于10个省（区、市），成员机场达到35家；西部机场集团管理了4个省（自治区）的11家机场。

跨省收购的主要目的是要在资源配置、航线网络、人力资源等方面发挥超省机场集团的更大规模效应。这种模式体现出的优势表现在以下几个方面：一是集团公司将成员机场的地面服务、商贸、广告等非航空性质业务实行了一体化经营和管理，发挥了专业化公司的规模优势；二是在人员使用和资金运作方面，统一调配，统一运作，提高了运营效率；三是利用机场集团公司的管理优势，一定程度上提高了小型机场的管理水平。但跨省机场集团的模式存在以下不足：一是降低了成员机场所在省、市政府投资机场建设和扶持机场发展的积极性；二是机场集团公司归当地国资委管理，当地的国资委没有动力和义务把机场集团公司的资金投入到其他省份的机场去；三是集团公司将成员机场的非航空性业务采用专业化公司的模式实行条条管理，航空性业务则由各成员机场分块管理，不利于机场的安全运行和服务水平的提高；四是当地政府把机场交给省外的跨省机场集团公司管理后，没有了机场建设投资的压力，往往要求机场建设的标准要高、规模要大，超出了适度、合理的范围，同时也给跨省机场集团公司造成资金等方面很大的压力。

（3）省会机场公司模式　省会机场公司模式是一种在没有以省为单位成立机场管理集团的情况下，省政府只负责管理省会机场，其他机场由所在地市政府管理的模式，如江苏、山东、浙江等。

省会机场由省政府管理，优势在于能够调动全省的资源和力量来扶持省会机场的建设和发展。但这种模式的不利之处是：我国各省会机场一般都是本省业务量最大的机场，省会机场资源优势明显，管理水平也较高，而省内其他机场大部分是小型机场，资源匮乏，经营困难，管理水平也不高，如果不利用省会机场的优势来带动这些小型机场，势必造成这些机场难以很好地发展。而且，省政府直接管理省会机场，也不利于充分发挥省会城市建设发展机场的积极性。

（4）市属机场公司模式　市属机场公司模式即机场由所在地市政府管理，如深圳、厦门、无锡、南通、绵阳、南充、攀枝花、宜宾、泸州、万州等。

市属机场公司这种模式，在不同的城市，情况也不相同。如果机场所在城市的经济实力强，当地政府又重视和大力扶持机场，机场就发展得好，例如深圳、大连、青岛、厦门、宁波等机场。但是若机场业务量普遍较小，机场所在地经济欠发达，地方政府的财力也有限，往往是“心有余而力不足”，客观上欠缺足够的资源支持机场。

（5）航空公司管理模式　目前，航空公司可直接或间接管理机场。譬如，海航集团管理了甘肃机场集团（兰州、敦煌、嘉峪关、庆阳机场，不包括天水机场）和海口、三亚、东营、宜昌、安庆、满洲里、潍坊等机场；深圳航空公司管理常州等机场；南方航空公司管理南阳等机场；厦门航空公司管理武夷山等机场。

从目前航空公司管理机场的情况看，航空公司管理机场，有利于小型机场利用航空公司的优势来增加航线航班，培育市场，提高机场的业务量，促进小型机场发展。对于大中型机场，这种优势就不太明显。相对而言，把机场交给航空公司管理，不利的方面较多，主要有：一是机场交给航空公司，机场所在地政府容易产生“但求所在，不求所有”的思想，投资建设机场的积极性受到削弱；二是对于航空公司投资管理机场，法规规定航空公司的股权不得超过 25%，这是法律形式的限制。

（6）委托管理模式　有两种情况，一是内地机场委托内地机场进行管理，如黑龙江和内蒙古机场集团委托首都机场管理；二是内地机场委托港资机场管理，如珠海机场。

机场被委托有利于被委托机场利用受托机场的经营机制和管理优势来提高经营管理水平（包括安全、服务、效率等）。但委托管理也因受托方往往缺乏主人翁意识，探索、规划所管理机场长远发展战略的积极性不高，容易产生短期行为。

10.4　机场民营化

10.4.1　机场民营化的概念

（1）民营化　对于民营化的理解，从不同角度出发有不同的释义，主要基于以下几种理解。

① 民营化是一种概念　所谓民营化概念就是民营化是改善政府治理的途径和社会治理基本战略的方向。民营化不仅是一个管理工具，更是一个社会治理的战略。它根植于这样一些基本的社会理念中，即政府自身和国有经济主体相对于其他社会组织适当的角色。

② 民营化是一种政策　即引进市场激励以取代对经济主体的随意的干预，从而改进国民经济。这意味着政府对经营不良的国有企业不再支持，鼓励民营企业提供更多的产品或服务。

③ 民营化是一种过程　这种过程是更多发挥和依靠民营部门提供产品或服务的过程，是推进市场化的过程，通过民营化进一步推动改革的深入，在更大程度上发挥市场在资源配置中的基础性作用。

（2）机场民营化　机场民营化就是政府通过减少介入与干预但不减弱监督的职责，或者通过管理权与经营权的分离来达到鼓励竞争、打破垄断的局面，最终使机场的经济效益得以提高的过程，其方式主要有：委托管理、特许经营、出售、放松规制等。

10.4.2　我国机场民营化的动因

机场民营化是世界民航业继放松航空公司规制后出现的又一大全球性趋势。

自 20 世纪 80 年代开始，一些政府开始对机场实施民营化，希望通过竞争和引入民营部门的组织形式来提高机场效率，同时减少政府的财政投入，并分散机场投资和管理决策。整个 90 年代，机场民营化的势头日渐上涨。航空运输服务需要的快速增长促使越来越多的政府考虑将机场出售给私人企业家，以扩展机场基础设施，满足客流量的增长。

王献平曾（1999）预言，21 世纪前 20 年代，民营化的主要动机将是解决机场建设所需要的巨额资金。Roma（2001）认为，未来机场发展的资金将不再由政府供应，而主要来自私人。而民营化在解决资金的同时，也能带来以下一些效应。

（1）民营部门的创新性、灵活性和高效率能够为机场的建设和发展带来生机　民营部门介入机场的运营管理有助于提高机场的运营效率，降低运营成本，提高竞争能力。

（2）民营资本的介入有利于吸引高素质管理人员，迎接激烈的国际竞争　目前，我国主要大机场在基础设施条件、经营管理模式和理念等方面，还不能适应国际航空枢纽运营的需要。民营部门的介入有利于建立灵活的机制，提高我国机场的整体管理水平和国际竞争能力。

（3）有效减轻国家及地方的财政负担　民营化后，不仅能减少国家和地方政府的财政负担，同时也转嫁了潜在的风险给私营部门。通过民营化，政府可以获得巨大的资金收入，减少财政补贴，节约的大量资金可以转为其他公益事业的投资，而且政府可以获得更多的营业税收。

（4）政府直接参与投资和经营容易陷于纷繁复杂的微观经济事务中　这既不利于政府履行其维护市场秩序和宏观调节的职能，也不利于企业之间的公平竞争。

（5）实现资源的优化配置　民营化消除了政府对企业经营的直接干预，企业可以根据市场的需求，灵活决定经营策略，合理配置资源。

10.4.3　我国机场民营化改革的实质

（1）经营权参与　即通过签订各类承包合同，形成公共部门与私营部门共同担负某项服务的责任，如经营业绩协议、管理合同、服务合同和特许经营。

（2）所有权参与　即通过将现有企业实行股份化的形式，将部分或全部资产的所有权转移给私营部门，或者私营部门通过参股的方式参与新建的项目。

在实践中，一个项目也可以采用经营权参与和所有权参与的混合形式。

10.4.4　我国机场民营化改革的方式

机场的民营化浪潮在席卷欧、美、亚太机场的同时，也对我国机场的发展产生了极为深刻的影响，主要体现在机场股份制改造、机场集团公司的产生、机场管理的输入与输出、机场转型、灵活的投融资渠道的建立五个方面。

（1）机场股份制改造　我国机场的股份制改造几乎与世界机场的民营化同步发展，且进展较快。早在20世纪90年代，厦门、深圳等地方机场就率先上市；此后，上海虹桥、北京首都、广州白云三大机场以及海口美兰机场也相继上市。目前，大连、沈阳、成都、西安等地的机场也都在积极筹划。我国上市和即将上市机场的数量已在世界上名列前茅。我国机场的成功上市，一方面为机场建设募集了必要的资金，另一方面也促进了机场现代企业制度的建立与完善。

（2）机场集团公司的产生　我国的机场集团公司始创于20世纪90年代，其最初是机场股份制改造的必然产物。我国上市机场的资产主要为国有资产，中央或地方政府是股份公司的最大股东。这样，机场集团公司作为国有资产所有者的代表，就应运而生。显而易见，机场集团公司必须经国资部门的正式授权，才能真正成为国有资产所有者的代表。集团公司的本质特性决定了其负有国有资产保值增值的职责。此外，机场属地化改革，将以省（区、市）为单位组建机场管理公司，这样，我国就产生了一批由多个至10多个机场组成的机场集团。这些机场集团并未实行股份制改造，但从政企分开以及有利于机场集团发展的角度考虑，机场集团公司作为国有资产所有者的代表，同样也需要得到国资部门的正式授权。

（3）机场管理的输入与输出

① 国外著名机场管理公司的输入　英国机场管理公司BAA、瓦赫宁恩机场AGI、新加坡樟宜机场SIN、哥本哈根机场CPH等机场管理公司早就对我国的机场业虎视眈眈，近几年来与我国乌鲁木齐、武汉、大连、海口、青岛等地机场频繁接触。北京首都机场的设计和规划邀请了法国巴黎机场的加盟，巴黎机场管理公司购买了首都机场9.9%的H股，并参与了首都机场的管理和咨询。2002年年底，SIN和萧山机场签订协议，参与其经营与管理。2003年，CPH公司购买了海口美兰机场20%的股份，而且协助海口机场进行商业化管理，并且签订了长期咨询合同。2003年，法兰克福机场（FRA）与上海机场集团签署了合作备忘录；此后，香港机场管理局也与上海机场集团达成了合作协议。

② 国内著名机场的管理输出　首都机场集团拟打造我国机场业的航空母舰，其拟参股、控股沈阳、大连、西安、武汉、重庆、昆明等重要机场，并希望零收购江西、贵州、甘肃等省的中小机场以及旅游型支线机场。上海机场集团拟整合长三角的机场资源，利用自身的优势，赢得长三角各大机场的管理权限。我国机场业的管理输入与输出，已将我国的大中型机场卷入到世界机场业激烈竞争的大潮中。

（4）机场转型　机场转型即机场从经营型向管理型转变，以前机场非常重视经营型项目，比如客货运收入、航站楼零售业收入、停车费以及旅游方面的收入，而现在机场则采取特许经营权的方式将自己不擅长、不精通的经营性项目转给在这方面更具有经验的公司和企业承包（如表10-1所示），自己则以输出管理为主。

管理型机场的最大特点是所有权与经营权分离，行使所有权的运营部门要逐步摆脱具体的生产经营事务，主要承担机场总体规划、安全监督、服务与运行效率监管、航空市场与服务项目拓展、机场商业开发、机场设施建设、机场国土资源管理等职责，着力抓好制定各种专业规范和标准、特许经营的制度，成为机场“游戏规则”的制定者和监督者，成为机场运营的决策中心、资本运营中心和调控中心，而经营权则通过特许经营等业务外包形式交给专业公司，吸引专业公司成为机场运营的利润中心，主要从事机场业务的生产经营与服务，通过主动走向市场，开拓市场，创造良好的服务与经济效益，实现机场运营价值的最大化。

表 10-1 机场运营项目的管理

经营项目	经营主体
机场规划、建设、航线开拓、经营战略、机场安全	由机场当局直接负责
机场地区新兴资源的开发，如保税区、物流区等	机场当局应负责协调培育市场，然后再通过各种方法进行管理与经营
在市场上具有相对垄断性的机场特有业务资源，如安检、现场运行管理、航空地面代理业务等	由专业化公司经营
对于社会分工已非常细化，竞争充分的行业，如广告、商业、通信、油料、汽车运输等业务	如机场无竞争优势，则采用特许经营权转让管理方式；如机场有较强竞争优势，可考虑自营或联营
对于机场核心业务，如航站楼管理、航空货运、配餐、停车场业务	机场当局可采取控股或参股经营方式

根据国际民航组织运输委员会编写的《机场经济手册》上的内容，国际机场最常见的特许经营项目有：航空燃油供应、食品、饮料的特许经营、各种商品、银行 / 外币的兑换、航空配餐服务、出租车服务、汽车租赁、机场广告、公共汽车和旅客班车、免税店、美发店、自动售货机、旅客 / 汽车旅馆、货运公司、货运转运公司或运输代理商、纪念品商店等。目前全球多数机场将《机场经济手册》中的许多项目，都以特许经营权的方式外包出去，并且这已经成了通行的做法。机场的收益来源一大部分是来自特许经营权费。随着机场逐步从日常经营性项目中退出，这种以特许经营权方式的契约外包趋势将会更加普遍。目前，国内大型机场在货运业务方面主要也是承担着地面代理功能，基本不再承担货运市场营销的职责。机场的主要任务是规划并且建设货运基础设施，包括仓库、机坪、物流中心、货物加工区、货运代理人仓库和办公设施等，目的是以良好的基础条件来吸引航空公司。

所以，机场由经营型向管理型转变同样属于机场民营化改革的内容。

（5）灵活的投融资渠道的建立　在机场改革过程中引进了投资者。比如广州白云国际机场易登机商旅服务有限公司，其由广州白云国际机场股份有限公司和广东华灏实业集团有限公司共同投资成立。其中，前者注入资金 1350 多万元人民币，占资金总额的九成，后者占总投资额的一成。易登机商旅服务有限公司成立于 2002 年 7 月 1 日，是白云国际机场股份有限公司旗下的唯一经营航空运输类商旅服务的公司，致力于为企业集团、加盟服务点和商旅人士提供尊贵、快捷、舒适、无缝隙的一体化商旅服务。广州白云国际机场提供的“易登机”服务，主要是为旅客提供个性化商旅服务，即为有需要的旅客提供从订票、办理所有值机手续、酒店旅行安排、贵宾休息、专门安检通道、专门接送飞机等地面一条龙服务。这种服务有限公司的成立和有效运营就意味着我国机场建立了灵活的投融资渠道，为机场服务的发展奠定了竞争和市场化的基础。

趣味阅读 欧洲机场的民营化

1965年，英国政府成立了“英国机场管理局”（British Airports Authority，简称BAA），授权它代表政府管理和运营希思罗、盖特威克、斯坦斯特德和普勒斯威克4个机场。5年后，英国政府又将爱丁堡、阿伯丁和格拉斯哥3个机场交给BAA管理和运营，开始了机场的商业化运营。

然而，由于国有企业固有的弊病，BAA的运营效果并不令人满意。1986年，英国政府通过了旨在进行机场民营化改革的“1986机场法案”。根据这一法案，英国政府于1987年通过伦敦股票交易市场以原始公开发行（Initial Public Offering，简称IPO）的方式将BAA的所有产权公开出售，获得资金12.25亿英镑，成为历史上第一个有影响力的机场民营化案例。随后的10年间，英国政府又进行了一系列的机场民营化改革，相继出售了利物浦、贝尔法斯特等机场的部分或全部产权。如今，英国的绝大多数机场都已经通过类似的方式实现了民营化。

英国机场民营化的成功，极大地激励了欧洲的其他国家，意大利、德国、丹麦、法国等纷纷效仿。截至2001年，已经有12个欧洲国家的37个机场实现了民营化。其中：英国20个，德国4个，意大利4个，奥地利、丹麦、瑞士、希腊、比利时、法国、瑞典、挪威和土耳其各1个。这37个机场中，有14个是通过IPO的方式实现民营化的，其余机场则通过拍卖的方式全部或部分出售给了国际战略投资者。这些机场包括了欧洲客运量前25位机场中的13个，占2000年欧洲旅客运输周转量的35.1%。

不管是从所涉及机场的重要性和数量，还是从所涉及机场运营商的重要性和数量来看，欧洲在这场机场民营化的浪潮中都处于领先的地位。

本章小结

世界机场所有权形式包括政府直接管理的公有形式、通过机场当局管理的公有形式、公有与私有的混合形式、完全私有的机场四种。

国外机场管理模式包括公益性机场管理模式（美国模式）、企业型机场管理模式

（欧洲模式）、混合型机场管理模式（澳大利亚、日本等）等。

机场民营化就是政府通过减少介入与干预但不减弱监督的职责，或者通过管理权与经营权的分离来达到鼓励竞争、打破垄断的局面，最终使机场的经济效益得以提高的过程，其方式主要有：委托管理、特许经营、出售、放松规制等。

本章练习

第10章
练习参考答案

一、选择题

1. 机场所有权形式包括（　　）。

A. 政府直接管理的公有形式

B. 通过机场当局管理的公有形式

C. 公有与私有的混合形式

D. 完全私有的机场

2. 美国机场管理模式中机场归（　　）。

A. 政府　　B. 各州政府　　C. 联邦航空局　　D. 机场

3. 英国机场管理模式中机场归（　　）。

A. 英国机场公共控股公司　　B. 多元化所有

C. 地方政府　　D. 民航局

4. 我国机场民营化改革的实质包括（　　）。

A. 经营权参与　　B. 所有权参与　　C. 管理权参与　　D. 决策权参与

二、填空题

1. 从机场运营管理架构的角度，我国机场的运营管理模式可以总结为以下六种：____________、____________、____________、____________、____________、____________。

2. 我国机场民营化改革的方式有____________、____________、____________、____________、____________五个方面。

3. ____________就是政府通过减少介入与干预但不减弱监督的职责，或者通过管理权与经营权的分离来达到鼓励竞争、打破垄断的局面，最终使机场的经济效益得以提高的过程。

第 11 章

机场精益管理

事件聚焦　机场“天价”餐饮

提起机场消费，许多人的第一反应就是“价格高”“垄断”。譬如机场的“天价”餐饮，一度令人望而却步，引发乘客吐槽。2019 年 3 月两会部长通道上，中国民用航空局局长冯正霖表示，民航局将进一步改进服务措施，提升服务品质，推进机场餐饮“同城同质同价”。9 月 13 日，宁夏的银川河东机场发布消息，宣布将全面下调餐饮价格。本次餐饮调价共涵盖面食、快餐、盖饭、砂锅、小吃、咖啡、奶茶等 9 个大类的 209 款餐品，调整后，航站楼整体餐饮价格将有较大降幅。其中，最受旅客关注的牛肉面价格，调整后降幅达到了 54%。旅客需求较大的盖饭类餐品平均价格降幅达到了 25%；米饭、馒头等 4 款主食餐品价格实现与市区一致；组合类套餐餐品价格，调整后降幅达到了 22%。还设立了“同城同质同价”专柜，将纸巾、饮料、方便面、火腿肠等十余款旅客需求量较大的便民商品纳入专柜陈列，并在显眼位置张贴“同城同质同价”标识牌，方便旅客进行购买。

知识目标

1. 掌握机场收入的构成。
2. 理解机场成本的含义。
3. 理解机场成本的划分。

能力目标

1. 能分析机场运营成本在机场运营管理中的重要意义。
2. 能解读机场非航空收入在机场行业未来发展中的意义。

素质目标

1. 树立经营观念，培养学生从经营角度思考、解决问题的意识。
2. 树立发展观念，培养学生从发展角度看待事物的能力。

11.1 机场成本与收入

11.1.1 机场成本

机场运营成本（机场成本）不仅包括航空性经营活动发生的成本，而且也包括因特许经营、出租及其他非航空性经营活动发生的成本。所以机场航空性经营活动成本及非航空性活动的成本共同构成了机场运营的总成本。换句话说，机场运营成本就是机场在生产经营中所耗费的资金的总和。

11.1.1.1 成本在机场经营管理中的作用

（1）成本是补偿经营耗费的尺度　机场在取得销售和服务收入后，必须把相当于成本的数额划分出来，用以补偿经营中资金耗费，这样才能使资金周转按原有的规模进行。否则，企业资金就会短缺，再生产就不能按原有规模进行。另外，成本也是划分生产经营耗费和企业纯收入的依据。在一定的销售收入中成本越低，企业纯收入就越多。

（2）成本是综合反映企业工作质量的重要指标　成本是一项综合性的经济指标，企业经营管理中各方面的工作业绩如何，都可以直接或间接地在成本中反映出来。因此，可以通过对成本的计划、控制、监督、考核等来促进加强经济核算，努力降低成本；另外，还可以通过不同单位不同时期的成本对比和分析来发现各种劳动耗费的节约浪费情况，总结经验，找出工作中的薄弱环节，从而降低成本，提高经济效益。

（3）成本是制定收费标准和商品价格的重要依据　机场收费及销售商品价格和制定应遵循价值规律的基本要求，但现阶段一个简单的办法就是要使收费覆盖全部成本，这样成本就成了制定价格的一项重要因素。

（4）成本是机场进行决策的重要依据　在价格等因素一定的前提下，成本高低直接影响着机场盈利的多少，而较低的成本，可以使机场在市场竞争中处于有利地位。因此，成本是机场进行决策时应考虑的主要因素之一。

11.1.1.2 机场运营成本的划分

机场运营成本主要有两种划分方法：一种按支出的项目（类别）划分，如工资、消费品等；另一种是按实际发生的区域划分，如飞行区、航站楼等。不同的分类方法有不同的特点。第一种方法比较简单，但不易反映实际发生的具体内容；第二种方法可以反映各项目发生的具体内容，但计算较为烦琐。下面从项目方面，也就是按照第一种方法对机场成本加以介绍。

（1）人工成本（职员费用）　它主要包括机场付给员工的工资、资金、医疗保险、养老金、津贴及培训费等。

（2）供应品（消耗品费用）　主要是指机场本身在运营、维护及服务方面实际消耗的成本。如水、燃油、暖气、空调、照明灯能源供应的成本和文具、邮资（是指按水陆路交寄的普通邮件应交付的邮费)、办公用品等消耗品的成本。

(3)服务费用　服务费用指向机场提供各种设施和服务的机场以外的机构所支付的费用。如机场为运营和维护的需要而租用的办公用房及设备所支付的租金，设备、设施的测试检查费及修复费，以及向空中交通管制、气象预报及保安服务部门所支付的费用。

(4)管理费用　管理费用指负责机场行政管理职能的职员成本(包括经营计划、财务、行政及技术等方面的职员)。而这些只负责行政管理职责的管理技术人员的全部成本应计入运营与维护成本之中。

(5)资本成本　资本成本包括三个方面：一是有形或无形磨损等因素使得机场资产价值在当年减少的金额；二是当年摊销的无形资产金额，如开发和培训费用；三是处置旧资产出现的亏损，如机场某个设备折旧期未满，但由于技术老化，甚至丧失使用价值，对旧设备处置时，如果盈利，该笔款额应计入收入项中，如果亏损则计入支出项中。

(6)利息　利息指机场当年应付的贷款利息。

(7)维修费用　维修费用指对机场设备设施进行维护而发生的各项费用。

(8)上缴税金　上缴税金指机场作为一个纳税实体而支付给国家或地方政府的税金，比如财务税和所得税等。

11.1.2 机场收入

11.1.2.1 机场收入的构成

一般机场由飞行区、航站区和延伸区构成。机场飞行区具有明显的公益性特点，起降服务收入往往不能弥补初始投资的折旧、运行维护费用等成本。航站区则是盈利性很强的优质资产，可取得良好的投资收益。延伸区具有明显的竞争性特点，由于其特殊的地理位置和稳定的客货流，往往可以获得良好的投资收益。从机场收入的角度看，机场收入大体上可以分为两大类(图 11-1)：一是航空性收入，即与飞机起降和客货过港等相关的收入，如起降费、旅客服务费、保安费、货运费以及机场建设管理费等，该部分收费由政府定价，弹性较小。二是非航空性收入，是由机场旅客、相关企业衍生需求产生的业务收入，包括租金收入、特许经营收入、直销收入等，该部分收入提升的空间较大。

(1)航空性业务收入　航空性业务收入直接来源于机场对飞机、旅客和货物的管理。主要包括以下内容。

① 飞机起降费　飞机起降费是指机场对航空公司征收的跑道、滑行道及机坪的使用费，以及提供照明和机场管制服务的费用。

② 旅客服务费　旅客服务费主要指因乘机旅客使用航站楼及其他与上下飞机有关的服务设施而向航空公司收取的费用(如登机桥、旅客摆渡车的服务等)。

③ 货运费　货运费主要指机场因提供货物分拣、装运服务和场地等，而向航空公司收取的费用。

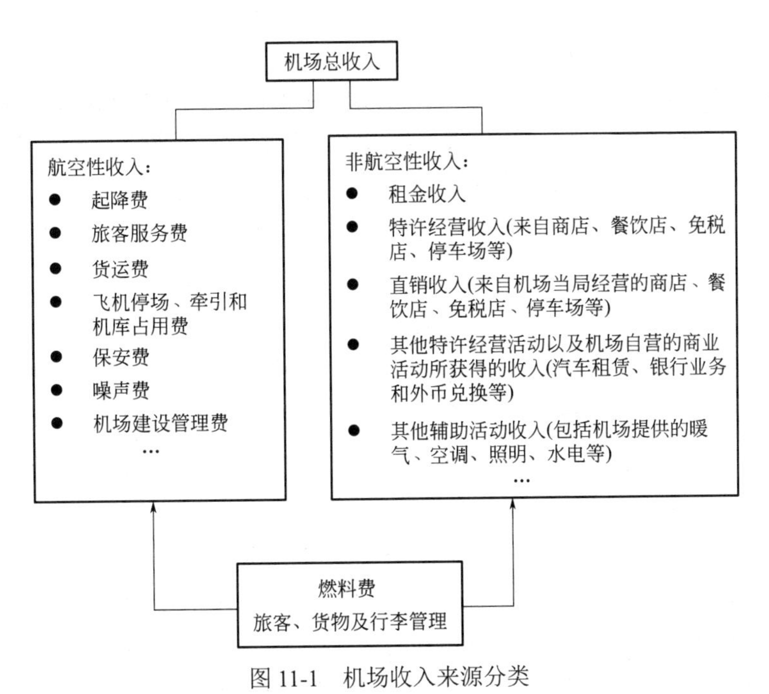

图 11-1 机场收入来源分类

④ 飞机停场、牵引和机库占用费　飞机停场、牵引和机库占用费指机场向航空公司征收的飞机停场及牵引飞机和使用机库的费用。

⑤ 保安费　保安费指机场向航空公司收取的为保护飞机、旅客行李、货物安全所提供的保安服务的费用。

趣味阅读　日本羽田机场开征反恐保安费

2001 年 9 月的美国“9・11”事件之后，各大机场都强化了保安措施。“9・11”事件之前，日本一直对羽田之外的其他日本国家管辖机场征收保安费，日本会计检查院要求其修正这一做法以保公平。日本国土交通省从 2012 年 4 月 1 日开始，向各航空公司从羽田机场出发的国际航班征收用于反恐等措施的保安费。平均每位旅客 100 日元（约合人民币 7.61 元）。是否将保安费转嫁到机票价格上由各航空公司自行决定。日本两大航空公司的日本航空和全日空不准备把保安费附加在机票上，但部分外资航空公司决定 4 月 1 日以后向旅客征收。泰国国际航空、国泰航空及美国航空公司等外资航空公司已开始向旅客征收额外的“保安费”。如果不把保安费转嫁到票价上，航空公司将负担这部分费用。此外，货物运输也要征收每吨 300 日元的保安费。

⑥ 噪声费　为了有效治理机场航空噪声污染，欧美等发达国家纷纷引入机场航空噪声收费这一市场化的政策和手段，并取得了显著成果。比如德国的法兰克福国际机场，是欧洲最繁忙的机场之一，德国有关部门早就有决定，法兰克福机场从 1989 年 4 月 1 日起，按飞机噪声的严重程度，征收着陆费。日本、荷兰的机场噪音费则是按照飞机

着陆次数向航空公司进行征收。

⑦ 其他航空性业务收费　其他航空性业务收费指机场向航空公司收取的为保证航班正常运营而提供的各项服务费用，如为飞机供水、供电和清洁服务及配餐等。

⑧ 机场管理建设费　机场管理建设费指向旅客征收的、专项用于机场建设的费用。

（2）非航空性业务收入　非航空性业务收入包括的内容较广，概括起来主要有以下几个方面。

① 航空油料的特许经营费　航空油料的特许经营费指油料公司为获得在机场的特许经营权向机场所支付的特许经营费。

② 餐厅、酒吧、机上配餐服务收入　餐厅、酒吧、机上配餐服务收入指饮食行业或其他经济实体为获得在机场经营餐饮业，包括提供机上配餐服务的特许经营权而支付的费用，也包括由机场自营类活动所获得的收入。

③ 免税店收入　免税店收入指商业企业为获得在机场经营免税商店的特许经营权而向机场支付的费用，也包括机场本身经营此类免税商店所获得的全部收入。

④ 停车场收入　停车场收入指机场外的商业企业或其他经济实体为获得在机场经营停车场的特许权而支付的费用，也包括机场自身经营这项服务的收入。

⑤ 其他特许经营活动以及机场自营的商业活动所获得的收入　它包括机场外的经济实体为获得在机场提供其他各项服务，如汽车租赁、银行业务和外币兑换等的特许经营权而向机场缴纳的费用，也包括机场自身经营这类活动所获得的收入。

⑥ 租金收入　租金收入指机场外的商业企业和其他经济实体为使用机场所拥有的土地、建筑物空间、房屋或其他设备设施所支付给机场的租金。

⑦ 其他辅助活动收入　其他辅助活动收入指机场从其他非航空性活动中所获得的收入。包括机场提供的暖气、空调、照明、水电、清洁卫生及电话服务中所获得的收入。

⑧ 银行业务及现金管理收入　银行业务及现金管理收入指从银行利息、国库券、债券等银行业务及现金业务管理中所获得的收入或其他类似收入。

⑨ 捐款　捐款指机场得到的不需要以资产转让或提供相应服务为报偿的任何捐赠款项。

11.1.2.2　民用机场收支结构

国内民用机场的收入结构和国际机场一样主要由航空性业务收入和非航空性业务收入两部分组成，在 2008 年 3 月 1 日《民用机场收费改革方案》和《民用机场收费改革实施方案》出台实行后，新机场收费方案规定机场对航空公司的收费项目由统一收费改为分类收费。其中非航空性业务收入又分为非航空性重要业务收入和其他收入两部分。根据新方案，航空性业务收费项目、非航空性业务重要收费项目实行政府指导价，政府制定基准价及浮动幅度，机场与航空公司在政府规定的浮动幅度内根据提供设施和服务水平的差异程度协商确定具体标准，因此具备一定的刚性，与机场的吞吐量直接挂钩；而非航空性业务其他收费，原则上以市场调节价为主，市场竞争不充分的收费项目的收费标准，将依据《中华人民共和国价格法》，按照定价目录来管理，因此相对具有一定的弹性，并且和机场的管理运营直接挂钩，未来也具备了更好的成长空间。

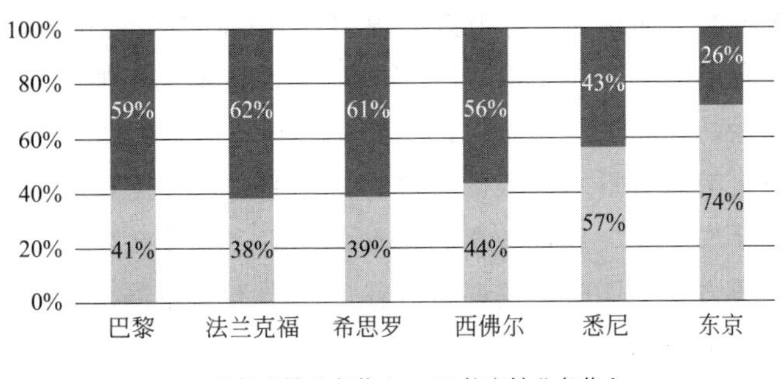

图 11-2　2015 年全球主要机场收支结构

机场的非航空性业务体现为收益性。通过高毛利的商业服务、免税服务等来弥补投资和运营成本。对于外国主要机场而言，非航空性业务经营时间长，因而发展较为充分，非航空性业务已逐渐取代航空性业务，成为外国核心机场获利的主要来源。国外核心机场的非航空性收入在机场总收入所占比重在 40% 左右，甚至达 70% 以上，非航空性业务收益率在 25% 左右（图 11-2）。而我国的主要机场也逐渐向全球主要机场靠拢，核心机场的非航空性业务收入在机场总收入所占比重在 30% 左右，浦东机场、首都机场等大机场逐步向 50% 靠拢（图 11-3）。

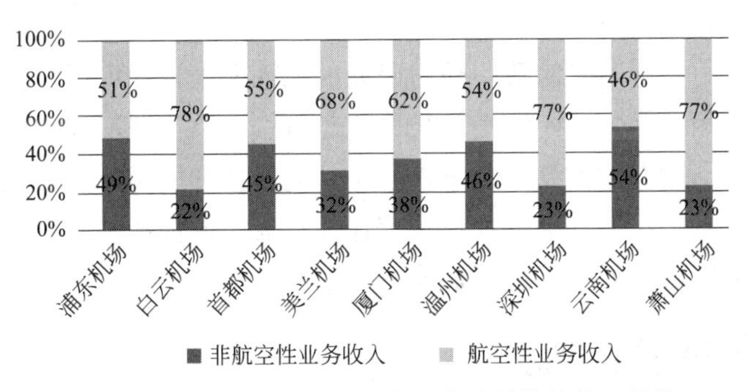

图 11-3　2016 年中国主要机场收支结构比较（估算）

11.2　精益理论概述

精益管理源自精益生产。精益生产是指一种拉动式生产，通过消灭浪费和快速反应，使企业以最少的投入获取最佳的运作效益，同时提高企业对市场的反应速度。精益管理的核心就是精简，通过减少和消除产品开发设计、生产、管理和服务环节中一切不产生价值的活动（即浪费），缩短企业对客户的反应周期，快速实现客户价值增值和企业内部增值，从而增加企业资金回报率和企业利润率。

11.2.1 精益生产发展过程

精益生产的发展过程可以划分为三个阶段：丰田生产方式的形成与完善阶段；丰田生产方式的系统化阶段（即精益生产方式的提出）；精益生产方式的革新阶段。

（1）丰田生产方式的形成与完善阶段　1950年，日本工程师丰田英二对福特的鲁奇厂进行三个月考察后，和生产经验丰富的大野耐一讨论发现：大量生产方式不适合于日本。由此两人开始思考适合日本需要的生产方式。通过对生产现场的观察和思考，丰田创造出了三分钟更换作业法、现场改善、自动化、五个为什么、供应商重组及伙伴合作关系、拉动式生产等方式。同时，这些方式在应用中不断完善，最终建立起一套适合日本的丰田生产方式（TPS）。

随着日本汽车制造商大规模在海外设厂，丰田生产方式推广到了美国等其他国家，其在成本、质量、产品多样性等方面的显著效果得到了广泛传播。同时，还经受住了文化冲突的考验，验证了丰田生产方式的适宜性。

（2）丰田生产方式的系统化阶段　1985年，美国麻省理工学院确定了一个名叫“国际汽车计划”（IMVP）的研究项目，用了五年时间对近90家汽车装配厂进行研究分析，于1990年出版了《改变世界的机器》一书，第一次把丰田生产方式定名为精益生产。1996年，经过四年的IMVP第二阶段的研究，沃麦克和琼斯合作出版了《精益思想》一书，描述了丰田生产方式的关键原则，进一步完善了精益生产的理论体系。在这个阶段，美国企业界和学术界对精益生产方式进行了广泛的学习和研究，提出了很多观点，主要是增加了很多IE技术、信息技术、文化差异等，对精益生产的理论进行完善，使精益生产的理论更具有实用性。

（3）精益生产方式的革新阶段　随着研究的深入和理论的广泛传播，出现了如大规模定制与精益生产相结合、单元生产、准时生产（JT）、5S管理、TPM等新理论。同时，精益思想开始作为一种普遍的管理哲学在各个行业传播和应用，先后成功地在建筑设计和施工行业、服务业、民航和运输业、医疗保健行业、通信和邮政管理以及软件开发与编程等方面得到应用，使得精益生产系统更加完善。

11.2.2 精益管理核心理念

精益思想的核心内容可概括为消除浪费、创造价值。从市场出发，树立“只有客户需要的东西才有价值，如果不增加价值就是‘浪费’”的理念。通过对流程的整体优化，改进技术，理顺物流，消除无效劳动与浪费，有效利用资源，降低成本，提高质量，达到用最少的投入实现最大产出的目的，为客户提供及时的产品和服务。因此，精益管理的核心是如何在顾客定义的价值基础上，更有效地管理价值流，消灭价值浪费。

精益思想可以概述为五个原则：其一，根据客户需求，重新定义价值；其二，识别价值流，重新制定企业活动；其三，使价值流动起来；其四，依靠客户需求拉动价值流；其五，追求尽善尽美。精益思想五个原则之间的关系如图11-4所示，这五个原则就像是五个步骤，通过不断循环的过程将最终用户价值带入系统中，并不断消除系统中的浪费。

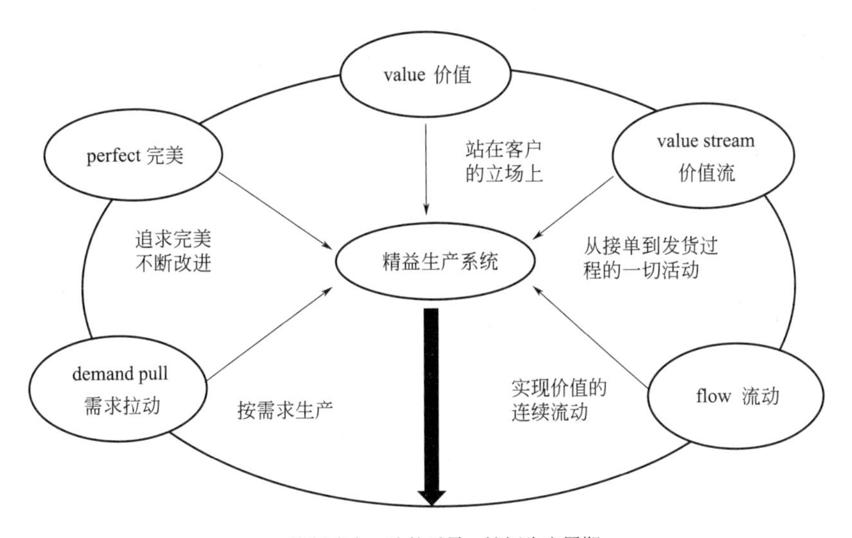

图 11-4 精益思想的五个原则

任何没有附加价值的作业，在日本被称为“浪费”。muda（浪费）、mura（不均衡）、muri（超负荷）在日本并称为“三无”。丰田生产方式认为，凡是不需要的和不产生附加价值的一切作业都是浪费，俗称“七大浪费”（英文首字母为“TIMWOOD”）（图 11-5）。搬运的浪费（transport）指不必要的搬运；库存的浪费（inventory）指不必要的原材料、在制品、成品库存和设备备品备件；动作的浪费（motion）指人或设备毫无价值的运动；等待的浪费（waiting）指由于材料、信息、人或者设备没有准备好，而产生的闲置停顿时间；过量生产的浪费（over-production）指超出客户需求的生产，无序的生产；过度加工的浪费（over-processing）指非必需的过程，建立超出客户需求的更严格的标准；不良品的浪费（defects）包括差错、缺失导致报废、损失、返工以及退货。

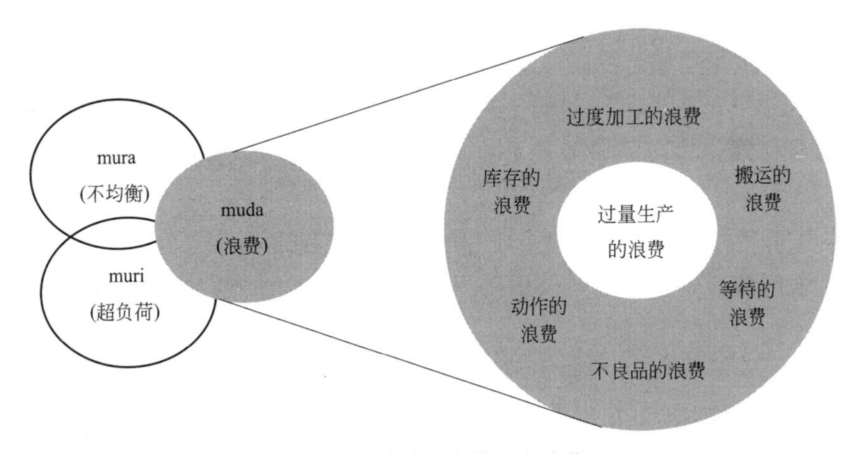

图 11-5 精益生产的七大浪费

参照价值流方法，沃麦克和琼斯把企业内部的活动分为以下三类。其一，明确的创造价值的活动。其二，生产中不创造价值，但在现有技术和生产条件下不可避免的活动，称为Ⅰ型 Muda。其三，不创造价值且可以立即去掉的活动，称为Ⅱ型 muda。他们认为，企业应该沿价值流方向逐步分析、审视生产过程的所有活动，首先努力找出并消除Ⅱ型 muda 包括影响产出的库存和失控因素等非增值环节，使生产过程精益化，处于稳定受控状态；然后使产品价值流在整个生产过程中流动起来，通过连续流动，发现原先隐藏的许多问题；再进一步消灭浪费，优化生产过程。

11.2.3 精益服务

近年来，精益生产理论扩展到服务型企业和非营利性组织，精益思想的应用取得了飞跃性的发展。“精益生产”发展成为“精益管理”，其核心都在于最大限度地降低各种形式的浪费，不断提升价值流效率。

将精益思想引入服务业，首先需要明确的是服务运作和管理过程与制造业有很大差异，可总结为以下五点。

第一，制造业是以产品为中心组织运作。而服务业的运作过程往往是与人有关，由于人的需求具有很大的不确定性，难以预先制订周密的计划。

第二，在制造业中，产品和生产系统可以分别设计。而在服务业中，服务提供系统是服务本身的一个组成部分（即服务的“环境”要素），因此这二者是不可分离的。

第三，在制造业中，可以用库存来调节供需。而对于服务业来说，其拥有的服务能力只能在需求发生的同时加以利用，这就给服务能力的规划提出了不小的挑战。

第四，制造业的生产系统是封闭式的，顾客在生产过程中不起作用。而服务业企业的运作系统是开放的，顾客可能起到积极或消极作用。

第五，在制造业中，职能的划分明显。而在服务业中，很难清楚地区分生产与销售职能。所以，必须用一种集成的方法来进行管理。

因此，在服务的过程中需要运用精益思想为客户提供更加完美的服务，主要体现在以下三个方面。

第一，服务效率更高。服务效率一方面体现在服务速度上，另一方面体现在一定时间内服务的结果。服务流程的优化是提升服务速度的突破口，流程越顺畅，服务速度越快；服务标准也是提升服务效果的关键，完善的标准能够在一定程度上提高服务效果。

第二，服务质量更好。精益服务质量的提高主要表现在：完全解决顾客的问题；不会浪费顾客的时间；为顾客准备好想要的产品；在顾客需要的地方和时间点提供服务；减少顾客的等待。

第三，服务效益更佳。服务效益是服务带给顾客和企业的双赢。要使服务效益更佳，就要从顾客与组织两个角度出发，消除一切浪费，降低成本，拓宽效益空间。

精益服务主要包括杜绝浪费、降低成本、提升员工技能、有效传递服务、改善顾客关系等内容，其与精益生产在经营目标、基本原则、改进对象以及工具要素等方面的比较，如表11-1所示。

表11-1　精益生产与精益服务比较

	精益生产	精益服务
经营目标	节省成本，杜绝浪费，创造价值	杜绝浪费，降低成本和价格，提升员工的服务技能和协调能力，通过服务向顾客传递更多的价值，改善与顾客的关系
基本原则	价值原则：了解顾客的消费需求以及愿意为产品和服务支付的价格	通过服务确定价值，顾客有各种各样的需求，服务企业必须根据顾客的需求和期望提供量身定制的服务
	价值流原则：确定一种产品或服务从概念到投产，从收到订单到交付客户手中所需的活动和程序	确定服务价值链：服务企业的所有部门都必须加入提供服务的行列，前台和后台既要有分工又必须协调行动，齐心协力，悉心为顾客服务
	流动原则：从产品或服务形成概念到交到客户手中的整个过程不间断、不绕道、无等待、无回流、高效顺畅地进行	让服务流动起来，尽量避免延误和停顿
	顾客需求驱动原则：了解顾客的真实需求，根据顾客的需求来生产产品	基于顾客的心智模式，深入了解顾客的真实需求，根据顾客的需求不断调整服务内容
	尽善尽美原则：不断改进以上原则，确保企业运营可持续发展	追求完美，避免不能创造价值的行为
改进对象	运用精益制造原则对生产流程进行改造，改进组织响应能力和弹性，不断改善产品质量	不断创新服务流程，服务界面和员工管理，运用精益服务原则来提升服务效率
工具要素	价值流图、浪费解决方案、平衡计划、看板管理、适时供给	价值流图、浪费解决方案、服务计划

精益服务要求对员工进行授权，使之积极参与决策，还要求组建跨职能团队，加强彼此之间的合作，根据顾客的需求来提供个性化服务。

服务是在认识和适应顾客需求规律基础上的价值创造活动，精益服务就是要在可控的成本下，主动、精准地为顾客提供更有价值的服务。价值是精益管理的关键词，精益管理的所有思想和方法都源于价值。顾客视角定义的价值是浪费行为的判断标准。因此，精益管理的要求是主动致力于消除资源冗余，减少资源消耗。企业要有意识地打破既有资源和价值的平衡，发现问题并解决，以此降低成本，创造价值。

精益服务管理是战略、机制、文化、方法的协同，要取得预期的成效，需要有机制与制度的保证，有文化的宣导与氛围营造，有方法的具体落实，还需要战略一致性的配套。因此，一体化管理是精益服务管理的一个突出特点，精益服务体系的设计如图11-6所示。

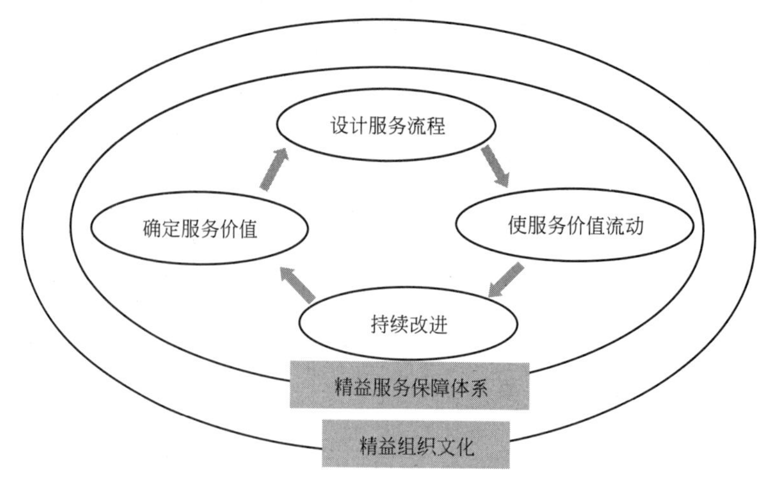

图11-6　精益服务体系

（1）确定服务价值　服务价值分为购买前、消费和购买后三个阶段的价值。在购买前，应确保向顾客提供的服务信息足够充分以支持顾客做出决策；消费时确保服务流程高效、沟通有效；购买后应注意售后的完整性和投诉渠道的畅通性。

（2）设计服务流程　服务流程的设计应该以缩短顾客的等待时间为出发点，精简服务步骤，保证服务的标准化、个性化。

（3）使服务价值流动　服务企业可以通过更好地协调服务供给与需求来提高服务能力使用率，降低服务需求的周期性变化。

（4）持续改进　通过企业的快速响应和持续反馈，掌握顾客动态的变化后，经过改进实现低成本高效率和高顾客满意度，以创造尽善尽美的服务。

（5）精益服务保障体系　精益服务的整体构架包括企业严格的规章制度、作业流程标准、培训体系、绩效考核和激励制度、成本控制系统和信息技术应用。

（6）精益组织文化　组织文化和企业的发展共同生存，并在组织中起着重要作用，也是精益管理成败的关键因素。

11.3　民航精益管理案例

在了解我国机场的概况和精益管理的发展过程、核心内容的基础上，下面以五个相关企业精益化管理的成功实践为案例，阐述如何将精益管理应用于民航业。

11.3.1　新加坡樟宜机场的精益实践

全球民航运输服务质量认证权威机构SKYTRAX当地时间5月10日以网络视频形式宣布了2020年的获奖名单。新加坡樟宜机场连续第八年被评为“世界最佳机场”。据

2021年2月机场官网显示，新加坡樟宜机场共有100余家航空公司在此开通前往约100个国家、地区的400个城市的航线。樟宜机场每周处理约700个航班，平均每90秒就有一个航班起降，之所以能够完美处理如此繁忙的航空业务，很大程度上得益于精益化管理的应用。

（1）流程设计精细化　为满足旅客便捷舒适的航空运输要求，高效、快速成为樟宜机场的服务基本竞争力。樟宜机场将全流程服务目标进行量化，并纳入服务规范，例如，办理值机手续时，每个旅客等待时间不超过10分钟；边检时，每个旅客等候时间不超过8分钟；飞机到达后，最后一件行李应在29分钟内送到行李输送带；入境旅客从下飞机到乘坐上出租车，时间不能超过35分钟，而国际标准是45分钟。

（2）严格管理服务链　樟宜机场服务全面覆盖整个机场服务价值链，以求满足旅客的需要与期望。同时，机场服务价值链围绕3P，即人员（people）、产品（product）、流程（process）要素开展全面精益质量绩效持续改进的闭环监控。这样的管理能够将人员、产品和流程融合在一起，全面提高服务质量，并为旅客提供更贴近实际的服务。

（3）注重服务人员的培训　樟宜机场服务人员热情主动，以成为“世界最佳且最友善机场”为目标构建服务价值观。樟宜机场通过无边界组织及轮状辐射服务体系来营造氛围，实行全员服务构建内部压力传导机制，打破各部门以部门职责为中心、服务人员以岗位为中心的服务体系。为了在服务全过程中贯彻和体现服务价值观，樟宜机场在明确到达、出发和中转过境三大客流的服务流程基础上，有效监控流程每一项程序，包括其中所涉及的人和其他各种因素。

（4）非航空性业务个性化　樟宜机场在非航空性业务流程上为旅客提供个性化服务，例如，针对商务旅客，提供带锁的免费手机充电站、免费高速上网、商务中心、新闻资讯服务；在功能分区上，设计动静分离的休息室，内含舒适的软椅和充足的电源插座。针对旅客，借助数字化手段（如社交树），增强与旅客互动。同时，经常开展活动，如利用各国明星在新加坡转机时间举办歌友会，在跑道上开展飞机与跑车的竞速比赛，在航站楼内开办跳蚤市场等，来增添候机时的趣味性。

11.3.2　韩国仁川机场的精益实践

多年来，韩国仁川国际机场（以下简称仁川机场）屡次获得世界最佳机场称号。但凡到过仁川机场的旅客无不被其深深吸引，从便捷高效的进出港流程到近乎完美的中转服务，从美食广场到免税店，从高尔夫球场、温泉浴场到收藏了韩国相关历史的博物馆和传统文化体验馆。作为仁川机场的管理者——仁川国际机场公社通过在以下两个方面应用精益管理，使得仁川机场的服务水平位列全球前列。

（1）坚持持续创新，引领高品质服务　为了实现枢纽建设的第一战略，仁川机场力图为旅客提供各个方面的全球领先服务，并致力于通过服务理念创新打造以客户为中心的机场，其中长期客户服务管理战略以充分理解客户需求为基础。为了进一步提升一线服务质量，仁川机场在韩国国企中首家设立了“首席客户总监”职位，设立了24小时运作的“旅客之声”系统，建立了由客户服务顾问和仁川机场客户服务团队共同组成的客户服务监察委员会等。除了建立相关系统以外，他们还通过开展机场文化活动，为国际旅客在中转的过程中提供更多消遣时间的方式。例如，开设了韩国传统文化体验馆，在24小时开放的传统工艺展示馆“韩国之家”中常年展示韩国陶瓷、服饰、饰品等。

（2）简化旅客乘机步骤，提高服务效率　仁川机场正在推广应用U-Airport概念，这一概念以电子和生物技术为基础，应用于值机、安检、登机、边检等环节。通过自助通关审查服务（U-Immigration）旅客可以将电子护照放在一个扫描器上，同时通过指纹或面部识别技术验证身份，通过该技术，边检环节可以在不到20秒的时间内完成，中转旅客可以在9秒内完成。通过定制化信息服务（U-Board）和移动信息系统（U-Signage），旅客可以获得大量有用的服务信息支持。通过移动值机服务（U-Mobile），旅客可以使用手机查询机场信息，完成值机手续。得益于先进的IT和通信技术以及六西格玛质量管理方法，仁川机场实现了平均16分钟的出港时间和12分钟的到港时间，远远优于国际民航组织推荐标准。仁川机场还计划开展“电子航站”项目，订票、购物和值机都将通过网络实现。仁川机场的管理人员设想：“相信在不久的将来，旅行程序将全部通过网络和生物技术完成，届时旅客将不再需要护照和登机牌。”

11.3.3　中国香港机场的精益实践

香港国际机场（以下简称香港机场）是目前联系着内地最重要的航空枢纽之一，一直以最高的安全标准提供高效可靠的航空运输服务。由于其地域原因，也是最适合作为内地机场发展和改进的参考案例。香港机场主要拥有以下优势：奉行自由港政策、地理位置优越、交通网络强大、高度安全、货物处理能力充裕、成本竞争优势。在管理方面将精益思想融入日常运营当中也是其特色。

（1）管理合约化　香港机场一号客运大楼的合约基本采用“3+2”模式，即合同期为3年，到期后公开招标，通过公开招标的形式力求委托管理招标的公开、公平和公正，特殊情况下合约最多可延长两年。每年九月开展下一年合同的招标程序工作，十月开展五年的工作规划，每五年重新进行二十年的工作规划。香港机场还通过对合约条款的不断完善，将设计管理的相关内容详细清楚地写入合同，例如，客运大楼的保洁合同分为人工费和管理费两个部分，人工费不低于香港政府规定的当年最低收入，且须准备足够的备份人员，确保员工休假流失等特殊情况下工作的正常进行。运作部的工作人员每天按照合约条款对现场进行检查和评分，对不合格的工作当即提出整改要求。

（2）运营精细化　香港机场每天对运营数据进行统计和分析，对比与同期数据的异同点。通过数据监测发现日常运营问题，从而使运营管理不断精细化。例如在手推车的管理上，机场要求合约商每天对各区域手推车的每小时使用量进行详细统计，以分析各区域手推车的实际需求量，并以此为依据对手推车在不同区域的放置数量进行相应的调整。相同的数据分析被广泛应用在机场的各个服务管理中，最大程度提高了机场的服务水平。

同时，香港机场对禁区车辆的准入管理也十分严谨细致。飞行区的保障车辆摆放整齐，运作井井有条。机场从源头上取得主动控制权，提高了机坪调配资源的效率，减少了潜在的运行风险。

（3）管理信息化　香港机场在设备管理方面还开发了很多信息化系统，作为日常运营的管理支撑，如资产管理系统、办票柜台管理系统、项目管理审批系统、设备故障自动语音分发系统等。其中资产管理系统是设备设施管理的核心系统，该系统集成了备品备件管理、接报修管理、日常维护维修管理、维护维修合约管理、采购审批管理、设备设施维修报表生成分析等重要功能。设备维护维修系统可以直截了当地分析设备的故障率，使实施改善更有目的性、针对性。

香港机场将精益思想运用到各个管理层面，尤其是在硬件设备和设施维修的管理上，这样不仅能够加强对机场的管理，也在一定程度上提高了机场的服务效率和服务质量。

11.3.4　意大利罗马机场集团的精益实践

意大利罗马机场集团（以下简称罗马机场）负责管理费米奇诺和洽米皮诺两个国际机场。2008 年，罗马机场开始着手精益化改善，建立了一套持续改进体系，优化服务标准，改善服务流程，提升服务品质。罗马机场确信能通过精益改进帮助机场在欧洲建立顶级的机场服务标准。

（1）开展精益改进项目，优化服务标准　2008 年，罗马机场决定启动精益改进项目，通过培训让员工熟悉精益概念、掌握精益工具与方法，科学识别服务流程中的浪费并实施改进。例如，罗马机场开展安检精益改进项目，由员工亲自体验安检流程，通过价值流图识别出“排队的浪费”最为严重，从“脱鞋检查不便”“物品托盘不足”“显示屏过高”等方面实施改进，明确检查流程，优化服务设施，固化服务标准，帮助乘客顺畅舒适地通过安全检查。项目组还邀请其他部门共同推进精益项目，如邀请飞行员参加项目改进会议，形成标准化的准备清单，并应用于实际工作中。

（2）鼓励员工畅所欲言，改善服务流程　罗马机场鼓励员工从旅客角度出发，畅所欲言，共同研究如何持续改善旅客的机场体验。机场成立了 40 余个项目改善小组，通过头脑风暴收集 100 余个方案和想法，经过可行性和影响力评估，经筛选后落实一系列改进举措。一是提供个性化服务，建立旅客等待休息厅，为等待托运行李旅客的孩子设置等待专区，展出罗马城、达•芬奇的绘画作品便于旅客了解罗马历史等；二是关注旅客实际需求，商店内放置机场流程指南与新产品介绍，大厅内发放英文、中文、俄文、日文等多语种读本，安排工作人员为旅客排忧解难等；三是加强标准化管理，编制标准化手册与多语种手册，借助督导人员训练（TWI）帮助员工按标准化流程操作，与旅客有效沟通。通过改进方案的实施，让罗马机场的旅客能更方便地了解机场流程，让旅客的乘机流程更加人性化、便捷化。

（3）建立持续改善体系，提升服务品质　罗马机场建立了一套全员持续改进的体系，帮助员工改变思维模式，提升解决问题的能力，鼓励员工在日常工作中发挥日日改善的精神，共同提升机场的服务品质。罗马机场举行颁奖典礼，对于改善员工取得的成就进行表彰，感谢他们的辛勤工作，让员工意识到精益化改善不会结束，而是一个新的开始，促使罗马机场不断焕发新活力。

11.3.5 美国西南航空的精益实践

美国西南航空公司（Southwest Airlines，以下简称西南航空）作为低成本航空公司的鼻祖，成立于1971年6月18日的得克萨斯州。经过多年的发展，西南航空成为美国业内盈利能力最强的航空公司。与丰田相似，西南航空的商业运作模式要求高效率地利用资源，同时提供上乘而可靠的服务，这使得其运营模式充分体现了精益思想。

（1）消除一切浪费，为顾客创造价值　在航线选择方面，西南航空选择的是直接的短途运输航线，采用点对点航线经营模式。航空公司节约了中转成本，对于乘客则节省了运费。在机场选择方面，西南航空通常使用堵塞较少的区域性机场或二线机场。一方面得益于二线机场廉价的起降费用及相关费用，降低了航空公司的成本；另一方面，由于二线机场少有堵塞现象，节省了飞机的转换时间，提高了飞机利用率。在机型选择方面，只使用同一种机型的飞机，统一机型为航空公司的标准化管理提供了基础，既降低了公司的管理和运营成本，又提高了管理和服务的质量。

（2）强调团队协作，明确员工职能　在西南航空，每一个职能领域的员工的目标都是一致的，就是提供安全、准时的服务，并让顾客满意。西南航空的员工对于整体工作过程的意识非常强烈，他们不仅了解整个工作过程，并且也了解自己的工作与其他职能部门工作之间的联系。此外，员工之间能够彼此尊重，这是各种工作过程协调中最为基本的因素。因此西南航空运作的整体效率很高，充分保证了价值的不间断流动。

（3）实行柔性化运营　西南航空通过一系列富有创意的举措实现了它的柔性化运营。例如，以低成本提供短程飞行服务，提出了快速转场、提高航班频率的目标。对于乘客来说，这意味着飞行时间选择更加多样，飞行安排也变得更加便捷，大大提高了飞行系统的柔性。西南航空还采用先进的订座系统、收益管理系统、常旅客系统，与乘客建立良好的合作关系，形成长期稳定的乘客网络。

本章小结

国内民用机场的收入结构和国际机场一样主要由航空性业务收入和非航空性业务收入两部分组成。机场运营成本就是机场在生产经营中所耗费的资金的总和，包括航空性经营活动发生的成本和非航空性经营活动发生的成本。

精益管理源自精益生产。精益生产是指一种拉动式生产，通过消灭浪费和快速反应，使企业以最少的投入获取最佳的运作效益，同时提高企业对市场的反应速度。精益管理的核心就是精简，通过减少和消除产品开发设计、生产、管理和服务环节中一切不产生价值的活动（即浪费），缩短企业对客户的反应周期，快速实现客户价值增值和企业内部增值，从而增加企业资金回报率和企业利润率。

本章练习

一、选择题

第 11 章
练习参考答案

1. 以下属于机场成本部分的是（　　）。

A. 人工成本　　B. 利息

C. 设备损耗　　D. 上缴税金

2. 机场的收入分为（　　）。

A. 航空性业务收入　　B. 直接收入

C. 非航空性业务收入　　D. 间接收入

3. 下列属于机场非航空性业务收入的有（　　）。

A. 起降费　　B. 停场费

C. 租金收入　　D. 特许经营收入

4. 下列属于机场航空性业务收入的有（　　）。

A. 旅客服务费　　B. 租户管理费

C. 机坪服务费　　D. 飞机起降费

5. 机场对航空公司征收的跑道、滑行道及机坪的使用费，以及提供照明和机场管制服务的费用有（　　）。

A. 飞机停场费　　B. 机坪服务费

C. 飞机起降费　　D. 机场交通管制费

二、判断题

1. 在机场运营中所发生的服务过程物料消耗不属于机场成本。（　　）

2. 非航空性业务收入直接来源于机场对飞机、旅客和货物的管理。（　　）

3. 机场运营成本仅包括航空性经营活动发生的成本。（　　）

4. 机场运营成本是综合反映机场企业工作质量的重要指标。（　　）

三、填空题

1. ________________ 就是机场在生产经营中所耗费的资金的总和。

2. ________________ 及 ________________ 共同构成了机场运营的总成本。

3. 精益管理的核心就是 ____________，通过减少和消除产品开发设计、生产、管理和服务环节中一切不产生价值的活动（即浪费），缩短企业对客户的反应周期，快速实现客户价值增值和企业内部增值，从而增加企业资金回报率和企业利润率。

4. 精益服务主要包括 ________________、________________、________________、________________、________________ 等内容。

第12章 机场融资管理

事件聚焦　我国民营航空公司融资困难

自从2005年国内第一家民营航空公司正式运营以来，融资问题一直制约着民营航空的发展。因为民营航空公司注册资本低、机队规模小和抵押品缺乏，很难获得银行贷款融资的青睐。在发展初期的民营航空股权价位低且股权分散，股权融资因各股东利益诉求不同而很容易产生矛盾。通过境外金融机构的飞机融资租赁也存在风险，一旦资金链断裂，拖欠租金而无力偿还就面临停航的危险。除此以外，民营航空也难以获得国家财政支持。2008年金融危机后，民航业亏损28亿元，三大国有航空公司均获得政府直接注资，而民营航空则陷入破产或被收购的境地。尽管已经存在多年，但民营航空仍处于起步阶段，能否顺利成长获得竞争优势，取决于民营航空公司是否能走出创业期的融资困境。

知识目标

第12章
机场融资管理

1. 熟悉国内机场融资的主要模式。
2. 掌握机场投资主体的创新。
3. 掌握机场典型的融资模式。

能力目标

1. 能利用所学知识分析国内机场融资存在的问题。
2. 能区别机场各典型融资模式的利与弊。

素质目标

1. 树立市场运营理念，培养学生从经营角度思考、解决问题的意识。
2. 树立全局观念，培养学生从多角度看待事物发展的能力。

12.1 国内机场融资模式

12.1.1 国内机场融资模式发展历程

在相当长的时期内，我国民用机场为政府直接管理，被定位为公共产品，其建设资金基本来自政府财政投资。但随着我国政府管理体制的变革，机场融资模式也在不断变化，机场建设项目融资由最初的单一政府投资发展到财政、金融贷款、国际资本、企业自筹等多种渠道融资。

1980 年，我国民航业体制迎来第一个重大变革，民航由空军移交给国务院管理，这对于民用机场的管理经营转变具有深远的意义。20 世纪 80 年代以前，我国机场主要考虑满足国家国防、军事需要，数量少、规模小，建设资金主要来自政府财政拨款，发展缓慢，是十分典型的政府财政投资融资模式。

紧跟着国家改革开放的步伐，民用机场融资模式也在逐步演变。20 世纪 80 年代中期，国家对民航实行“政企分开，简政放权”的改革，分别设立民航局、航空公司与机场，并赋予各自不同的职能。此后，机场融资模式突破了单一的财政投资，逐步扩展为财政投资、银行贷款、企业自筹等多种渠道，且财政投资比例不断下降，银行贷款后来居上，成为主要资金来源。进入 20 世纪 90 年代，民用机场融资模式日益多元化，地方政府、外资成了新的融资渠道。1994 年，民航总局和外经贸部发布了《关于外商投资民用航空业有关政策的通知》，该规定的出台，丰富了民用机场融资渠道，在当时极大地推动了我国民用机场建设发展。

1997 年，财政部发布了《民航基础设施建设基金管理办法》，向我国从事民用航空运输业务的航空公司征收民航建设基金：国内航线按运输收入的 10%；国际及地区航线按运输收入的 4% ～ 6%。1999 年，征收标准降低为：国内航线按运输收入的 5%；国际及地区航线按运输收入的 2%。同时，国家出台了《关于整顿民航机场代收各种机场建设基金的意见》，明确征收机场管理建设费：乘坐国内航班的中外旅客每人 50 元人民币，乘坐国际和地区航班出境的中外旅客每人 90 元人民币（含旅游发展基金 20 元），2010 年机场建设费调整为民航发展基金。这两种基金均为政府性基金，上缴财政统一划拨，丰富了政府财政投资的多样化。

进入 21 世纪，随着我国加入 WTO，经济体制市场化日益加强，民用机场融资模式多元化趋势明显，发行股票上市融资、发行机场证券、民营资本投资等不断扩展了融资渠道，政府财政投资比例占比不断降低，银行信贷融资比重也在下降。

12.1.2 国内机场融资的主要模式

我国民用机场建设资金长期依靠政府财政投资，受限于财政预算额度，机场建设投资不足、发展缓慢，无法满足国家快速发展的社会经济需要。目前，伴随着我国航空运输的快速发展，机场建设也进入了快速轨道，民用机场建设的巨大需求，直接导致对建设资金需求的加速放大，进一步推动了国内机场融资方式向多元化趋势发展。

现阶段，我国民航机场主要融资方式如下。

（1）国家预算投资　国家预算投资包括以国家预算资金为来源并列入国家计划的固定资产投资、民航专项基金和财政补贴等。其中民航专项基金是国家财政预算的主要组成部分，设立于 1993 年，包括民航建设基金和民航发展基金，其额度大小取决于机场所处地区经济发展程度和建设项目功能，20 多年来在我国民用机场建设和维护管理中发挥着重要的作用。另外，国家还会根据情况适时设立基础设施补贴资金或财政贷款等，引导基础设施建设，对于航空产业更是构建航空交通网络，便于公众出行，服务地区社会经济，补贴或贷款按一定比例进行。

（2）外商直接投资　外商直接投资在我国民航业的发展中发挥了很大的作用。1994 年，中国民航总局和外经贸部发布了《关于外商投资民用航空业有关政策的通知》（简称《通知》），同年又发布了《通知》中若干问题的解释，对外商敞开了投资我国民用机场的大门。

① 允许外商以合资、合作方式在中华人民共和国境内投资建设民用机场（军民合用机场除外）飞行区（包括跑道、滑行道、机坪）和候机楼等配套项目，但中方出资应在企业注册资本中占 51% 以上，董事长、总经理由中方人员担任。

② 优先考虑投资建设民用机场飞行区的外商，投资建设候机楼（贵宾室的建设及管理除外）、货运仓库、地面服务、飞机维修、航空食品、宾馆、餐厅、航空油料等机场配套项目。其中候机楼建设项目，中方出资应在 51% 以上，董事长、总经理由中方人员担任。

③ 投资建设民用机场飞行区的外商投资企业经批准还可适当扩展其经营范围，从事候机楼、货运仓库、地面服务、飞机维修、航空食品、宾馆、餐厅、航空油料等机场配套项目的经营。

2002 年，中国民用航空总局联合中华人民共和国对外贸易经济合作部、中华人民共和国国家发展计划委员会发布了《外商投资民用航空业规定》，鼓励外商投资建设民用机场，并进一步放宽限制。

① 外商投资民航业范围包括民用机场、公共航空运输企业、通用航空企业和航空运输相关项目。禁止外商投资和管理空中交通管制系统。外商投资建设民用机场（不包括军民合用机场）主要项目包括：跑道、滑行道、联络道、机坪、助航灯光以及航站楼。航空运输相关项目包括：航空油料、飞机维修、货运仓储、地面服务、航空食品、停车场和其他经批准的项目。

② 外商投资方式包括：一是合资、合作经营；二是购买民航企业的股份，包括民航企业在境外发行的股票以及在境内发行的上市外资股。另外，还包括其他经批准的投资方式。

③ 外商投资飞机维修和航空油料项目，由中方控股；货运仓储、地面服务、航空食品、停车场等项目，外商投资比例由中外双方商定。

（3）国际金融组织和外国政府贷款　自改革开放以来，我国借用国际金融组织和外国政府贷款超过千亿美元。1982 年，厦门机场成为我国第一个采用由地方政府集资、外国政府贷款的模式进行建设的机场。之后，我国多个机场也在建设中向国际金融组织和外国政府贷款融资，包括 1989 年深圳机场建设向科威特阿拉伯发展基金融资，后续的成都机场扩建向荷兰政府贷款，沈阳机场扩建向西班牙政府贷款，浦东国际机场向日本海外经济协力基金低息贷款等。通过合理利用国际金融组织和外国政府贷款，不仅缓解了我国民用机场建设资金短缺的问题，还加快了民航基础设施建设。但举债只是未来收益的提前使用，还必须充分考虑还款能力和利用外国政府贷款的各种附加条件。

（4）发行证券融资　资产证券化作为新型的融资方式，在我国已经有了许多实践，它是国际市场上普遍采用的融资方式，在美国机场建设融资中也占有较大的比重，将会是我国民用机场建设融资的重要方式之一。资产证券化可以使资产所有者通过出售未来资产收益获得现金，对于投资人可以获得资产的未来收益，因此，发行证券融资对于社会资本具有较强的吸引力。

自 20 世纪 90 年代起，厦门机场作为民航业第一家上市公司试水证券融资以来，上海、深圳、广州等机场在国内成功上市，北京和海口机场则成功在香港上市，为民用机场建设资金作出了重要的补充。其中 1996 年厦门高崎机场上市，筹资 2 亿元；1998 年上海机场集团上市，筹资 19 亿元；1998 年深圳宝安机场上市，筹资 6 亿元；2003 年广州白云机场上市，筹资 20 亿元；2000 年北京首都机场上市，筹资 5 亿元；2002 年海口美兰机场上市，筹资 1 亿元。

我国民用机场，尤其是大中型民用机场建设项目具有可期的稳定收入，安全性和收益性较高，具备资产证券化的核心条件，容易得到投资者的青睐，因此通过发行证券向市场公开融资，可以直接为民用机场建设筹集资金，拓宽投融资渠道。同时，发行证券有利于机场管理当局明晰产权、改善资本结构，并通过建立先进透明的管理制度，增强资产的流动性，提高机场运营水平。但是，也应该看到，我国民用机场发行证券融资的项目数量少、规模不大，占总融资额比例低，还有着极大的发展空间。目前，国家正在大力推行国有企业资产证券化改革，因此发行证券也势必成为我国民用机场建设融资的重要组成部分。

12.2　机场投资主体的创新

目前，随着国家相关系列政策的实施有力地支持了国内外资本和企业投资机场建设或参与机场经营管理，基本上形成了多元化的投资格局。

12.2.1　地方政府投资机场

1987 年以前，我国的民用机场均是由中国民用航总局（现更名为中国民用航空局）直接经营的。从1987年开始，机场的投资主体进入改革时期。1988年10月22日，中国民用航空总局正式把厦门高崎机场移交给厦门市政府，1994年2月将上海虹桥机场移交上海市政府管理。

1993年，中国民用航空总局出台的《关于国内经营民用航空企业有关政策的通知》，积极鼓励社会各方投资建设机场。

到2002年底，在开通定期航班的民用运输机场中，真正由地方政府拥有并进行管理的机场只有19个。2002年3月3日，国务院下发了关于《民航体制改革》的“国发[2002]6号文件”（以下简称“6号文件”），提出按照“政企分开，属地管理”的原则，将中国民用航空总局管理的机场下放所在省（区、市）。“6号文件”决定，国内机场除北京首都机场和西藏机场外，其余93个机场将全部实行属地化管理，下放所在省、直辖市、自治区管理，相关资产、负债和人员一并划转。机场下放后，原则上以省（区、市）为单位组建机场管理公司，实现企业化经营，主要是制定规章、标准并监督实施，重点是安全监管。

12.2.2 航空公司投资机场

航空公司投资机场可分几个层次来看。

第一个层次是单个项目的合作，这对双方都是有利的，作为机场能获得资金，减少负债；而航空公司也能从项目中直接获益。

第二个层次是参股。海南航空2000年8月控股海口美兰机场开创了国内航空公司控股机场的先河；东方航空（简称东航）于2001年10月入股青岛流亭国际机场有限责任公司，东航持有青岛流亭机场25%的股份；2002年5月29日，东航出资2. 95亿元成立上海东航投资有限公司，这家投资公司的主要投资方向便是机场业；2003年2月13日，东航投资有限公司与香港上市公司太古股份有限公司各出资1500万美元，在上海组建了东航太古股份有限公司，这是国内第一家以投资民用机场及其相关配套项目为主业的投资性企业。

如果航空公司参股机场，它就不会仅仅考虑航空公司这部分的利益，而要考虑包括机场在内的总体利益最大化，最有利的方式是在与其相关的支线航线上保有垄断地位，而干线上与其他航空公司进行合作。因为要实现真正意义的枢纽辐射式航线布局、增大中转量，也离不开多家航空公司的合作。所以，从某种意义上说，航空公司投资机场业，是规避风险的一种选择。

12.2.3 外商投资机场

《外商投资民用航空业规定》于2002年8月1日开始实施，同年11月，美兰机场H股在香港上市，为外商投资引领了道路。

首先是美兰机场外资入股的比例非常高。过去香港H股市场战略投资伙伴认股比例从未超过9.99%（如首都机场与法国方面的合作，法国方面占有首都机场的股份不足10%），有的甚至只有1%～2%，有的只是挂名，上市后便出售股权。而这一次，哥本哈根机场公司作为国际战略投资者，认购了美兰机场流通股的20%，获得两个董事会席位。

其次是外商实实在在地参与了美兰机场的日常管理。首都机场与法方的协议是“顾问协议”，法方不介入管理。而美兰机场和哥本哈根机场的合作则不同，根据为期10年的技术服务协议，除了派息、分红，哥本哈根机场还要提供一系列的服务，哥本哈根机场直接派驻了执行董事。

12.2.4 民营企业投资机场

2005年4月1日，中国民用航空总局局务会议通过《国内投资民用航空业规定（试行）》，且于2005年8月15日起施行，该规定大幅放开了民营资本投资机场的投资比例。

2003年1月，有关部门批准民营企业上海均瑶集团购买了位于长江三峡旅游胜地的宜昌机场，这是我国首次批准民营企业购买机场。这意味着民营资本将逐步成为内地航空业的新动力，同时也显示国内航空业投资体制更趋市场化。

民营资本进入机场标志着我国民航业在对外开放的同时，也加快了对内开放。民营经济已成为国家经济体制改革的重要力量，未来将有更多民营资本被引入机场业。

12.3 典型融资方式

机场具有显著的产业经济特性，作为一种准公共产品，具有较强的正外部性与公益性，机场的投资与建设主要以政府的行为为主导，同时机场运营获得稳定的航空性与非航空性业务收入，具有较强的商业收益，但机场一次性投入较高、回收期较长，资产收益率偏低，对于机场建设的周期而言，通常情况下在其投入运营后，随着机场旅客吞吐量的发展，运营3～5年皆会面临再次的改扩建，其投资状况主要是以被动性滚动式的投资方式，机场自身营运现金流量很难实现平衡健康的发展，无法保证机场再投资的资金需求。

机场融资主要通过投资者直接投资和通过资本市场融资两类渠道。纵观国内外机场，有几种典型的融资模式，如BOT、狭义的特许经营、股权出售、同行拍卖等，其中股权出售和同行拍卖属于私有化的融资模式。

12.3.1 BOT

12.3.1.1 BOT模式概述

（1）BOT定义　BOT（build operate transfer）即建造—运营—移交方式。所谓BOT项目融资，是政府与投资企业签订协议，授予项目公司特许经营权，由项目公司筹集资金，完成项目建设。这种方式是20世纪80年代兴起的一种基础设施工程项目管理方式。

在BOT项目中，政府部门通过特许权协议，在规定的时间内，成立项目公司，由项目公司在特许期内负责该项目的设计、投融资、建设、运营和维护。在协议规定的特许期限内，项目公司拥有投资建造设施的所有权，被允许向设施使用者收取适当费用，回收项目投融资、经营和维护成本并获得合理的回报。政府对该公司提供的公共产品或服务的数量和价格可以有所限制，但保证项目公司有获取利润的空间。整个过程中的风险由政府和项目公司共同分担。特许期届满，项目公司将设施无偿地移交给签约方的政府部门。

一般来说，在一个 BOT 项目中，项目公司被授予特许权来建设和运营的通常是由政府经营的设施。项目公司还负责项目的筹资和设计，在特许期结束时，该项目公司将把项目所有权交回给政府。特许期的长短主要取决于该项目建成后的运营收入需要多长时间来还清项目公司的债务，并获得一定比例的回报。

BOT 具有如下要素：一是特许经营的授权主体为政府；二是授权的内容是某项公共设施及公共事业的经营权；三是特许经营权的授予具有时间限制，即私人投资者不可以无限期地拥有某项公共事业的经营权；四是特许经营权的授予与接受必须通过合同或协议等方式明确双方的权利与义务。

（2）BOT 变形　按照私人资本参与基础设施建设的方式及基础设施的所有权不同，通常有以下几大类。

① 建设—移交—经营（build-transfer operate，BTO），这种安排主要强调基础设施完工时立即成为政府的财产，项目公司只被授予在一段时期内运营该设施的权利。

② 建设—拥有—经营—移交（build-own-operate transfer，BOOT），这种方式指获得政府的特许权后，项目公司融资建设基础设施项目；项目建成后取得向使用者收取费用和其他附加费用的权利。在这种安排下，项目公司在将该设施移交政府前，一直拥有该设施的所有权。

③ 建设—拥有—经营（build-own-operate，BOO），私人永久拥有该项目且无须向政府交回基础设施。

④ 建设—租借—经营—移交（build rent-operate transfer，BROT），其特点是除 BOT 通常具有的权利、义务和其他条件外，项目公司在协议期限内租用该设施所在地点的有形资产。

趣味阅读　巴基斯坦 BOT

近年来，发展中国家发展本国经济时面临的重大问题，就是经济发展对基础设施和基础产业需求的矛盾和基础设施建设对建设资金需求的矛盾。由于整个第三世界面临严重的债务危机，多数发展中国家为所需项目筹资的借款能力降低，再加上本身的预算经费减少，使建设需求与资金供应的矛盾变得尖锐起来。BOT 投资方式在基础设施中所发挥的重要作用，特别为发展中国家所重视，被发展中国家发展成为吸引资金加快基础设施建设的一种投融资方式。巴基斯坦在利用 BOT 方面的经验有一定典型意义。

巴基斯坦利用 BOT 方式建设基础设施的重点是电力能源。建设在俾路支省内赫布河附近的 1000 兆瓦的燃油发电厂是巴基斯坦比较成功的一个 BOT 方式的案例。

巴基斯坦政府为该项目提供了一系列重要保证。巴基斯坦政府与项目公司签订了执行协议，政府在该协议中为项目提供三方面的保护。一是政府保证同意和批准与外汇有关的事项；二是政府保证项目处于稳定的不受干预的外部投资环境之中，当项目因政府原因被迫终止时，投资者可以获得补偿；三是政府为帮助投资者克服政治上的不可抗力而设立特殊的临时性的基金。另外，巴基斯坦政府对巴基斯坦国家银行向项目公司提供的外汇保险方案作出担保。这个外汇保险方案的主要目的是保证项目公司可以通过电力购买协议以固定的外汇汇率出售电力。巴基斯坦政府还对巴国水电开发机构和巴基斯坦国家石油公司在电力购买协议和原料供应协议下的合同履约作出担保，这两个机构都是巴基斯坦的国有企业。

12.3.1.2 机场 BOT 模式

BOT 模式是机场建设与专营较好的选择。从航空发达国家和地区的经验看，BOT 模式与特许专营相结合可带来双赢的局面。对机场管理当局来说，既节约了项目建设资金，又利用了承包商的专业技术；对承包商来说，可以获得税收的优惠。在项目投入运营后，运营商能从特许专营中得到利益，而且运营期也较长。

（1）机场 BOT 的内涵

① 机场建设的模式　机场是城市的大型公共基础设施，与道路、桥梁、铁路、供电、供水等基础设施相类似，属于公共产品范畴。因此，机场的建设应当由拥有公共事务管理权的政府来提供，或置于政府的严格监控下。

大型基础设施的建设主要方式：政府筹集资金建设、私人集体自主筹资建设、政府授权企业投资建设。19 世纪以来，政府授权企业一定期限内某类公共事业的开发经营和收益权，期限届满予以收回的方式，成为基础设施建设的重要形式，并逐步演化成为 BOT（建造—运营—移交）模式。

与其他大型基础设施的建设类似，在世界机场建设中，BOT 模式得到了广泛运用。

② 机场 BOT 的含义　应用 BOT 模式进行机场建设，承包商取得机场项目的建设权和一段时间的营运权，负责筹资，进行有关设施的融资、设计、兴建及启用，在规定年限内营运该项设施，并在营运权到期后，将设施无偿移交给机场管理当局。

机场 BOT 的特征在于：由承包商进行机场设施的前期投入和修建，但只在经营期内拥有该项资产，营运期结束后，资产即移交给机场管理当局，不再属于承包商。

机场的基础设施建设中有许多项目可以引进 BOT 模式，如航站楼、停车场、货站、商业区等。按照国际上许多枢纽机场的发展模式，基地航空公司运营自己的航站楼等机场设施早有先例。

（2）机场 BOT 运作实践

① 香港机场的 BOT 运作　运用机场 BOT 模式最典型的例子是香港国际机场，香港国际机场管理局统一对机场内所有的货运后勤业务运用 BOT 模式进行修建和营运。

以香港超级一号货站有限公司（HACTL）为例。香港国际机场管理局授予香港

HACTL 特许经营权，由各投资股东对 HACTL 注入资金、修建超级一号货站，并在特许经营期内负责运营。

以敦豪（DHL）为例。经过香港国际机场管理局的评估审核，DHL 于 2002 年获得香港国际机场速递中心 15 年的专营权。敦豪（DHL）投资 7.8 亿元港币在香港国际机场兴建速递货运中心，并于 2004 年投入使用。等到 15 年专营权到期后——即 2019 年，敦豪（DHL）将该速递货运中心无偿移交给香港国际机场管理局，或是和香港国际机场管理局协商新的合同。根据合约规定，敦豪（DHL）可以根据商业原则营运有关服务，机场管理局并不干涉敦豪（DHL）的日常业务，但会通过服务种类规范和质量监控对其进行管理。

② 韩国仁川机场的 BOT 运作　韩国仁川机场的货运区和相关设施的建设运营采用了 BOT 模式的变形 BTO（修建—移交—运作）和 BOOT（修建—拥有—运作—移交）。

对于货栈，韩国仁川机场管理当局采用了 BTO 方式，例如，大韩航空根据自己的需求向机场申请土地，然后建造符合自己要求的货栈设施。这些设施在建造完成后，所有权马上移交给韩国仁川机场管理当局。作为回报，大韩航空获得货栈设施 20 年的使用权。在营运期满后，大韩航空可以和韩国仁川机场管理当局进一步协商接下来的合作。

在商务功能区、娱乐区、生活区的建造上，韩国仁川机场管理当局采用 BOOT（修建—拥有—运作—移交）模式。营运商根据机场的规划修建满足自己需求的设施，在工程完成后，营运商作为所有者对外经营（运营期限一般不超过 20 年）；在期限结束后，营运商必须把设施的所有权转让给机场管理当局。实际上这种模式本质上和传统的 BOT 模式区别不大。

趣味阅读　机场 BOT 融资的优缺点

（1）机场 BOT 的优点　一般来说，BOT 模式可能带来双赢的局面，给机场管理当局和承包商双方都带来一定的好处。

由于机场项目一般都具有投资大、项目周期长的特点，其风险和资金占用也较高。运用 BOT 模式，对机场管理当局来说，既利用了承包商的专业技术和经验，又节约了项目建设资金，降低了投资风险。

对承包商来说，则可获得税收的优惠和业务运作的利润。承包商支出的成本包括两部分：一部分是每年付给机场的营运权费（此费用一般都低于在纯专营权模式下的专营费），另一部分是项目投资。项目投资一般较大，但由于是资本投资，其年折旧可冲破承包商利润，导致应纳税所得额减少，降低承包商税负。

（2）机场 BOT 的缺点　由于 BOT 模式的运作较为复杂，风险的不确定性大，存在一定风险。在国际上已有好几起著名的失败案例，如投资 8.3 亿美元的泰国曼谷第二高速公路和投资 46 亿美元的欧洲机场轻轨铁路等。

BOT 项目经历的时间长，参与方多，关系错综复杂，各种风险贯穿于项目的全过程，包括设计、建造、运营、养护、维修、移交等。对于机场 BOT 来说，可能遇到的风险包括项目的自身风险和环境风险等。

项目的自身风险是指与项目建设和生产经营管理直接有关的风险，包括完工风险、运营风险等。这类风险是投资者应该知道如何去管理和控制的风险。因此，项目的自身风险亦可称为可控制风险。完工风险发生在项目建设期间，如工程费用超支、工期延误、工程质量不合格等。运营风险包括能源和原料供应风险、技术风险、管理风险。项目的环境风险指受到经济环境变化的影响而遭受损失的风险。这类风险企业无法控制，并在很大程度上也无法预测，因而项目的环境风险也被称为不可控制风险，如金融风险、市场风险、政治风险和不可抗力风险等。

12.3.2 特许经营

12.3.2.1 机场特许经营的概念

机场特许经营的概念来源于国外民航业，在国外机场的各项业务中广为应用，并成为机场收益的重要组成部分。通过开展机场特许经营，可以把机场大量客流、货流、飞机流的市场资源优势转化为机场的经济效益优势。机场特许经营作为机场的一种新型经营模式，是机场提升经营能力和盈利水平的有效手段，是机场经营发展的重要趋势之一。

所谓机场特许经营是指政府授予机场管理当局以机场的经营管理权后，机场管理当局对于机场范围内的业务项目通过公开招标或其他方式，与选定的各业务项目的运营商签定特许经营协议，受许人即取得某业务项目的经营权，并通过协议明确特许经营期限、特许经营权费标准以及机场管理当局与受许人之间的权利义务关系等。机场管理当局是指机场的所有者，在我国一般为政府投资或授权的机场管理当局，机场管理当局作为机场所有者的代表享有机场的经营管理权利。

12.3.2.2 机场特许经营的分类

由于机场各项业务的性质不同，其特许经营运作也呈现出不同的特征。国际上一般分为机场特许专营和机场特许经营两种模式，二者在机场的不同业务中所占的比重不同。机场特许经营主要应用于非航空性业务中，在航空性业务和机场建设项目中主要采用机场特许专营模式。当然，这种划分只是相对的，不能将其截然分开。

（1）机场特许经营　在机场特许经营模式下，经营者取得经营牌照或经营许可，主要提供以获取经济收益为目的的机场非航空性业务项目，如机场内零售、餐饮、出租车、汽车租赁、机场广告、公共汽车、旅客班车、免税店、美发店、自动售货机等一系列经营项目。这些项目的特点是竞争性较强、特许时间较短、灵活性较大、可以引入多家运营商经营。

例如，香港机场管理局面向商业零售、餐饮业等经营者发放的特许经营牌照，是其租赁场地或已建设施的民事许可，与租赁商场内场地经营的合同无本质区别，经营期限一般较短。

在机场非航空性业务的特许经营中，机场管理当局可以选择多家运营商从事机场的业务，而自己则对机场业务进行整体规划。机场特许经营的运营商可以在一个机场进行特许经营业务，也可以在多个机场拓展业务。

机场非航空性业务特许经营来源于启用机场必备设施设备所带来的稳定的客流、货流以及机场延伸区的商业机会等经营资源，性质上趋近于商业特许经营。

（2）机场特许专营　机场特许专营是机场特许经营的一种特殊形式，其特点是有一定程度的排他性，是严格控制经营者数量的特许经营。机场管理当局在实施特许专营时承诺，一定期间、地域或运量条件下控制经营者的数量，仅由一个或固定数量的几个经营者经营，以保证受许方的利益。受许方拥有一定程度的排他性经营权，机场管理当局则收取相对较高的特许专营费。同时，机场管理当局对专营商提供的服务类型作出限制性或引导性规定；专营商只能提供机场规定的服务，并接受机场的监管。

机场特许专营主要应用在航空性业务和机场建设项目中，如机坪、航油、跑道、滑行道、机务维修、航空货站等具有投入大、回收期长、主要使用机场土地等特点的业务，一般都被列为机场特许专营项目，被授予较长的经营期限。例如，香港机场将部分航空业务包括机场地面服务代理、航空燃油、航空配餐服务作为机场专营项目来运营。又如，日本成田机场管理局拥有园区内部的主要物流设施（如货站、货物大楼和仓库等），拥有专营权的日航、国际航空物流货站公司（IACT）负责向航空公司提供服务。作为回报，日航和 IACT 每年向机场管理当局缴纳专营费，这一费用和其他设施出租的费用占成田机场收入的 31%。

机场大型建设项目通常采取特许专营的形式。在机场大型项目的融资过程中，机场管理当局将较长期限的土地使用权和项目经营权通过合同授予运营商，从中收取特许经营费用。由被许可企业建设、经营，期限届满后土地使用权及其地上设施归机场管理当局所有，这种模式的经营期限一般较长。例如，香港机场通过招标的方式，将机场内的货运站、酒店的建设权和运营权授予运营商。又如，新加坡机场管理当局运用专营权对机场物流园区（ALPS）除仓储外的其他所有航空货运业务活动进行管理。机场的 8 座货站，2 座速递货运中心由两家地面代理机构——新加坡机场货运服务处（SATS）和樟宜国际机场服务处（CIAS）投资兴建并营运，机场负责提供土地。SATS 和 CIAS 在营运期间需付给新加坡机场专营权费。

特许专营模式的优点是可以有效利用各专营商的能力和专业技术，特别是在一些核心业务上的专业能力，如货运站业务的营运者需要具备强大的专业技术支持和多年积累而来的行业经验。同时，利用专营权能很好地将营运风险和责任转移给专营商。这种业务模型被世界各大机场广泛采用，也是最主要的一种管理模式。

12.3.2.3　机场特许经营的业务范围

（1）机场特许经营的业务界定模式

① 机场特许经营业务的界定原则　机场特许经营业务范围界定的基本原则是：机场

管理当局首先明确机场自身的定位与核心业务，对于机场核心业务之外的业务都可以考虑实施特许经营。即机场只保留核心业务职能，对于能够市场化的非核心业务都可以作为机场特许经营项目加以运作。

② 机场特许经营的除外项目　机场特许经营项目只包括经营性的商业活动，不包括训练、实验飞行、专机、急救救灾、军事训练或执行军事任务、飞机校验、院校训练飞行等非商业经营性的机场业务。同时，一些机场范围内的特殊业务不适合采用特许经营。例如，机场范围内的安全、消防、救护等对机场业务的良好运作及未来持续经营至关重要的职能，根据国外先进机场的经验，往往是由机场直接经营而不采取特许经营的方式。又如，对于航站楼物业这类能够通过维护机场垄断优势获取高收益回报的核心资源，国外先进机场往往也不采取特许经营的形式。

③ 机场特许经营的主要业务范围　综合国际先进机场的现状，特许经营被普遍应用于以下业务。

a. 免税零售业务　绝大多数机场通过招标或者出售零售网点的方式实行零售业务的特许经营，这种方式一般都签署租赁协议或以特许经营协议的形式实现。需要强调的是，在协议中对租金的约定往往是与承租商收入相关的，即不采取单纯的固定租金模式，而是采取固定租金加营业收入提成的动态模式。这里，租金的实质就是特许经营权转让费。

b. 航站楼内餐饮娱乐业务　与免税零售业务类似，国外许多机场均将航站楼内餐饮娱乐项目列为特许经营项目。国外机场的餐饮营业面积分布很广，占航站楼的面积比例较高。同时，航站楼内的娱乐项目经营种类繁多，诸如博彩、游乐园、电影院等。因此，国外机场通过对这些项目的特许经营权转让，可以获取十分高昂的经济收益。

c. 地面代理业务　在国外机场，地面代理业务一般是由专业化代理公司和该机场主要航空公司组建的地面代理公司共同承担，机场管理当局一般不直接参与该项业务的经营。同一机场的地面代理业务经营者数量可以达到 3 ～ 4 家，各经营者之间相互竞争。但无论是专业化地面代理公司，还是由基地航空公司组建的地面代理公司，都必须向机场交纳一定的特许经营费。此外，机场还与地面代理公司建立了良好的特许经营合作关系，该机场一旦管理输出至其他海外机场，其地面代理合作伙伴的业务也会随之延伸到海外机场。地面代理业务的特许经营，既是国外机场的稳定收入来源，也成为机场国际化扩张的业务保证。

d. 广告业务　国外机场，尤其是美国的机场一般将机场区域内的广告业务转交给专业化的广告公司经营。在明确机场广告经营权归机场所有的前提下，专业化广告公司必须向机场交纳广告特许经营费。

e. 机场建设项目　在机场设施建设初期，国外机场的大部分工程都会采取机场特许专营 +BOT 模式来建造。

（2）航空发达国家和地区机场特许经营的业务范围

① 美国机场特许经营业务范围　在美国，大多数航空运输机场属于地方政府所有，其运行和管理体制受各地方政府政策和立法的影响较大。但由于各州立政府都将机场定

位为公共事业，强调机场的社会公益服务属性，美国各机场特许经营的概念和范围大致相同。

美国机场对特许经营的定义为：在机场内部通过经营方和机场管理当局签署协议，从事面向公众的营利性商业活动，经营方需要向机场管理当局支付租金、运行费用和特许经营费等。

美国绝大部分机场将特许经营的业务范围界定为机场商业活动的特许经营，机场管理当局通过招标和其他竞争方式选择机场商业服务的提供者，双方在协议中规定特许经营的期限、收费方式、服务标准（包括安全标准）和监管办法。美国机场特许经营业务范围主要包括租车、广告、航站楼内的餐饮、零售、通信服务、出租汽车以及免税店等。

在美国的大部分机场中，与航空业务相关的经营活动，如地面服务、货运、配餐、维修等一般不作为机场特许经营项目的内容。在美国机场，地面服务业务主要包括航空器服务、旅客服务、货运、配餐、航空器航线维护等。美国机场从来不从事与航空活动直接相关的服务，都是由航空公司自营或自主选择专业化公司来完成地面服务。目前，只有少部分美国机场如洛杉矶、纽约、丹佛和波士顿将地面服务列入机场特许经营范围。

② 欧洲机场特许经营业务范围　欧洲机场特许经营的业务范围主要涉及机场航站楼内的商业活动，包括免税店、零售商业、餐饮、银行、广告、电信服务、汽车租赁、博彩、商务中心和酒店等。

例如，英国曼彻斯特机场的特许经营主要集中在非航空性业务操作上。位于英国西北部的曼彻斯特机场是英国第三大机场，是世界重要的航空港，目前有 95 家航空公司在此运营，直航英国内外 170 多个目的地。曼彻斯特机场的非航空性业务收入是在增强机场的综合服务功能的基础上，通过商业性开发取得的，主要来自零售、特许经营、停车场、行李处理、值机柜台出租、燃料与电力供应、通信及服务的提供等方面。

在欧洲，地面服务业务主要包括旅客作业、行李作业、货物和邮件作业、机坪作业、航空器服务、燃油作业、航空器维护、飞行运行和机组管理、地面运输和配餐服务等。欧洲机场原来都从事地面服务业务，但自从 1996 年欧洲联盟理事会发布第 96/97/EC 号指令起，情况发生了改变。该指令要求 2001 年 1 月 1 日起旅客年运输量不低于 200 万人次或者货物运输量不低于 5 万吨的机场必须全面开放地面服务的市场准入，消除地面服务业务上的壁垒，在欧盟内部推进地面服务市场自由化。现在，欧洲机场基本已经退出机场地面服务领域。

③ 新加坡机场特许经营业务范围　在新加坡樟宜机场，特许经营包括机场特许经营和机场特许专营两大部分。机场特许经营实际上就是机场商业特许经营，包括零售业、餐饮业和服务业（含广告、外币兑换等）。机场特许专营涉及机场的地面服务业务，是作为机场特许经营的一部分。航空公司、油料公司、飞机维修公司、航站楼商业经营和地勤公司，分别从事不同的专向经营业务。

例如，樟宜机场的物流园区就是以专营和出租相结合的方式进行经营的。其专营权项目涉及除货运仓储外的一切机场货运业务，具体包括货运站、地勤、航空膳食、飞机清理、飞机维修等。在新加坡樟宜机场，被授予专营权的物流实体有新加坡机场货运服务处、樟宜国际机场服务处和飞机工程公司。新加坡樟宜机场的物流设施大多是由专营商自己建造的，机场当局只提供土地。新加坡樟宜机场的国有化程度很高，机场内开展经营的各专营商也大多有政府背景，和机场一样都受政府调控。

④ 中国香港机场特许经营业务范围　中国香港机场的特许经营涉及各个方面，其中包括一些航空业务的专营权授予。

专营权设施：主要包括两个航空货运站、飞机燃油供应系统、航空配餐、机务、地勤服务设施等；还有机场酒店、机场免税店、机场客货运代理中心等需要机场批出经营牌照的设施。

商务服务：商用航空中心（为机场使用者提供酒店接待）、旅行团预定、各类服务租赁、自驾汽车租赁、巴士票务和其他商业服务等，但不包括保险、货品销售、博彩、接送及交通服务。

其他如办公室、酒店、酒店式住宅、会展场地、零售和休闲等设施。

⑤ 中国澳门机场特许经营业务范围　中国澳门机场虽然规模不大，但其经营管理模式基本采用国际先进机场的运作惯例。澳门国际机场专营公司获澳门特区政府赋予机场产权、特许专营权的管理，是澳门机场的投资主体，也是澳门机场的业主。

在澳门机场，包括地勤服务、清洁服务、工程管理部门、通信、导航设备和电子维修项目、机场大部分护卫工作、客运、机坪、货运、飞机维修服务等业务都被划为专营业务之类，交由专业化的公司经营。澳门机场的主体专营业务由澳门机场服务公司经营，该公司隶属于总部设在苏格兰的明捷航空服务有限公司，为澳门机场提供客运、机坪、货运、地勤服务以及飞机维修服务等。

（3）中国内地机场特许经营的业务范围　参照国际民航组织航空运输委员会 1986 年编辑的《机场经济手册》和国际民航组织理事会发布的《理事会致各缔约国关于机场和航路航空导航设施收费的声明（9082 号文件）》，对机场业务结构的划分和对“特许经营”业务的建议，结合我国机场现有业务构成状况及调整趋势分析，可以对我国民用机场特许经营适用的机场业务范围界定如下：主要包括两大类业务，一类是机场地面服务业务，一类是机场商业活动。

机场地面服务的范围。机场地面服务是指在正常的航空器运行状态下，航空器进出机坪所必需的服务，机场地面服务是附着在机场各种设施设备之上的各种劳动（或者服务），其中包括航空器航线维护，但是一般不包括航空器维修。机场地面服务的范围主要包括：一般代理、配载和通信、集装设备管理、旅客和行李服务、货物和邮件服务、廊桥、客梯、装卸和地面运输服务、飞机服务、维修服务、航空配餐和航空油料。

机场商业活动的范围。机场商业活动是指除机场地面服务以外的机场所有经营性商业活动，包括餐饮业、各种商店（含免税店）、银行外币兑换、出租车服务、汽车租赁、停车场、机场广告、机场与市区间的公共交通服务、汽油机动车服务站、美发理发店、旅馆、非饮食自动售货服务、货物集散和仓储服务、纪念品售卖服务等。

总体来说，在机场范围内开展以上业务可以采取特许经营的模式。

12.3.3 股权出售

通过股权出售，机场的所有者放弃了全部或部分所有权，同时将经济风险和有效控制权转交给了新的股权所有者。

股权出售消除或一定程度上减少了政府参与投资的必要性，并为机场未来投资筹集了资金，或将筹集的资金直接交由政府支配。不过，即使全部民营化，一定程度的政府影响仍然可以通过保留“金股”而维持，在特殊情况下以保护国家的利益。为了阻止个别股权所有者对机场的控制，可以对最大股东做一些限制。例如，英国政府在 BAA 中保留了一个“金股”，以否决接管者违背国家的利益，同时任何一个股权所有者只能持有不超过 15% 的股权。

趣味阅读　法国出售尼斯和里昂机场股权，遭 11 家公司竞购

2016 年 3 月，法国政府宣布出售 Nice Cote d’Azur（尼斯蔚蓝国际海岸机场，下文简称尼斯机场）和 Lyon-Saint-Exupery（下文简称里昂机场）各 60% 的控股权，并公布了招标规则。消息传开后，至少有 11 家公司提出了收购要约。据估计，尼斯机场的潜在估值至少为 15 亿欧元，里昂机场的估值约为 9 亿欧元。基于此，买家（60% 控股权）的最低报价分别不得低于 9 亿欧元和 5.4 亿欧元。近年来，法国政府为了增加现金流，实现减赤目标，开始大规模抛售部分地方机场股权。据估计，尼斯、里昂两座机场的私有化，能为法国政府提供至多 16 亿欧元的资金。

12.3.4 同行拍卖

通过同行拍卖，机场设施或整个机场拍卖给同行业者或投资财团，这些同行业者或投资财团都是一些战略伙伴，而不仅仅是一般的投资者。所以，在拍卖的时候，战略伙伴的管理和技术经验将与经济实力一样，都要考虑进去。

趣味阅读　巴西政府拍卖机场特许权

2019 年 3 月巴西政府拍卖国内 12 个机场的经营特许权，期限 30 年，拍卖所得达 23.77 亿雷亚尔（约合 6.23 亿美元）。

此次拍卖的机场位于巴西东北部、中西部和东南部三个地区，分别由西班牙机场和航空管理局、巴西 Aeroeste 财团和瑞士苏黎世机场公司竞得。

巴西基础设施部长弗雷塔斯说，投资者为赢得特许权支付较高溢价，显示巴西经济复苏加速，也体现出此类出让模式受市场青睐。

分析人士表示，这是巴西新政府私有化政策首次接受市场检验，从结果来看，投资者看好巴西中长期发展前景。

本章小结

随着民航管理体制改革的进一步深化和民航基础设施建设对资金需求的增长，投融资渠道从过去较为单一的国家投资向地方政府投资、企业投资、发行国债、利用外国政府和外国财团贷款、机场自有资金等多元化的方向快速发展。

机场作为大型公共基础设施，是具有自然垄断性、正外部性特性的公共产品。纵观国内外机场，典型的机场融资模式包括 BOT、特许经营、股权出售和同行拍卖等。

本章练习

一、选择题

1. 机场融资模式中，国家预算投资包括（　　）。

A. 固定资本投资　　B. 民航专项基金

C. 国家资助　　D. 财政补贴

2. 国内机场融资模式主要有（　　）。

A. 国家预算投资　　B. 外商直接投资

C. 外国政府贷款　　D. 发行证券

3. 机场的投资主体包括（　　）。

A. 政府　　B. 航空公司

C. 民营企业　　D. 外商

4. 国内外机场典型融资方式有（　　）。

A. 同行拍卖　　B. BOT

C. 股权出售　　D. 特许经营

5. 下列有关 BOT 描述错误的是（　　）。

A. BOT 授权内容是某项公共设施或公共事业的经营权

B. 特许经营权的授予具有时间限制

C. 特许经营权的授权主体是企业

D. 特许经营权的授予与接受必须通过合同或协议等方式明确双方的权利和义务

二、判断题

1. 2002 年，中国民航总局发布了《外商投资民用航空业规定》，鼓励外商投资建设

民用机场，允许外商投资和管理空中交通管制系统。（ ）

2. 通过合理利用国际金融组织和外国政府贷款，不仅缓解了我国民用机场建设资金短缺的问题，还加快了民航基础设施建设。（ ）

3. 2005 年 4 月 1 日，中国民航总局局务会议通过了《国内投资民用航空业规定（试行）》，该规定大幅放开了民营资本投资机场的投资比例。（ ）

4. 所谓 BOT 项目融资，是项目发起人与投资企业签订协议，授予项目公司特许经营权，由项目公司筹集资金，完成项目建设。（ ）

5. 机场特许经营是指政府授予机场管理当局以机场的经营管理权后，机场管理当局对于机场范围内的业务项目通过公开招标或其他方式，与选定的各业务项目的运营商签定特许经营协议，受许人即取得某业务项目的经营权，并通过协议明确特许经营期限、特许经营权费标准以及机场管理当局与受许人之间的权利义务关系等。（ ）

第 13 章

机场服务质量管理

事件聚焦　日本力推机场“刷脸”登机服务

“刷脸”登机是指在办理值机时，摄像头拍摄旅客的脸部照片并和护照、航班等信息关联。在安检处和登机口，旅客不需出示护照和登机牌，摄像头自动读取旅客的脸部信息，即可核对旅客相关信息。据日本共同社 2020 年 1 月 19 日报道，日本政府正努力帮助国内各主要机场的国际航线登机手续引入脸部识别系统，尽快实现“刷脸”登机服务，以提高办理手续效率、缩短旅客等待时间。从今年春季起，成田机场和羽田机场将在部分国际线路启动这一服务，关西机场也正在积极探讨引入该服务。“刷脸”登机有很多优点。旅客不需出示登机牌和护照，可有效缩短排队等待时间。机场方面可以削减在值机柜台、登机口等地的员工。据悉，成田机场和羽田机场已在出境审查环节引入脸部识别系统，相关手续可全部通过“刷脸”完成。提供服务的供应商日本电气公司称，识别系统可在各种复杂条件下完成人脸识别。除了对购买专业设备的机场提供部分费用补贴外，日本国土交通省还呼吁成田、羽田和关西三大机场以外的主要机场也引入“刷脸”登机服务，力争提高登机手续办理满意度，缓解由于客流量持续增加给日本各大机场带来的压力。

知识目标

1. 理解机场服务的概念与特性。
2. 掌握机场服务的分类及内容。
3. 掌握机场服务质量分析的方法。
4. 掌握机场服务质量的控制方法。

能力目标

1. 能运用质量分析方法对机场服务质量进行分析。
2. 能使用控制方法对机场服务质量进行有效控制。

素质目标

1. 树立服务观念，提高学生的服务技能、服务意识。
2. 树立全局观念，培养学生从多角度看待事物发展的能力。

13.1 机场服务质量概述

13.1.1 机场服务概念

服务是指服务提供者与其接受者在互动过程中完成的一种无形性的活动，其最重要的任务是满足顾客的期望与需要。广义的机场服务是指在机场内提供的所有服务。狭义的机场服务主要指机场地面旅客服务。本书的机场服务主要指广义内涵。机场服务是指在机场内的机场当局、航空公司、联检单位等为了满足机场旅客、货主、航空公司及驻场单位的需求或期望而提供的一系列具有机场特性活动的过程。机场服务既有一般服务的共性，也有鲜明的行业特性，其特性如表 13-1 所示。

表 13-1 机场服务的特性

特性	内 容
无形性	机场服务是无形无质的。尽管机场的基础设施、设备、服务人员对机场顾客来说是有形的，但也仅是机场借助各种有形要素使无形服务及企业形象具体化和便于感知的一种方法，只有在顾客消费服务时才能感知其质量，且在机场销售过程中并不发生所有权转移
生产与消费同时性	机场服务的生产过程与销售过程在时间与空间上同时进行，不可分割。如机场问询服务，在服务人员回答问询事项的同时，也是消费者消费服务的过程
差异性	由于服务生产者个体差异及同一生产者不同生理和心理状态下（如生长环境、社会阅历、个人修养），同标准、同要求下提供的服务品质大相径庭。例如，某些机场微笑服务让人觉得自然温暖，某些微笑服务可能给人僵硬、造作之感。另外，不同的服务对象对服务有着不同的需求与感知水平，使得机场服务人员在服务时会呈现出不完全相同的服务质量
不可储存	机场服务的即时生产与即时销售表现为不可储存，不能重复出售，也不能退还。顾客所感受的机场服务仅限于从接触到此项服务开始直至此项服务结束的整个过程，如机场安检，当工作人员检查工作完毕后，整个安全检查服务随之结束
高安全性	机场安全管理是航空安全管理必须保证的首要任务，机场承担着航空器起飞、降落、滑行、跑道清理、安全监视等一系列任务；另外，机场还需负责航空旅客的人身安全检查、旅客携带物品的检查、货物安全检查等服务工作，从而保证航空旅客在机场服务范围内的人身及财产安全，货主的货物安全

随着时代的发展，机场功能扩展延伸（集交通枢纽、航空产业乃至航空城于一体的综合体）。机场服务标准、服务内容、服务方式、机场基础设施建设等将不断革新，旨在使其符合经济社会发展需求和旅客日益更新的服务需求。比如，日本成田机场“刷脸”登机简化了传统票证检查登机流程，提升了登机速度。北京大兴国际机场吸取了国内外

机场线性航站楼步行距离过远的经验教训，采用集中式多指廊构型，让旅客从航站楼中心到最远端登机口步行距离不超过600米，步行时间仅需不到8分钟，使登机流程更快捷。

13.1.2 机场服务的分类

机场服务划分角度不同，其服务范围与服务内容也不同。

13.1.2.1 按服务的层次进行划分

按服务层次划分，机场服务分为核心服务、主导服务和延伸服务三个层次，具体见表13-2所示。

表13-2 机场服务层次分类表

服务层次	服务内容
核心服务	核心服务是机场服务最基本的层次，是客户在使用机场服务过程中和过程后可以获得的基本利益和效用。主要体现为满足承运人（航空公司）的航空器起降、停场服务及其旅客、货物的过港需要
主导服务	主要是指与机场设施相关联的各种航空运输服务，如飞机的起降、停场、地勤、机务及航站楼和货运站等服务，是机场核心服务的主要体现形式
延伸服务	主要是指利用独特机场资源为主导服务提供配套支持的各种服务，如餐饮、零售、酒店及由机场提供的地面运输服务

13.1.2.2 按机场服务性质划分

根据民航机场提供服务的性质，可将机场服务分为航空性的服务和非航空性的服务。

（1）航空性的服务　航空性的服务是指机场的工作人员利用机场内设施设备为飞机运行所提供的一系列的相关服务，包括飞机在飞行过程中所需的通信功能、导航功能、雷达监视、气象观测、空中交通管制、地面安保及消防等为保证飞机安全运行所提供的服务，同时还包括机场为机场旅客、货主所提供的一系列与运输相关的服务，这一部分服务内容也是我国民用机场提供的核心服务内容的一部分。

（2）非航空性的服务　非航空性的服务则指机场为满足顾客的需求，向旅客提供的航空性的服务以外的服务内容。非航空性的服务与机场提供的核心服务内容部分密切相关，具体包括机场内的各类免税店、机场里的各类商店、各类餐饮食品店、航空餐食、机场内的停车场、机场内的各类交通车辆、机场广告经营等服务项目，这些与旅客需求密切相关的非航空性服务根据机场级别的不同而有所差别，但主要受机场的旅客吞吐量和飞机起降架次的影响比较大。

13.1.2.3 按服务对象划分

航空公司虽是机场的直接客户，旅客和货主是因选择某航空公司而成为机场的间接客户，但直接消费机场服务的是旅客、货邮、航空公司及驻场单位，因此，按直接服务对象划分可分为旅客服务、航空公司服务、货邮服务及其他驻场单位服务。

（1）旅客服务　机场旅客服务是指从旅客离港之前或到港之后，航空公司、机场当局、联检单位等为旅客提供的各种服务。

① 机场地面交通服务　地面交通服务是指机场为旅客直接或间接提供的从出发地到机场的过程中享受到的交通设施服务及必要的附加服务。机场地面交通主要提供的服务是机场大巴及运行线路安排、机场附近交通线路设计和机场停车场设施和出租车运行管理，而地铁线路规划等其他交通服务主要是由当地政府完成。

② 引导标识服务　引导标识服务是指机场为旅客提供的帮助旅客自助解决简单问题的信息标识，例如，航站楼大厅平面图、洗手间引导牌等。这项服务包括旅客对引导标识的图形设计、内容设计、位置布局等细节的感知。机场引导标识从旅客去往机场的路上就开始为旅客服务，贯穿整个服务流程，是机场服务中旅客使用最多的服务。因此，做好机场引导标识服务也是提高机场服务质量的关键环节之一。

③ 导乘服务　导乘服务是指为引导乘客有序值机、安检、检票、登机等提供的服务。导乘服务虽比较简单，但其是维持机场秩序，减少各种冲突和意外情况，影响顾客体验及感知质量的重要服务内容。随着人脸识别技术、大数据、深度学习等领先的人工智能技术的发展，许多机场开始投放智能导乘设备。比如广州白云国际机场的“云朵”机器人，北京首都国际机场智能旅客导乘导航屏系统。

④ 问询服务　通过问询电话、专门问询柜台工作人员、智能机器人或其他工作人员为旅客提供所需的各类资讯信息及问询解答服务。问询服务是对整个机场工作人员素质的考验，任何一名员工都代表着机场的形象，其服务态度、专业技能等都会影响旅客对该项服务的体验。其服务内容主要为当日航班出港信息、抵港信息、办理乘机手续信息、特殊旅客服务、不正常航班的解释服务、各类预约及特色服务等。

⑤ 值机服务　值机服务是指专门为旅客办理乘机手续，协助旅客乘机的服务，其服务的内容包括客票查验、座位安排、行李托运、打印登机牌等。值机是机场服务的一个关键性环节，做好值机服务工作对于提高机场服务质量和保证飞行正常及安全具有重要意义。目前，值机包括传统值机、自助值机、APP 值机、网上值机、微信值机等多种值机方式，大大节省了旅客的值机时间与乘机时间。

⑥ 安检服务　为防止和惩治危害民用航空安全的犯罪和非法行为，保障航空器和旅客生命财产安全，在登机前机场依法对所有旅客及其行李物品、货物邮件进行强制性的安全检查服务。安全检查不存在任何特殊的免检对象，所有旅客包括外交人员、政府首脑和普通旅客，不分男女、国籍和等级，登机前都必须经过安全检查。机场安检主要检查旅客身份，旅客行李物品中是否携带枪支、弹药、易爆、腐蚀、有毒、放射性等危险物品，货物中是否携带与托运单不符的违禁物品。

⑦ 联检服务　联检服务是指由边检、海关、卫生检疫、动植物检疫等主管部门对从事国际航空运输的民用航空器及其所载人员、行李物品所提供的联合检查服务，以保证航空运输安全，确保国家与人民利益。

机场海关检查主要是对出入境货物、邮递物品、行李物品、货币、金银、证券和运输工具等技能型的监督检查和征收关税的一项国家行政管理活动，旨在维护国家主权和利益。

机场边防检查主要是对出入境人员的护照、证件、签证、出入境登记卡、出入境人员携带的行李物品和财物的检查监护，对交通运输工具及其运载的货物等检查和监护。

机场卫生检疫主要是对出入境人员、交通工具、集装箱、尸体、骸骨以及行李、货物、邮包等实施检疫查验。

联检机构是一个国家的重要关口，代表国家形象，联检服务是一项国际化高标准服务工作。

⑧ 航站楼服务　航站楼服务是指旅客通过安检，在航站楼大厅等待登机的过程中，为旅客提供的在大厅内休息、娱乐、餐饮、购物等公共服务。该项服务涵盖面较广，航站楼整体环境、机场经营服务、机场各种设施布局、机场特殊旅客服务、无线上网服务等均属于机场航站楼大厅公共服务的范畴。航站楼服务是机场服务环节提升服务水平非常重要的一环。比如，连续多年被国际机场协会（ACI）评为全球最佳机场的新加坡樟宜机场，其航站楼拥有350多家零售与服务商店，120家食品和饮料商店，商品品种、品牌齐全，设有五座主题花园，24小时免费影院、温泉按摩等服务。

⑨ 登机与下机服务　登机服务是指旅客在飞机起飞前排队等候，由工作人员检查旅客登机牌、核实旅客身份、记录旅客信息并进入机舱的服务。下机服务是指旅客抵港下机后，工作人员引导其离开机场的服务。

⑩ 行李运输服务　行李运输服务主要是为旅客行李的收运出港、到达交付、行李查询提供的服务。

趣味阅读　白云国际机场上线“云朵”机器人

“云朵”智能机器人定位为机场问询引导机器人，由白云机场与南湖畅想携手合力打造，首批投入80台，整个项目周期计划共投入200台，覆盖两个航站楼旅客出行的各个流程。

据介绍，“云朵”配备高清摄像头和传感器系统，嵌有触摸屏平板电脑，内部集成具有地点定位、人脸识别、多语言交互、信息互联功能的中枢处理系统，可以根据机场的应用场景进行定制化开发。

运营初期，诸如航班动态查询、服务信息咨询、实时定位与地图导航等功能已部署上线，诸如多语种交互、登机牌打印、人脸识别、AR室内导航、区域巡逻、天气查询、满意度调查、会员服务等功能模块将在调试稳定后逐步开通。

通过大数据和云计算系统解析多种语言，“云朵”还将可以与世界各地使用不同语种的旅客进行交互，内置的人工智能系统将基于传输至主服务器的语音、图像信息对问题进行解答。

（2）货邮服务　货邮服务是指机场为航空公司的货物运输提供机场收运、储存、运送装卸与进港交货等服务。

① 收运服务　收运服务是指机场货运部销售人员根据货物与航空快递的收运条件，按收运程序签订航空运输合同的过程。货物收运服务的质量决定货物是否安全、准时按要求运输到目的地。

② 货物储存服务　机场以机场仓库为货运代理人、货主储存待运出港与进港待取货邮的服务。仓储服务的范围包括冷冻仓储、鲜活仓储、贵重物品仓储、危险品仓储等，但是保税仓储需要由海关批准。

③ 包装运送装卸服务　包装运送装卸服务是指为待运货物提供包装，利用物流设备在机坪短距离驳运及进行货物装机、卸机过程的活动。

④ 货物到港交付服务　货物到港交付服务指货物到港卸机后，机场分拣整理货物，为保证货物安全、快速送至收运人而提供的货物通知与交付过程的服务。

⑤ 货物查询服务　货物查询服务指机场为代理人，货主就货物始发地、目的地、收货人、预计到达时间、货物状态等信息提供服务，方便客户掌握货物运输状况。

趣味阅读　北京大兴国际机场货运区智能统一安检系统正式启用

2019 年 11 月 27 日上午，一套以集中判图为核心的货运区智能统一安检系统在北京大兴国际机场货运安检现场正式启用，该系统投入使用后将进一步提高大兴机场货运安检工作的保障能力，实现货运安检工作的“智能化”。

货运区智能统一安检系统，是一套全新的安全检查工作系统，该系统包含了货运安检信息集成、条码生成、收运核查、防爆检测、人证比对、智能采集、货物安检、集中判图、开包检查、数据交换、二次单据审核与收运柜台共计 12 项新技术，目前在国内属首创。货运智能安检系统的启用对于民航货运安检具有里程碑式的意义，从单机操作到无纸化、网络化、电子化的智能安检，该系统降低了人为操作的误差，进一步提升了航空货运的安全程度。

（3）航空公司的服务　航空公司和民航机场是两个既相对独立又相互依存的经济体，机场为航空公司提供的直接服务主要包括以下几个方面。

① 飞机清洁服务　为航空公司执飞飞机提供机内、外部清洁的服务。

② 航空器地面维护服务　为航空公司飞机起飞前或落地后提供例行检查，设备故障与异常诊断、维修，确保飞机各部件功能正常的服务。对于机场的安全运行来说，机务维修工作是不可或缺的关键环节，也是飞机平安起降的后勤保障。

③ 飞机起降服务　指挥航空公司飞机地面滑行、起飞、着陆并提供起飞、着陆飞行条件的服务。比如当前落地 / 起飞跑道的风向、风速、海平面修正气压值等气象信息以及当前时区的时间和世界协调时（UTC），以确保机组起飞降落的安全。

④ 飞机配载平衡服务　飞机配载平衡服务指机场根据航空公司航班客货邮情况对飞

机实际载重量进行核算、控制及对装载位置进行合理安排，实现飞机重心安全，效益经济目的的服务。飞机配载平衡服务被誉为“托起飞机的翅膀”，是飞机安全飞行的重中之重。

⑤ 资料收集服务　资料收集服务是指机场为各航空公司收集整理地方市场的相关资料的服务，为航空公司管理者进行航空决策提供依据。

（4）为其他机场驻场单位服务　由机场向驻场单位提供物业、治安等服务，比如零售商、联检单位。

13.1.3　机场服务质量的概念

机场服务质量主要是指机场服务能够满足旅客、航空公司与货主需求或期望的程度。机场服务作为高接触性服务，其服务质量强调顾客感知。顾客对机场服务质量的评价是机场顾客对接受的机场服务的感知与对机场服务的期望相比较，当感知超出期望时，服务被认为具有特别质量，顾客会表示非常满意；当服务没有达到期望时，服务质量表现为不合格，服务注定表现为不满；当期望与感知一致时，质量是满意的，服务表现为满意。因此，机场服务质量是一个主观性质量，有极强的差异性。

机场作为民用航空系统的重要组成部分，发展到今天，已经不仅仅是航空运输的地面保障设施，旅客和公众对机场服务水平的关注程度越来越高，世界上一些经营管理比较好的机场，如新加坡樟宜机场、中国香港机场以及欧洲的一些机场，都非常重视机场的服务品质。机场通过为航空公司、旅客和货主提供优质的服务，树立机场良好的形象和品牌，不但能提升自身竞争力，带来很高的商业价值，同时也能够创造很好的社会效益。

13.1.4　机场服务质量特性

总体看来，机场的服务质量特性主要包括 6 个方面。

（1）安全性　安全性是指机场对旅客的生命、精神和财产安全以及货邮安全等方面的保障程度。安全性是机场服务质量提升的首要条件。安全性也是整个民航运输服务质量提升的首要条件。

（2）功能性　机场拥有较强专业素质的服务人员，能够提供各种完善的设备设施，并有足够的承受能力。机场要在正确的时间、地点，用专业的方式为旅客的进出港提供便捷、安全、舒适、高效的服务，并能及时向旅客传递各种准确的相关信息。

（3）时效性　时效性指旅客在使用机场各项服务时所感受的服务速度。具体包含服务的及时性、准时性和省时性。例如在航班延误的情况下，值机手续办理时间、交运行李或货物的速度等。如果机场企业出现时效性不良的情况会直接影响机场服务的质量。

（4）舒适性　舒适性是指在接受机场服务过程中体验的舒适程度，比如机场航站楼要有较好的环境、秩序，装饰美观大方、布局合理等。

（5）文明性　文明性指机场的服务人员是否具有积极良好的精神面貌，在为旅客提供服务过程中的文明礼貌、热情友好程度。如服务人员的礼仪举止、文明用语及附加服务等。

（6）移情性　移情性指服务人员要设身处地为旅客着想，换位思考，关心旅客，为旅客提供个性化服务的程度。

13.2　机场服务质量分析

13.2.1　服务质量分析的概念

服务质量分析是保证服务质量并使服务质量不断提高的一种质量管理方法。它通过从服务生产过程中系统地收集与服务质量有关的各种数据，对数据进行整理、加工和分析，进而绘制各种图表推算某些数据指标，找出影响质量差异的原因，为采取相应措施消除或控制产生次品或不合格品因素提供依据，使服务在生产全过程中每一个环节都能正常地、理想地进行，最终达到满足顾客需要或期望的目的。

13.2.2　机场服务质量分析方法

在机场服务质量管理过程中，需要及时掌握服务质量动态，纠正服务质量偏差，保障和不断提升服务水平，提升顾客体验以保持和增强客户满意度。

（1）Excel 分类统计法　Microsoft Excel 是 Microsoft 编写的一款电子表格软件。直观的界面、出色的计算功能和图表工具，使 Excel 成为最流行的计算机数据处理软件。使用 Excel 软件进行质量管理分析，能使一些很繁杂的数据直观表现出差异性及其程度。常用的 Excel 分类统计法是帕累托图与分类比例图分析。

① 帕累托图　帕累托图是将出现的质量问题和质量改进项目的各种因素按照其对整体结果的影响程度、重要程度、发生频率等，由大到小进行排序而采用的一种图表。帕累托图是以意大利经济学家 Pareto 的名字而命名的，帕累托图又叫柏拉图、排列图、重点分析图或 ABC 分析图。帕累托图有助于识别产生质量问题的主要因素。

某机场 2019 年 1 ～ 6 月行李不正常运输情况如表 13-3 所示，通过绘制帕累托图（如图 13-1），不仅反映出行李不正常运输的总体趋势，同时也反映出行李不正常运输主要原因是由行李破损与迟运造成，累积百分比达到 62.62%。因此，机场应针对破损与迟运采取相应的措施进行有效防范。

排列图用双直角坐标系表示，左边纵坐标表示频数，右边纵坐标表示频率，折线表示累积频率，横坐标表示影响质量的各项因素，按影响程度的大小（即出现频数多少）从左到右排列绘制。

表 13-3　2019 年某机场 1 ～ 6 月行李不正常运输情况

行李不正常运输因素 \ 月份	1	2	3	4	5	6	合计	百分比	累积百分比
破损	15	16	9	9	13	16	78	37.86%	37.86%
迟运	13	13	2	3	5	15	51	24.76%	62.62%
漏运	5	6	5	3	4	5	28	13.59%	76.21%
错运	5	4	5	4	3	6	27	13.11%	89.32%
遗失	4	3	4	3	3	5	22	10.68%	100.00%

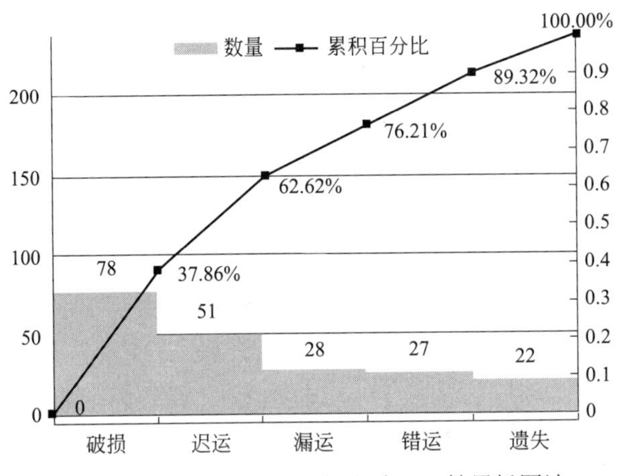

图 13-1　分类统计分析方法——帕累托图法

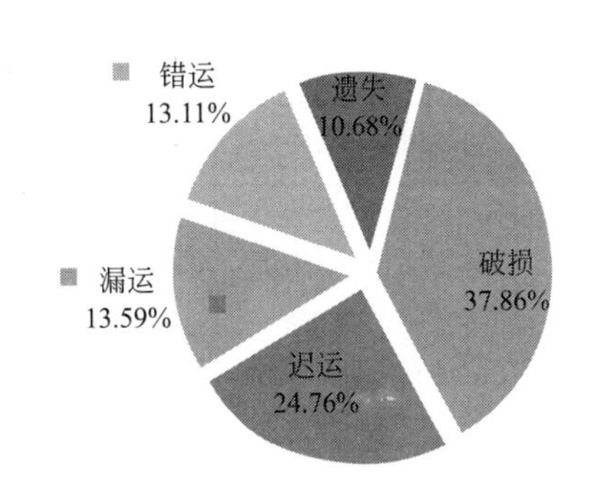

图 13-2　分类统计分析方法——分类比例图法

② 分类比例图　分类比例图分析也称为饼状图分析，饼状图是 Excel 多种图表功能的一种。饼状图分析是通过每一块区域面积大小直观显示一个数据系列中各项的大小在各项总和中的比例。在机场服务质量分析中，分类比例图能分析影响质量的每一种原因在总类中的比例，根据图形显示的面积大小，能直观判断出主要原因与次要原因。

根据表 13-3 不正常运输各类型的合计栏与百分比栏，绘制饼状图（如图 13-2）。从图中可以看出，行李不正常运输的主要原因是破损与迟运，次要原因是漏运、错运与遗失。

（2）因果图和对策表

① 因果图　因果图是由日本管理大师石川馨所发明，故又名石川图。因果图是一种发现问题“根本原因”的方法，其特点简捷实用，深入直观。主要通过深入剖析，找出影响问题的众多因素，并将它们与特性值一起，按相互关联性整理而成的层次分明、条理清楚，并标出重要原因、次要原因，能直观地描绘出问题与原因之间的关系的图形。因其形状如鱼骨，所以又叫鱼骨图（以下称鱼骨图）。因果关系鱼骨图如图 13-3 所示。

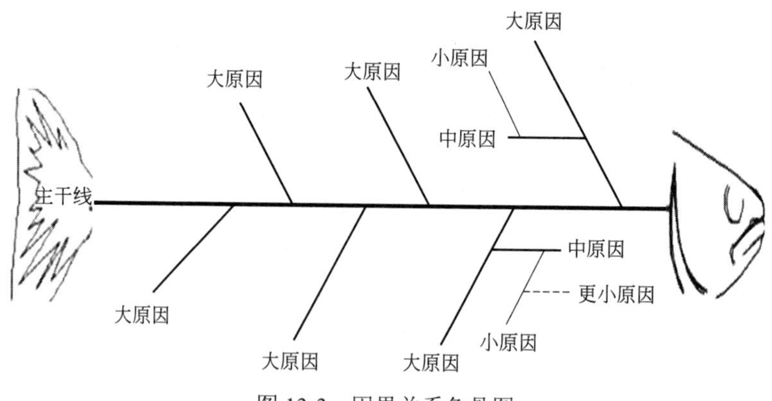

图 13-3　因果关系鱼骨图

某机场 2017 年 1 月行李不正常运输情况及原因统计表如表 13-4 所示，行李不正常运输的主要原因包括值机、自动机械故障、装卸、航班载量、旅客等原因。具体原因主要是值机工作人员的责任落实不严，业务能力不强，行李管理不善；机械人员责任心不强，业务不熟练；装卸人员的责任落实不严，业务能力不强，野蛮装卸等。

表 13-4　某机场 2017 年 1 月行李不正常运输情况及原因统计表

序号	不正常运输原因	差错次数	具体原因	备注
1	值机原因	12	拴错航班行李牌； 未按规定拴挂行李牌导致脱落与机械通过过程脱落； 行李牌拴挂不结实； 值机人员作业不熟练； 值机人员责任心不强	
2	自动机械故障	8	行李传送带故障； 自动分拣系统故障； 维修人员作业不熟练； 维修人员责任心不强	
3	装卸原因	12	装卸人员工作不负责任； 装卸人员错装到其他航班； 装卸人员野蛮装卸； 装卸人员未按要求固定好行李； 装卸速度过慢	
4	航班载量原因	3	临时调换航班； 航班载量	
5	旅客原因	4	旅客行李箱质量问题； 行李箱内物品放置过多	
6	其他原因	3		

根据表 13-4 因果关系分析，绘制图 13-4 行李不正常运输因果关系鱼骨图，直观表达了行李不正常运输情况与原因之间的关系，并能清楚地辨别主要原因及影响因素。

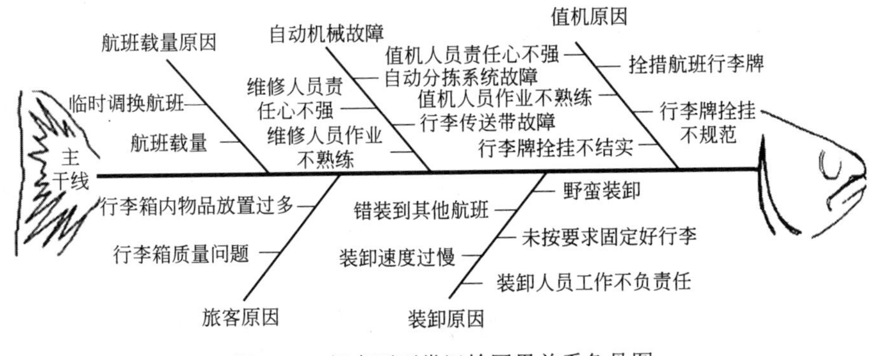

图 13-4　行李不正常运输因果关系鱼骨图

② 对策表　对策表又名措施计划表，是指针对质量问题的主要原因而制定的措施对策表，可作为实施质量控制时的依据。对策表通常是在因果分析图的基础上，根据存在质量问题的原因制定适当措施、对策，以期质量问题获得解决。根据表 13-4 制定对策表 13-5。

表 13-5　某机场 2017 年 1 月行李不正常运输质量整改措施

主要问题	对策	责任人	完成进度	整改效果
值机部质量管理问题	对值机部门人员进行质量管理教育，并制定相应的奖罚制度，落实岗位责任	值机部质量管理办/刘××	2017-2-15	
货运部质量管理问题	对货运部人员进行质量管理教育，并制定相应的奖罚制度，落实岗位责任	货运部质量管理部/李××		
设备管理部质量管理问题	对设备管理部人员进行质量管理教育，并制定相应的奖罚制度，落实岗位责任	设备管理部质量管理部/吴××		
值机原因	加强值机人员值机技能培训	值机部/李××	2017-2-20	
	加强值机人员岗位责任培训			
	加强值机人员对旅客行李箱质量问题、行李物品过多的判断与处理			
机械故障	加强设备维护、保养技能培训	设备管理部/张××	2017-2-28	
	加强设备管理人员岗位责任培训	值机部/李××		
装卸原因	加强装卸人员技能培训，提高熟练程度	装卸科/陈××	2017-2-20	
	加强装卸人员规范、制度培训			
	加强对装卸人员的监督			

对机场服务进行全面质量管理过程中，还会用到许多其他一些质量管理工具和图表，如甘特图、控制图、散布图、系统图、关联图。

（3）调查研究法　机场服务范围较广，测量指标较多，且许多测量指标质量标准无法准确表达。另外，机场服务质量是顾客感知与期望之间对比，消费者对服务质量的评价更能体现机场服务质量水平，因此，机场服务质量分析通常还使用问卷调查分析法、建模等方法来分析机场的服务质量。比如国际机场协会（ACI）利用调查问卷设计机场评价指标，通过调查、分析对机场进行评定，按旅客吞吐量评出区域最佳机场。

13.3　机场服务质量控制

质量控制主要通过监视质量形成过程，发现各环节影响质量的因素，以便能够及时采取有效措施消除不利因素，防止质量问题延续到下一环节。

13.3.1　过程控制

（1）机场服务过程的质量控制要点　机场服务过程，分为市场开发、服务设计、服务提供三个过程，但这三个过程的质量控制目的、控制重点和控制方法，实际上有较大差异。

① 服务市场开发过程的质量控制　重点是市场分析和市场定位，以及在此基础上形成的服务提要。即将顾客的需求转变为服务组织可以接受并有能力实现的服务内容与服务要求。

② 服务设计过程的质量控制　重点是明确服务规范和服务控制规范的内容和要求，确保这些内容和要求符合顾客的期望和要求，反映组织的战略、目标和政策。

③ 服务提供过程的质量控制　重点是以现场控制为主，结合服务产品特点，在服务准备阶段要进行事先控制，防止发生不合格的情况；在服务提供过程中实施监测，及时发现不合格情况，防止不合格情况的扩大与蔓延；服务提供结束后的质量控制主要是对已经发生的不合格情况查找产生的原因，采取纠正措施，防止不合格情况再次发生。

服务产品是通过服务提供过程加以实现的，而服务组织在服务提供过程中存在着大量的极其复杂的一线服务工作，使得服务提供过程成为质量控制的重点和难点，因此，服务提供过程中的控制已成为三个过程控制中的重中之重。

（2）过程质量控制方法　ISO 9001 倡导在建立、实施质量管理体系以及提高其有效性时采用过程质量控制方法。过程质量控制方法是将相互关联的过程作为一个体系加以理解和管理，使组织能够对其体系的过程之间相互关联和相互依赖的关系进行有效控制，有助于组织有效和高效地实现预期结果。根据机场服务和服务生产过程的特点，机场服务质量过程控制主要包括以下几方面的内容。

① 建立质量管理体系　有效的过程质量管理，首先需要建立质量管理体系，进行

有计划、有目标、有规范、有组织和不断进行的质量管理。从服务开发、服务设计、服务过程等整个服务的相关联过程提供质量保障，才能真正提高服务质量，满足顾客服务需求。

机场服务按服务对象主要分为两大部分，一部分是为运输对象提供服务，通常称为前台或是窗口服务，主要包括旅客运输、货物运输及行李运输等。另一部分是为运输工具提供保障服务，通常称为后台服务。无论是前台服务还是后台服务，都需要建立完备的质量管理体系，以保障所有岗位都按照岗位职责、岗位操作规范、岗位工作计划及岗位工作质量标准等进行操作，完成航班服务所涉及的各项任务。

② 事前控制　事前控制又称前置控制，或前馈控制。它是一种预防性控制，针对尚未发生，但有可能出现偏离作业标准的现象，制定预防措施。旨在对服务过程中每个环节，在制定操作标准与质量标准过程中，详细分析产生操作差错的可能性，差错可能带来的负面影响或不良后果，产生差错的原因，以及采取应对措施，以避免发生或是降低发生差错的可能性。前置控制法的具体实施步骤如下。

a. 分析操作流程。

b. 识别风险或是可能出现的差错。

c. 分析差错的原因及其影响。

d. 制定应对差错的具体措施。

e. 分析应对差错措施的有效性。

例如，通过对服务人员技能培训预防员工因服务技能问题引起的服务差错；机场对航空器维修服务预防航空器飞行的安全事故；针对货物或行李的错运、漏运等情况制定应急措施与操作标准，以避免或是最大限度地降低差错所造成的不良影响和损失。

③ 事中控制　事中控制又称同期控制。对机场服务保障过程中的具体作业过程的质量进行现场监督、检查和控制，即可及时获得实际质量状况的信息反馈，以供控制者及时发现问题，采取措施，防错纠偏。由于机场服务是在与顾客消费过程中交付，事先无法预知顾客的需求，面临的不确定因素影响较多，因此，事中控制不仅要求员工对照规范、标准进行自查，还需要专业督查、巡查或是对监控现场进行监查，及时发现及掌握服务质量动态。例如，在航班延误过程中，航班延误很容易引起顾客群体不满，从而导致个别或部分乘客情绪失控，机场需派专人或是成立专业部门加强对服务过程的巡查、指导、协调，以消除影响质量因素，保证服务质量。对于一些重要的岗位，实行双复核制，有助于及时纠正差错。如配载平衡、飞机维修等涉及飞行安全的岗位。

④ 事后控制　事后控制又称后置控制，或反馈控制。对已经发生的问题，应采取相应措施，最大限度地予以补救，以便减少损失，降低顾客的不满。例如，航班不正常情况下妥善解决旅客食宿的问题，及时给出货物、行李出现不正常运输的解决措施等；针对旅客、货主等对运输服务的意见、要求等采取的改进措施。

⑤ 质量跟踪　质量跟踪是持续改进质量的重要举措之一，对于已完成运输服务，通过设立意见反馈平台（电子邮箱、意见反馈栏、质量评价栏等）、电话访问等方法，主动征询旅客或货主的评价和质量改进意见。另外，广泛听取一线工作人员与管理人员对

质量管理方面的意见与建议，并进行综合分析，针对关键问题，采取改进措施，以提高管理质量和服务质量水平。

13.3.2 分类控制

整个质量控制可以对不同岗位、不同类别或是不同性质等关键因素实行分类管理。在机场服务的过程质量管理中，通常有以下几种分类控制法。

（1）按服务对象分类　按照服务对象的性质，机场服务通常分为旅客运输服务、行李运输服务、货物运输服务、航空公司服务。旅客运输服务和行李、货物运输服务存在本质的差异，机场通常设置单独部门进行专门管理。

在旅客运输服务过程中，服务对象是具有情感认知和优劣评判能力的人，旅客对机场和航空公司在机场为旅客所提供的服务会有全程感受和评判，更为重要的是旅客的评判“标准”具有因人而异的离散性。因此，影响旅客运输服务过程质量的关键因素中，服务人员的服务态度与亲和力占有很重要的地位，直接影响旅客对服务的满意度。另一个重要的机场服务质量影响因素是航班正点率，由于影响航班正点率的因素涉及很多方面，情况复杂，这是国内外民航业界加以改善的重要领域。

在行李和货物运输服务过程中，虽然直接服务对象是物，但潜在的顾客是人，接收和交付行李货物环节具有与旅客运输服务相同的特点。另外，行李与货物的完好性与正点率是影响行李货物运输服务质量的因素，因此需要加强行李，货物装卸、仓储与运送过程中的服务质量。这也是国内外机场服务为之共同努力提高服务质量的领域。

（2）按岗位分类　在机场客货运输服务流程中，岗位就是流程中的各个环节，如同产品的一个工序。流程中的岗位不同，则服务内容和质量要求都会存在差异。例如机场安检与安保、机务维修、机场旅客候机区服务等，其服务内容、操作要求和质量标准存在着本质性的差异。因此，需要根据具体岗位内容分析质量风险、采取应对措施、制定质量标准、设定评价方法。

（3）按航线性质分类　按航线性质分类进行质量控制，通常主要有国际航线和国内航线之分、干线和支线之分、远程和短程航线之分。

国际航线和国内航线运输服务的主要区别在于，国际航线运输需要提供海关、边防和商检服务，这些环节直接影响旅客通行的便利性。此外，根据国际法规和航线通航国法规及针对航线地域特点的国际旅客服务，都直接影响过程质量。

干线和支线运输服务的主要区别在于，干线运输涉及枢纽机场中转旅客或行李的换乘便利性和航班可衔接性。

远程和短程航线服务差异主要在于旅客运输服务，远程旅客更多地关注航班正点率、机上服务和机场候机期间的配套服务，而短程航线旅客更为关注航班频率和航班正点率。

由于航线差异，为保障运输服务过程质量，尤其是旅客运输，则需要针对航线特点设计产品，采取针对性措施，以保障过程质量。

（4）按差异性分类　按照旅客或货物的重要性分类提供差异化服务，不仅是市场营销策略的需要，也是服务管理和质量控制的需要。例如在机场候机服务中，如航空公司对常旅客和一些社会组织（如移动电话公司、旅行社、网购）的客户，都按其贡献进行分类，如钻石级、白金级、黄金级和普通客户等，提供不同的服务规格和标准，提供不同内涵、不同价值的服务，包括服务设施设备和服务人员等，理所当然的，服务质量要求和质量评估要求也不同。

行李和货物运输中通常按照货物的特点和价值进行分类，如鲜活易腐品、易碎品、危险品、快件、仪器设备和贵重物品等，进行分类处理、包装、仓储和运输，并按不同的质量标准进行评价。

13.4 机场服务质量管理体系

13.4.1 质量管理组织体系

机场服务质量直接关系机场的切身利益。自国际民航组织（ICAO）、国际航空运输协会（IATA）和国际机场理事会（ACI）成立以来，在各国政府的共同努力下，机场服务质量管理组织体系、法规体系逐步建立，不断推进着机场服务质量的改进与提升。

（1）国际机场服务质量管理组织体系　虽然国际上目前还没有专门机构对世界机场服务质量进行专门管理，但是ICAO、IATA和ACI等国际组织通过定期或不定期的大会决议，或建立行业标准，或进行审计评审，或采取行业准入等手段，强化对行业的影响力，从而加强和促进对机场服务质量的管理。例如，ACI组织的“世界机场服务质量奖”评选，无形中提升了这些国际组织对机场服务质量的监督及促进作用。另外，国际上已产生专注提供机场服务数据咨询及解决方案的第三方咨询公司与评定机构，通过对机场的相关服务进行评定排名，对于机场服务质量起到间接的管理作用。例如Skytrax组织的“世界机场服务质量奖”等评选活动影响力强，在行业内得到了广泛的认可。同时，国际标准化组织（ISO）为全球所有成员国服务，其影响力随着市场竞争而在全球不断提升，ISO标准已经成为产品进入国际市场的“通行证”，对世界机场服务质量管理产生越来越大的作用。

（2）我国机场服务质量管理组织体系　我国“国家质量监督检验检疫总局”是国务院主管全国产品（或商品）质量认证认可、标准化等工作并行使行政执法职能的中央政府直属机构。按照国务院授权，“国家质量监督检验检疫总局”“国家认证认可监督管理局”和“国家标准化管理局”形成质量管理、质量认证和质量标准制定的国家质量管理组织体系。

国家标准化管理委员会即国家标准化管理局，是国务院授权能够履行行政管理职能的标准化专业机构，统一管理全国标准化工作，代表国家参加ISO等国际标准组织活动。

民航局是我国负责监督检查民航运输服务标准及质量，维护民航消费者权益，以及起草和制定行业质量标准的行业管理最高行政机构。各民航地区管理局和各省民航安全监督局负责监督检查所辖范围内的民航运输服务质量标准实施，以及维护消费者权益。民航局还通过定期公布机场等民航单位的服务质量信息及统计数据，对全行业服务质量进行监督，如机场旅客投诉。

机场是实施国际或国家质量标准的具体组织，通常分别设置专门部门负责本单位的质量管理与监控或制定本企业内的相关服务质量标准与质量管理规章，包括对各生产岗位落实质量标准情况的督查、客户反馈意见处理，形成自上而下的服务质量管理组织体系。某些机场还采取“质量连带责任”管理措施，即“一人有错，大家有责”，其目的在于形成质量管理的集体监督机制。

13.4.2 质量管理法规体系

（1）国际机场服务法规体系　法规和标准是民航机场实施质量管理的依据，在国际上，ICAO、IATA 和 ACI 对机场保障服务都分别制定了相应的标准、法规或市场准入要求，作为服务质量管理的法律依据，以保障机场服务质量。例如，ICAO 制定的《国际民用航空公约》及附件、《机场服务手册》和《安全管理手册》，IATA 制定的《机场开发参考手册》，以及货物和危险品运输服务等规定，为国际民航运输服务提供了统一的质量标准。

IATA、ACI 以及 Skytrax 等国际组织还通过设置不同的民航服务质量要求、评估项目和评审内容，对航空公司和机场的服务质量进行国际性审计或评奖。这些评审和评比虽不是法定的国际组织活动，但是从市场影响力角度确实促进了机场服务质量的不断提升，以通过获奖增强自身在机场市场中的竞争力。例如，中国香港国际机场于 2018 年和 2019 年连续荣获世界最佳机场前十。

（2）我国机场服务法规体系　我国政府和国家民航管理机构依据 ISO 的质量管理标准系列和质量管理体系规范，先后制定了适合我国国情的机场服务质量标准和质量管理法规，以规范我国的机场保障服务。例如，全国人大通过的《中华人民共和国航空法》和《中华人民共和国产品质量法》等。国家质量监督检验检疫局和国家标准化管理委员会颁布的《公共航空运输服务质量》（GB/T 16177-2007）和《公共航空运输服务质量评定》（GB/T 18360-2007）等，民航局颁布的《中国民用航空危险品运输管理规定》（CCAR-276）、《中国民用航空旅客、行李国内运输规则》《中国民用航空货物国内运输规则》《民用机场服务质量标准》（MH/T 5104-2006）、《中国民用机场服务质量评价指标体系》《关于进一步提升民航服务质量的指导意见》（2018）等，为我国机场服务质量管理提供了法律基础，为机场企业质量管理提供了行为规范和标准，也为机场消费者维护自身权益提供了法律依据。

13.4.3 Skytrax 质量评定

Skytrax 成立于 1989 年，是一家以英国为基地，致力于向全球民航运输企业提供专业性调研和品质咨询服务从而改善顾客体验的企业，是全球颇负盛名的航空公司与机场服务调查、咨询机构与评定机构。就机场服务方面而言，Skytrax 通过对参评机场的国际旅客服务进行问卷调查及现场实地评估，对机场服务设施、机场地面服务等各项服务情况进行多角度、全方位的审核评定，从而寻找机场的相关服务的顾客意见。另外，他们设立机场评级制度并主持服务评估，最终评选年度的、区域的或全球的最佳机场，以及星级机场奖，并定期公布体现服务质量的全球机场排名等报告，备受业界及旅客推崇。

为了真实、客观地反映旅客对机场服务质量的评价，Skytrax 质量评价设置了针对机场整体服务水平或某一专项服务的评价奖项。

（1）机场类“全球最佳”奖项　每年 Skytrax 举办的世界机场颁奖典礼中颁发 35 个奖项，Skytrax 的机场类奖项有全球最佳机场奖、全球最佳中转机场奖、全球最佳机场宾馆奖、全球最佳机场购物与餐饮奖、全球最佳机场员工服务奖、全球最佳机场安保与移民局服务奖、全球最佳机场休闲设施奖、全球进步最快机场奖、全球最佳低成本机场奖、全球最佳服务机场奖等。此外分项奖还有全球最佳购物机场奖、全球最佳安保机场奖、全球最佳行李服务机场等奖项。通过这些奖项的评比，反映旅客对机场服务质量的评价。例如，2018 年，基于调查期间 100 多个不同国籍的航空公司客户完成的 1373 万份机场调查问卷，覆盖全球 550 个机场，评估旅客在不同机场服务和产品关键绩效指标方面的经验，从办理登机手续、抵达、转机、购物、通过保安及移民手续。该调查提供英语、西班牙语和中文选项。评选出了 2018 年 TOP10 的机场。该奖项是根据数百万的乘客调查回复发布的，是年度 Skytrax 世界机场奖中最负盛名的奖项，被称为“航空业的奥斯卡奖”。2018 年和 2019 年 TOP10 机场排名如表 13-6 所示。

表 13-6　2018 年和 2019 年 TOP10 机场排名

排名	2018 年排名	2019 年排名
1	新加坡樟宜机场	新加坡樟宜机场
2	韩国首尔仁川国际机场	东京羽田国际机场
3	东京羽田国际机场	韩国首尔仁川国际机场
4	中国香港国际机场	卡塔尔多哈哈马德国际机场
5	卡塔尔多哈哈马德国际机场	中国香港国际机场
6	德国慕尼黑机场	日本名古屋中部国际机场
7	日本名古屋中部国际机场	德国慕尼黑机场
8	伦敦希思罗机场	伦敦希思罗机场
9	瑞士苏黎世机场	日本东京成田国际机场
10	德国法兰克福机场	瑞士苏黎世机场

（2）星级类奖　Skytrax 还对参评的机场服务质量进行星级评奖。星级奖分为五级

（见表 13-7），五星为目前最高服务质量奖项，意味着机场在服务创意方面、设施与安全性方面最为领先，是其他机场企业学习的榜样，标志着其提供的服务品质优良。一星为最低（非常差），意味着机场提供的服务质量比较差，低于一般质量水平。直至目前，Skytrax 尚未开评“六星机场”。2019 年 1 月 17 日，广州白云国际机场 2 号航站楼被 Skytrax 评为“全球五星航站楼”，这标志着广州白云国际机场的综合服务保障水平成功跻身世界一流机场行列。

表 13-7 Skytrax 五星评定体系

星级	标准含义
★★★★★五星	非常好 (Very Good)
★★★★四星	好 (Good)
★★★三星	一般 (Fair)
★★二星	差 (Poor)
★一星	非常差 (Very Poor)

本章小结

机场服务质量管理主要阐述了机场服务概念与特性、分类及内容、机场服务质量概述及特点、机场服务质量管理体系，重点介绍了机场服务质量分析方法、控制方法。通过本项目的学习，学生将对机场服务内容、机场服务质量的内涵、机场服务质量分析与控制方法有一定的认识和了解，为以后从事机场服务工作打下一定的理论基础。

本章练习

第 13 章
练习参考答案

一、单选题

1. 下列不是机场服务特性的是（　　）。

A. 有形性　　B. 无形性

C. 异质性　　D. 不可储存性

2. 下列哪项不是机场旅客服务的内容？（　　）。

A. 值机服务　　B. 安检服务

C. 登机服务　　D. 飞机进近服务

3. 对策表法一般在（　　）进行质量分析的基础上进行。

A. 帕累托图法　　B. 分类比例图法

C. PDCA 循环法　　D. 因果图法

4. 制定机场服务质量标准与规范是属于（　　）。

A. 前置控制　　B. 过程控制

C. 后置控制　　D. 分类控制

5. 对航班延误滞留旅客的安置和补偿属于（　　）。

A. 前置控制　　B. 过程控制

C. 后置控制　　D. 分类控制

6. 机场现场领导巡查是属于（　　）。

A. 前置控制　　B. 过程控制

C. 后置控制　　D. 分类控制

7. 对机场已经发生的质量问题，采取相应的补救措施以减少影响或降低影响的控制方法为（　　）。

A. 前置控制　　B. 过程控制

C. 后置控制　　D. 分类控制

8. 下列不属于机场海关检查范围的是（　）。

A. 出入境货物　　B. 护照

C. 货币　　D. 金银

二、判断题

1. 根据机场服务性质，免税店服务属于非航空性服务。（　　）

2. 我国机场服务质量管理主体仅为民航局与地方管理分局。（　　）

3. 机场服务是先生产，消费者后消费。（　　）

4. 根据机场服务层次，旅客导乘服务属于机场主导服务。（　　）

5. 根据机场服务层次，提供舒服的候机环境属于机场核心服务。（　　）

6. 根据机场服务性质，旅客登机服务属于航空性服务。（　　）

第 14 章

机场营销

事件聚焦　法兰克福机场的虚拟购物

乘着网络购物的东风，海纳曼免税店最近在法兰克福机场推出了“二维码墙”。该广告牌提供了带商品图片的二维码，扫描并选购后，不仅能提供送货至机场收货点，也可提供直接送货到家的服务。巨大的虚拟广告放置在登机口附近，展示了 60 种不同的商品，包括香水、化妆品、烈酒和甜点。

通过扫描二维码，消费者能获得关于货品的详细信息，将选定的商品放入虚拟购物篮并下订单。几次点击就能完成商品订单，15 分钟便能方便地在二维码墙边上的取货点收到商品。该公司此举的目的在于使购物更加轻松便捷，并同时挖掘买家的消费潜力。

不过，法兰克福机场并不是该项服务的唯一提供者，其他的大型国际机场也纷纷推出了自己的虚拟购物活动。其中，包括印度德里机场 HomeShop18 的“扫描・购买”，英国伦敦的盖特威克机场和特易购的“虚拟杂货店”和墨尔本机场和 Woolworths 的“点击，飞行和收货”项目。

知识目标

1. 理解机场产品的特征。
2. 掌握机场营销的概念。
3. 掌握机场营销的特征。
4. 理解机场营销的对象及内容。

能力目标

1. 能解读机场营销对机场发展的重要性。
2. 能根据机场运营实际情况提出合理的机场营销策略。

素质目标

1. 树立竞争意识，培养学生“居安思危”，不断发展、完善的能力。
2. 树立营销理念，具备营销意识和基本的营销能力。

14.1 机场产品

14.1.1 机场产品的内涵

从一个完整的机场概念上说，机场是由多种不同功能的设施和为多个客户提供多种服务的很长的生产链条构成的。它包括为飞行器提供进近指挥、起降、停场、加油、配餐、各种地勤服务及为旅客、货物提供的航站楼、货站等过站服务，同时还包括地面运输、餐饮、零售、酒店等其他配套服务。根据这些特性，可以把机场产品分为核心产品、主导产品和延伸产品三个层次。

核心产品是机场整体产品最基本的层次，即客户在使用机场产品过程中和使用后可获得的基本利益和效用。因此，可以把机场的核心产品界定为满足承运人（航空公司）的航空器起降、停场服务及其旅客、货物的过港需要的产品。

主导产品或称主营产品，是与机场设施相关联的各种航空运输服务，也就是通常所称的机场航空业务。例如飞机的起降、停场地勤、机务及航站楼和货运站等服务，是机场核心产品的主要体现形式。它因机场不同的体制构成，组合为若干相互联系的产品。通常可以根据不同企业承担的服务项目分别称为不同的形式产品。例如地勤公司可能承担飞机停场的各种地面服务、机务及部分航站楼服务业务，我们可视之为一个产品组合。

延伸产品或称附属产品，是利用机场资源综合开发同时为主营业务提供配套支持的各种业务，如餐饮、零售、酒店及由机场提供的陆路或水路运输服务等。还有一些业务虽没有直接与主营业务相关，但仍可以对核心产品起辅助支撑作用，如广告、机场的房地产开发等，通常把上述两类统称为非航空性业务。

14.1.2 机场产品的基本特征

（1）机场航空性业务产品的基本特征　作为航空地勤及相关配套服务，它既有一般服务产品的共性，也有鲜明的行业特征。综合而言主要有以下几个方面。

① 顾客直接感知　由于服务性产品的非实物性（形态），顾客不可能在购买后转移或延期消费，顾客对该产品的购买只能是一种直接的感知或体验过程。服务产品是无形的，它通过环境、设备、人员等载体展示或传递出来，因此这些载体本身就是产品的一部分，即便在销售过程中并不发生所有权的转移。例如便捷的流程和良好的候机环境就是机场产品的组成部分。服务产品虽然有规范的形式、程序和内容，但难以形成固定模式，其感知或体验可能因人（包括销售及购买双方）、时间、地点而异。这一特点使机场可以异地营销，但只能就地消费，且在生产及销售过程中难以保持其产品质量的稳定性。

② 生产与销售一体　服务企业的生产过程就是销售过程，同步完成，不可分割。机

场不存在半成品，其每个服务环节都在把产品交给客户，任何环节出现问题都相当于交给客户一个不合格产品，而不像生产性企业可以在生产过程中依靠检验把出现质量问题的半成品剔除或返修，最后交给用户的还是合格的产品。因此机场要创造品牌，就必须使员工成为合格的产品生产者，同时又是合格的营销员。

产销一体的特点还导致消费者之间或生产者之间以及两者之间情绪或态度相互影响并最终影响产品质量。例如当出现航班延误等特殊状态时，只要有一位旅客情绪激烈，就容易传感给其他旅客而导致大面积的服务质量问题。因此，机场员工不仅需要具备生产和销售的技巧，还应懂得协调团队动作、管理顾客和因时、因地控制自己的生产和销售行为的技能。

③ 不可储存　有形产品可以储存，可以根据生产能力和市场需求来调节，且顾客购买后如果不满意还可以退货或调换产品，生产者也可以将所退产品再次销售。而服务产品的即时生产和消费特性使其表现出不能被储存、不能重复出售，不能退还的特点。这些特点导致了生产资源难以均衡控制。例如机场的生产运行，往往因航班高峰期过于集中而使设备、人员高度紧张并引起旅客及航空公司的抱怨，而航班高峰间歇则航站楼内空空旷旷，大量员工又处于等待状态。一方面因短暂的能力不足而影响产品质量，另一方面又因能力的闲置而加大机场的运营成本。因此，如何在营销过程中发挥调节作用，使被动的需求尽可能与相对稳定的能力相匹配，对机场提高产品质量和降低整体成本具有十分重要的作用。

服务产品的不可退货或产品召回特性，就需要服务人员在向顾客提供不合格产品或客户不满意时及时弥补，以减少旅客的抱怨。机场服务出现的差错往往只能通过尊重客户的各种表现形式，使客户在心理上或经济上得到弥补。

④ 产品组合链条长　与其他服务产品相比，机场可以称为由一个联合企业群生产出的复杂的组合产品。从服务的链条看，仅旅客出港，由接入机场到完成各种值机、行李托运、联检报关、安全检查、候机服务，到飞机停场的地勤设施设备配套服务、机务、飞机客货舱服务、供油、供水、供餐，到飞机离港要经过上百次直接的服务程序，同时还有旅客的进港及货物的进出港。任何一个环节的问题都会导致机场整体产品的失败。在机场的整个服务链条中，其对象是多元的，既直接服务于人（旅客、货主、航空公司代表等），也服务于物（飞行器、航空货物），对象的不同也带来服务的标准、程序、方法的差异。

服务的综合性使该链条的不同环节在专业上表现出极大的跨度，也使该链条常常要由不同的独立运行单位来完成。例如航空地勤的服务业务、土建及机电等工程设施保障业务，飞机过站机务业务、导航指挥业务、安全和应急救援业务，以及其他配套服务业务等，要使分别隶属于不同专业的服务项目都达到较高的专业水准并组合成紧凑和谐的生产链条本已不易，加上体制构成上每一项专门业务都可能分属于一个独立法人经营，同时还有属于政府机构的海关、公安、检验检疫等部门，使得机场当局的生产协调难度很大。而任何一个客户在机场感受到的不愉快，通常不会仅认定于哪个环节或该服务的提供者，而会直接认定为该机场，即机场的整体产品因某一环节的瑕疵而遭到客户的否定。机场当局需要为其他单位产出的次品或废品买单。从这个角度来看，机场的服务产品要创造自己的品牌就比其他服务产品要困难得多。

⑤ 主营产品与延伸产品伴生并融合销售　机场的延伸产品源自主营产品并反过来为主营产品提供支持，成为主营产品的一部分。如航站楼内的商业零售或餐饮，虽不属于主营的航空业务产品，但又是旅客候机配套服务的重要组成部分。良好的配套服务可以使旅客在过港、候机过程中获得更大的需求满足和更有价值的心理体验。特别是在发生航班延误等非正常情况时，如果有较好的餐饮、购物和娱乐服务项目，则对主营产品的缺陷将产生很大的弥补作用。

（2）机场非航空性业务产品的基本特征　机场的非航空性业务产品具有多样性的特征，既有服务产品如商业零售、酒店、餐饮等，也有物质产品如航空食品等。但在严格的意义上这些产品都不是机场由航空业务派生的直接产品，而属于派生的二级产品。

14.2　机场营销

14.2.1　机场营销的涵义

机场营销即机场当局（公司）以市场为导向，采取系统的生产经营行为，为客户提供满足其需要的产品（即机场服务及机场资源），从而实现机场利益目标的过程。

根据机场的产品特点，机场营销可以分为主业营销（或称航空性业务营销）与辅业营销（或称非航空性业务营销）。

机场的主业营销包括航线营销和航班营销两个方面。

机场航线营销的主要对象是航空公司，目的是通过航空公司增加航线、航班的飞行以带来机场业务量的增加。

机场航班营销的主要对象是旅客、货主、旅行社、航空货运代理公司。目的是为本机场创造更多的客、货源，以维持或推动航班量的增长。

广义的机场产品应是由该机场所拥有的航线和航班共同构成的。没有航线、航班的机场产品是没有意义的。机场首先因开辟了航线使航空公司成为客户，其次才因为有了航班使旅客和货主成为客户。所以在一定意义上，机场的航空业务是与该机场的航线及航班结合才能成为旅客和货主的消费品。航线布局越广，航线越多，航班密度越大，旅客的选择性越大，机场的产品就越具有吸引力，综合质量也就越高，机场的品牌效应也就越好。至于哪条航线、哪个航班是由哪个航空公司执行，那就是另外一个产品系列的问题了。就如航班时刻表，机场的航班时刻表与航空公司的航班时刻表对消费者各有不同的价值。机场的航班时刻表为消费者提供的是从该机场出行有哪些可供选择消费的机会，当然此时消费者也会考虑到进出港过程所能获得的需求的满足程度；而航空公司的航班时刻表仅表现该航空公司执行的航班情况，消费者只能对其提供的航班的时间、价格、服务联程的可能等做出选择。两者是不可互为取代的，除非该机场只有一家航空公司飞行。因此机场的航线、航班营销与航空公司的营销既有其一致性，也有其差异性。

机场营销直观上为的是增加开辟本机场航线的航空公司的客货源，但最终落脚点还是机场的业务，即获得更多的机场服务产品的销售机会。

机场的辅业营销包括机场的初级产品营销和二级产品营销。

机场非航空性业务的初级产品是指可供开发的伴生性资源，二级产品则可能因自营与非自营等体制关系表现出各机场间的差异性，同时二级产品还因其行业归属不同（如酒店、商业零售、广告、机电维修等）而具有不同的营销特征。机场辅业营销不仅仅是存量资源的营销，而且是通过营销实现资源的增量。机场的存量资源是有限的，只有通过营销不断创造增量，即使资源不断丰富，价值含量不断提高，才能使机场的非航空性业务收入不断增长。这也才是辅业营销的目的。

14.2.2 机场营销的特征

机场营销除了具有服务营销的一般特征（即人在产品中的特殊作用，注重服务产品的有形展示以及强调服务的传递过程）外，还具有如下三个方面的典型特征。

（1）两类产品　与其他行业的企业不同，机场的航空性与非航空性产品是伴生的，只要有航空性产品就必然有非航空性产品（资源）。

由于两类产品的差异性很大，一个是航空地勤服务产品的销售，另一个是机场商业资源的出租转让，两者营销对象不同，渠道不同，策略和方法也不同，势必要求机场同时具备适应两类产品特点的营销管理能力及合适的营销资源布局。

又由于这两类产品都由众多的子产品构成，且可能分别为不同的企业所拥有（不论是长期拥有，如体制安排或买断；还是短期拥有，如租赁等），所以两类产品在营销过程中的协调性将表现得尤为突出。一方面是本类产品内部的营销协调，以争取在机场整体营销策略指导下保持整个生产链中各子产品提供者的品质协同、价格协同、市场区域发展协同和促销手段协同，以避免营销资源的无效耗费。另一方面是两类产品间的营销协调。虽然两类产品的营销对象、渠道、方法等有很大的差异，但其目的是一致的，且其产品又具有很强的互动性，因此两类产品的营销又必须置于机场的统一战略之下协调彼此间的活动，以争取获得最大利益。

（2）双重客户　无论是机场的航空性业务还是非航空性业务，都具有非常独特的直接与间接的双重客户特点。

就航空性业务而言，机场的直接客户是航空公司，间接客户是旅客和货主。因为旅客和货主是在选择了航空运输成为某一航空公司的客户后才成为机场的客户的。所以机场对旅客、货主的航空服务收费也来源于航空公司，而机场的非航空性业务的直接客户是相关资源的承租人或受让人，即相当于向机场公司购买客、货流资源或土地资源而从事经营的企业或个人，他们多数应是该行业（如商业零售、广告、酒店等）的专业经营者；间接客户则是机场的零售、广告、酒店的消费者。机场当局的非航空性业务收入同样也是不直接向消费者收取（直接经营除外），而来源于机场资源的承租人或受让人。

双重客户产生双重营销，双重效果，对直接客户营销的效果是直接的，客户的购买行为是主动的，机场的收益也是直接的。对间接客户营销效果是间接的，客户的购买行为是从动的，即便机场有再好的产品，再好的营销，如果航空公司或非航空性业务经营者的产品不能为消费者所接受，这些消费者也不可能成为机场的客户。

（3）间接效果　间接客户的消费决定了直接客户的存在，直接客户决定了机场的存在，这一特殊的消费链关系使机场的营销既应重视直接效果，即直接客户的消费需求及结果的变化，同时还应重视间接效果，即间接客户对直接客户的消费需求及结果。例如机场在完成航线营销时，不得不关注相关航班的载运率情况，在完成商业地块招租后，不得不关注其营业情况，并不得不重视对间接客户的营销。对间接客户，其在营销的手段和方法上也有所区别，作为航空公司或零售商可能更侧重于宣传本公司的优势，突出个性以提高消费者对本公司产品的印象和购买欲。而机场面对所有的间接客户应是公平的，应创造使消费者能在这个平台上公平选择自己消费产品的环境，因此应突出机场的整体产品，以为直接客户创造市场为目标，即为机场汇聚更大的人气，为各航空公司及商家汇聚更大的客、货源，使之获得更大的收益，要善于从直接客户的收益上看到机场营销的结果。

总之，机场产品的多元性、营销对象的多维性及营销效果的间接性等特征，使得对机场营销的认识比其他行业产品营销要复杂和困难，因此也就产生对机场营销的必要性在认识上和实践上的不确定性，这需要机场经营者给予足够的关注。

趣味阅读　大理机场创新营销思路　助力航空市场健康发展

为贯彻落实集团公司发展战略和地方政府决策部署，有效应对动车冲击影响，提高航线客座率和收益，缩小航线补贴资金规模，大理机场以航班换季为契机，积极探索航线营销新思路，于2019年4月开展了系列宣传营销活动。

区别于以往推介会为主、路演宣传为辅的传统方式，大理机场根据散客比重高的特点，有针对性地联合大理州文化和旅游局、大理旅游集团等单位，于3月22日至23日在合肥繁华商圈开展为期两天的路演宣传活动，同期配以电台节目直播连线、“网红”现场直播、微信公众号平台现场直播、地铁灯箱广告投放、转发朋友圈赠送礼品等形式扩大客户群体受众面，为即将开通的合肥—大理航线宣传造势。

区别于以往只在国内范围开展宣传营销活动，3月31日至4月9日，大理机场派员随大理州代表团前往马来西亚、缅甸、泰国等东南亚国家开展航空旅游主题宣传推介工作，为临时口岸开放后开通国际包机航线进行前期宣传和准备。

区别于以往只注重到客源地宣传营销的惯例，大理机场及时调整营销思路，以航班换季和“三月街”民族节为契机，首次联合多家航空公司于4月12日在本地市区商圈集中开展航空旅游集市活动。本次活动不仅协调各航空公司投放大量折扣机票满足旅客出行需求，还针对机场航线网络、各航空公司品牌、乘机常识、净空和电磁环境保护等内容进行广泛宣传。

通过系列宣传营销活动的开展，大理机场认真总结成功经验，查找差距和不足，为下一步持续开展好大理航线营销宣传工作打牢基础。

14.3 机场营销的对象及内容

机场产品的特点决定了机场客户的多元化。就航空性业务而言，其直接客户有航空公司，间接客户有旅客、货主、旅行社、货运代理公司。就非航空性业务而言，其直接客户是各相关行业的经营者，间接客户除了航空性业务的所有客户外，还有周边社区及机场工作人员。由于机场的社会性很强，所以两方面业务还有一个共同的重要客户即政府的相关机构，虽然它不一定成为机场服务产品的直接购买者，但对机场产品的营销发挥着重大的作用。

14.3.1 对航空公司的营销

航空公司是机场最重要的客户。机场向航空公司营销的目的是通过增加航线、航班来增加机场产品的销售。

机场对航空公司营销的主要内容如下。

（1）市场推荐　市场推荐是机场实现营销目标的基础性工作。航空公司是否愿意开辟航线或增加航班取决于市场情况及其经营成本。除基地公司外，航空公司对机场所在区域的市场熟悉程度通常要低于机场，因此机场提供可信度高的市场推荐报告，往往能成为航空公司决定开辟这一市场的重要依据。

（2）机场推荐　在向航空公司推荐市场的同时，应做好机场的自我推荐。因为航空公司要进入这一市场首先就要成为机场的消费者，因此机场的推荐就像产品说明书一样应让消费者明白产品的内容特点、使用条件及优势等，以提高对顾客的吸引力。否则，由于航空市场具有相对流动性的特点，在机场竞争日益激烈的情况下该机场区域内即便有一定的市场，航空公司也可能选择邻近的其他机场。机场的推荐主要应包括以下几个方面。

① 基础设施保障　包括机场等级、设施设备配套等。

② 安全、服务保障　除了介绍本机场的基本情况、特点和优势外，还应根据不同的航空公司及营销的航线、航班，有针对性地介绍可能引起航空公司关注或可供其选择的内容，特别是对外国航空公司的营销更要有针对性。例如机场的起降间峰分布（尽可能引导航空公司在非高峰时段安排航班以更好地保障服务及降低机场运行成本）、机场开放时间、海关等联检部门的服务时间（特别是对国际货运航班可能出现夜航或节假日安排航班情况）、对旅客的特殊服务（包括对残疾人提供的设施保障、无障碍流程、延误航班保障条件等）、对货物的特殊服务手段（包括对危险物品、冷冻物品、超大件物品的服务保障能力等）。

③ 配套能力保障　包括机务维修能力、对机组过夜及旅客因中转或延误的住宿接待能力、航空食品供应保障能力、客货运输衔接的多式联运能力等。

④ 收费的条件及依据　营销过程的价格条件一般不会一成不变。既然向客户推荐产

品，客户也自然希望得到更具吸引力的优惠价格。因此可以适时介绍机场的收费标准及其依据，在不同阶段及不同航班量的情况下所能提供的价格优惠条件。当然应注意机场在价格政策上的中立性与公正性，尽可能不出现厚此薄彼的收费条件，以免伤害到其他客户，不利于机场的长远发展。

（3）互动建议　机场对航空公司的营销通常不可能一次联络或递交一份推荐报告就大功告成，往往需要经过一个互动的过程才能实现营销的目的。因此在提出市场及机场推荐时还应提出互动办法和条件的建议。主要内容如下。

① 建立联络机制　明确双方的联系渠道部门、主要人员及必要的时间安排，保持双方的密切联系，以推动营销进程。

② 前期工作的支援与配合　如航空公司对市场及机场的考察配合，非机场单位（航管、联检部门、政府机构、旅行社、航空货代等）的辅助联络，航线开辟前的航空公司所应办理的相关手续。

③ 机场设施、服务、价格等条件调整和改善的可能及办法。

④ 促销的配合　新航线的开辟需要有一个促销和培养的过程，保证客户的成功才能保障机场营销的成功。因此机场有责任与航空公司一起开展相关航线的促销活动。围绕促销的内容、形式、渠道、费用等与航空公司建立针对性强的、协调统一的方案，以提高促销的力度和效果。

14.3.2　对旅客、货主、旅行社、货代公司的营销

对这些对象营销的目的是使他们选择航空作为出行或运输的主要交通方式。选择本机场为出发、到达或中转机场。虽然机场的这些营销对象与航空公司一致，或者说航空公司的营销将比机场更直接和有力，但其目的、内容与效果却不完全一致。

从目的上看，航空公司的营销仅针对自己的产品，而机场则是对所有客户航空公司的产品。特别是对中转客、货，就航空公司而言，无论从哪个机场中转，以有利于或符合于本航空公司的利益为目标，而是否从本机场中转则直接关系到本机场的切身利益。

从内容上看，航空公司更多表现本公司的优势，由于竞争需要甚至会贬低同一航线上其他公司的产品或冲淡客户与竞争航空公司的联系，而机场则公正均衡地宣传各客户航空公司的优势，使这些对象能有更多的选择机会。同时机场还着重宣传机场优势，能使营销对象对由机场与航空公司共同完成的组合产品有更完整的认识，有利于增强营销的效果。

从效果上看，航空公司仅关注本公司在所在市场的业务增减，而机场则更关注吞吐量变化所带来的航班的变化。因此机场的营销更有利于产生群体效应，能有效地推动航空公司的业务增长，最终达到机场营销的目的，即客户航空公司的增加和航线、航班的增长。

在这方面机场营销的主要内容如下。

（1）客户航空公司所能提供的服务情况　例如航线布局、航班时刻、各航空公司的服务情况及特点，包括机型、票价、订票、订舱等服务的联系方式。设计一本内容完整

并能成为出行或运输指南的机场的航班时刻表就是很好的营销手段之一。

（2）机场提供的服务情况　机场安全、准点、便捷、舒适的服务保障能力是高品质航空运输服务的重要组成部分，旅客对这些条件是极为关注的。航空运输的高效率可能被不方便的地面运输或长时间的候机等待所抵消，高消费的航空运输可能因低劣的服务使客户感觉物无所值而选择日益改善的其他运输方式。曾经有过的不良经历或误解也可能使机场失去一个客户。对于中间市场的客户，机场服务的情况都明显影响其对始发、到达机场的选择。特别是中转客、货，中转流程、设施、服务条件（包括中转手续的便捷度、中转过程所能提供的休息、娱乐、餐饮等）、联检和通关政策如何更是决定其选择中转机场的重要依据。国内外有些大、中型机场与航空公司配合或独立为中转旅客及航班延误时间较长的旅客提供免费的城市旅游就是为促销（吸引更多旅客来本机场乘机或中转）而推出的特殊服务。因此适时、准确地宣传机场的特色服务对机场的促销是很有意义的。

（3）配套服务的能力　例如多式联送，宾馆、餐饮、购物、商务活动的保障能力，服务水平及价格等。这些配套服务的条件往往会构成旅客、货主出行运输所支出的总成本和所获得的总价值的一部分，机场对此类客户群的促销活动就不应仅提供相关信息，而且应结合营销策略突出宣传本机场有特色的配套服务，使旅客、货主感到选择本机场能获得其他机场所没有的超值服务。

配套服务项目的宣传同时是对辅业的营销，结合主业营销进行更广泛的服务项目的推介，便于旅客、货主选择，也有利于辅业资源价值含量的提高。

（4）旅游产品设计的参考方案　该营销的主要对象是对本机场拓展航线航班有较大影响的外地旅行社。机场根据航线航班的发展战略及导向，对相关旅游产品（线路）进行分析研究，提出有说服力的推荐方案。一方面可以联合航空公司及本地的旅游部门如景点单位、宾馆酒店等共同推荐具有吸引力的本地旅游产品；另一方面可以联合上、下程航空公司以及本地和第三地旅游部门推出以本地为中间站的旅游产品，这一形式的产品将给机场带来加倍的流量。当然这一营销方式涉及的利益单位较多，操作难度大。因此机场在设计及推荐相关产品时应尽可能调动自身的资源因素，使相关利益单位能受惠于该产品的组合。

14.3.3　对相关非竞争性机场的营销

任何一条航线的开辟都需要两个以上的机场共同完成，无论是始发、到达还是经停机场都对该航线运输的成本和质量有很大的影响。如果该航线上的机场能形成利益联盟，建立共同的营销目标，合力争取航空公司开辟航线、增加航班以致打造精品航线，则势必更有利于形成几家共赢的局面，这就是对相关非竞争性机场营销的目的。

所谓相关非竞争性机场是指那些与本机场发展战略相关又不存在竞争关系的机场。亦即对本机场发展有较大影响的已开或可能开辟航线的另一方机场，且该机场在这一航线上的利益与本机场相一致。这种情况多出现于在相关市场区域内为取得本机场的竞争优势，争取获得更大的中间市场份额而力求建立更具竞争力的航线。例如某国际机场为获得更多的国际中转旅客，而某国内干线或支线机场为接通国际通道获取更多的外国旅客，通过机场间的营销取得目标和行动上的一致，进而共同向航空公司营销，与航空公司一起建立便于与国际航业衔接且价格上具有吸引力的航线航班。国内航线上的枢纽机场与干线机场、干线机场与支线机场间也可能出现类似的需求。此外，国际货运上卡车航班的兴起，即国际机场间为增加国际货物的吞吐量通过海关监管卡车以空运航班的名义将货物由一个机场运往另一个机场以接通某条国际航线，同样需要机场间的营销。因此，选择合适的相关非竞争性机场并开展营销是必要的。

对相关非竞争性机场营销的主要内容如下。

（1）机场战略交流　建立利益联盟并非一般机场间的航线航班或其他业务的简单的合作关系，它需要在特定的业务方向或项目上具有共同的发展目标、利益需求、经营策略及管理手段等基础才能形成。因此应与建立利益联盟的目标机场在战略上做广泛的交流，协调彼此间的经营理念、目标和方法，使双方在获取共同利益的关键要素上取得一致。

（2）提供开辟目标航线的相关资料　开辟具有竞争力的航线是建立利益联盟的主要目标，围绕这一目标的前期调研十分重要。应按照对航空公司营销的市场推荐、机场推荐及互动建议的基本框架和内容形成初步资料提交目标机场，在交流中补充完善。特别是在此后对航空公司营销所需采取的共同步骤、政策及具体办法方面应形成明确的认同，以提高营销的力度和成功率。

（3）建立沟通渠道及协调机制　在共同进行的航线营销中需要及时沟通情况，协调动作。在形成利益联盟之后及时提供相关的客货源等动态信息，巩固和发展利益关系。

（4）服务链延伸　为使目标航线更具竞争力，使旅客、货主获得更大的附加价值，需要联盟机场延伸客、货运输服务或提供配套服务项目，如商务贵宾的全程服务、货物配送服务、为始发旅客提供在到达机场的商务配套服务等。当然机场间服务链延伸的营销并非局限于相关非竞争性机场，它已广泛运用于大中型机场的航线之中。

14.3.4　对周边社区及机场工作人员的营销

对机场周边社区及机场工作人员的营销有两重目标，一是主业上获取周边社区及驻机场各单位的认识、理解和支持，以为机场创造良好的经营环境，进而创造更大的企业价值。二是辅业上增加在机场消费及开发利用机场资源的机会。

在航空主业上该方面的营销更多属于关系营销和社会营销范畴。机场是社会性极强的企业（或机构），其运行和发展一方面给周边社区及机场相关单位提供了发展机会，另一方面也受制于这一社区和单位。就社区而言，机场提供了就业、配套工商业发展、税收等机会，同时也带来土地资源占用、环境污染、规划限制等负面影响。为减少或消除这些负面影响，机场必须付出相应的成本。一般情况下社区对负面影响的允许值越低，反应就越强烈，机场所应支付的成本也就越大。因此，开展关系营销就显得十分必要。

所谓的关系营销，是指对企业生产经营活动中涉及的各种关系加以系统的整合、利用，以构建和谐的关系网的营销活动。关系营销对价值的创造在于它可以建立更高的顾客满意度，从而使企业创造出更多的顾客让渡价值。从机场的存在及生产运行的角度上看，可以把周边社区及相关单位视为顾客，如果能够通过合适的营销提高他们对机场的满意度及构建和谐的关系，则机场可以大幅度地降低建设和运行成本，提高运行效率，获取更多的可变现的资源，也就意味着通过营销而获得了更多的顾客让渡价值。

围绕航空主业的营销内容如下。

（1）及时并持续地宣传和介绍机场建设和发展的动态情况　例如机场的建设项目、进度、投资安排，机场生产运输指标、效益情况，机场的更新改造，新技术运用可能对机场的形象、周边环境带来的影响，机场的发展规划及远景设想等。

（2）敏感问题的通报及说明　机场因建设而征用市民或农民的土地，因噪音或污水排放对居民利益的影响等都属于敏感问题。机场应建立良好的沟通机制，一方面主动通报情况，引导相关群体准确了解其来源、影响程度、已采取的防治措施，避免因误解引起过激行为；另一方面采取适当措施协助解决由机场造成的较突出的问题，缓解矛盾的情绪。

（3）共享机场成果　如组织或引导社区居民参观机场，使之了解机场建设的发展、环境条件的改善及由于机场建设给周边社区带来的道路、水电、园林绿化等方面的进步；适当赞助周边社区的公益活动；尽可能为周边社区提供更多的就业和事业发展的机会；通过了解机场及分享机场发展的利益，使之理解和支持机场，从而达到机场营销的目的。

周边社区与机场工作人员及接送旅客人员同样是机场非航空性业务的营销对象，其营销的主要内容如下。

（1）机场可供开发的资源及其有利条件　机场某些资源的开发利用，对机场周边的投资者或厂商具有相对的优势，如土地资源的开发或仓储业的发展等，在非航空性业务上建立密切的合作关系对促使他们支持机场主业的发展也有间接的意义。

（2）机场可提供服务的项目、条件及价格　一般的中型机场（包括各驻场单位）有几千名员工，而大型机场则会有上万或几万名员工。接送旅客的人员也是一个不可忽视的机场消费群，德国慕尼黑机场调查发现接送旅客人员与旅客之比接近1/3，而且由于旅客下机后要提取行李或可能碰上延误或办理进港手续等，预计到达时间往往不是旅客真正到达候机楼的时间，因此接机人员在机场平均要停留1个小时以上。加上周边社区人口都是机场各种服务的消费市场的重要组成部分，如宾馆、零售、餐饮、商务、辅助交通以及场地和写字楼出租等，因而为接送旅客人员创造良好的消费环境，适时推荐特色产品（如对预约在机场举行宴会的客户提供更到位的航班动态信息，甚至代理部分登机手续等），可以提高该群体的消费欲望。良好的营销将有效地提高机场相关资源的价值含量。

14.3.5　对非航空性业务客户的营销

基于机场非航空性业务产品（资源）的特点，其客户分别隶属于不同行业，有不同的经营方式，但机场对这些客户开展营销的目标是一致的，即提高机场资源的价值及收益。因此其营销就具有相同的内容。

（1）机场资源的推荐　如何使机场非航空性业务的初级产品即客、货流资源与土地资源的存量及价值含量更广泛地让其顾客所认识，这是营销的基础。为此机场必须在规划、评估消费能力及市场潜力调查的基础上，及时准确地向潜在的客户即可能进入机场经营而又符合机场要求的厂商，通过函件、面荐、广告等方式介绍机场的总体情况（如客货流量、成分、发展情况及预测、交通等信息），拟出让或租赁的资源种类数量、具体方位、作价办法、经营方式、机场的管理原则等，同时还可以适度介绍该资源的价值评估，国内外机场同业经营情况、机场外围相关资源的存量及价格等供潜在客户参考的相关资料，尽可能引起业界对机场拟转让资源的关注。

（2）以合理的方式选择客户　客户的选择是机场资源充分体现价值（包括经济的和社会的，如机场形象及消费者利益保障等）的关键要素。首先应做好潜在客户的调查，特别是对已经在其他机场经营或有过机场经营成功经验的厂商，建立潜在客户档案，保持适当的沟通，为选准营销对象打好基础。其次是选择客户，可以是定向邀请，也可以是招标选择。定向邀请通常是对知名的品牌连锁店或酒店集团等，他们既有良好的品牌、强大的营销能力及较规范的经营运作方式，对资源的价值含量也会有比较准确的评估，价格也相对客观。招标选择则是通行的方式，需要编制具有吸引力的标书及制定公正合理的评标办法，特别是要把握好对投标人的报价、经营方案及品牌商誉的评判标准，以选择最符合机场利益原则的客户。

（3）与客户保持良性互动　机场非航空性业务初级产品的客户就是承接机场资源的经营者，机场在完成其产品的销售（出让或租赁）后应建立良好的售后服务机制。由于机场安全和服务管理的特性，售后服务的首要任务就是建立严格的管理规范，及时向经营者通报机场相关的动态性信息及新的制度和标准，帮助经营者建立符合机场要求的经营管理模式；同时要及时反馈机场所获得的各种服务调查结果、旅客投诉意见等，推动服务品质的提高；及时听取经营者的意见和建议，为他们创造更好的经营环境。

（4）为客户创造更大的价值　机场资源的价值受客货流量、旅客的购买欲望、购买能力、机场周边市场变化等因素的影响而波动。为客户创造价值就是为自己创造价值。因此，加强主业的营销推动客流量增长，加强对周边社区及机场工作人员的营销以增加消费总量，创造更合理的流程和环境布局以提高旅客的购买欲望等，都是为客户创造价值的好办法。在各种资源的营销过程中，以某种资源的付出赢得其他资源的增值。例如通过相对低的价格推动土地资源的开发并聚集更多的人气，以带来更多的人流、物流及更大的消费，提高商业零售、餐饮等资源的价值含量，这也是组合营销的重要内容。

14.3.6 对政府机构的营销

把政府机构确定为机场重要的客户，其依据并不在于政府机构的各种活动所产生的数量可观的航空客货运输消费，而在于政府是机场所创造的社会效益的主要购买者。不管直接间接，有意无意，政府都在通过各种形式和手段鼓励和支持当地机场的发展。政府支持的形式和手段就是其支付的成本，机场发展所产生的社会效益就是机场的产品，也就是政府所希望获得的收益。由于顾客（政府）所支付的费用（支持的手段）及生产者（机场）所创造的产品（社会效益）都难以作具体的价值判断，因此，机场从这一特殊的购买者手中获得更大的让渡价值就是营销的目的。

政府通常用什么“购买”或“换取”机场的社会效益呢？这就是政府天然所拥有的资源。例如土地资源，航线航权资源，政策资源包括资金投入、补贴、减免税收、赋予某项专有权或优先权、价格、关税政策等。政府是这些资源的拥有者也是提供者，取得更多的政策支持，便是获得更大的让渡价值，这是机场的其他客户所不可比拟的。当然这里并不主张回到“等、靠、要”的老路上去，而是以积极的营销手段争取政府提供更多的资源，同时通过机场的发展创造更大的社会效益，也意味着为政府这一重要的顾客创造更大的价值。

对政府机构营销的主要内容如下。

（1）让政府机构全面了解机场创造的社会效益　机场作为城市重要的基础设施之一，其社会效益是众所周知的。但它能在哪些领域有直接的贡献，贡献率有多大，并非谁都明白。政府作为社会效益的受益者代表，对机场的社会效益期望值越高，理解越深刻，给予的支持也就越大，即在安排或分配其掌握的资源时倾向性就越大。有研究认为，机场每增加 100 万旅客就将给所在区域带来 1.3 亿美元的经济收益和 2500 个工作岗位；每新增 10 万吨航空货物，将创造 2400 个工作岗位并带动 50 亿～ 60 亿美元的进出口额。要使政府的相关机构更全面地了解机场对社会的贡献，一方面要积极推荐和介绍国内外民航界、经济界已调查研究出的其他机场的社会贡献情况；另一方面还要认真调查分析本机场为当地所创造的社会效益。例如机场带来的就业、税收、投资、消费以及由客流量带来的对旅游、商业、会展等行业的影响和货流带来的产业扩张、产业升级、物流效率提高、成本降低等方面的实际影响。当政府及社会更清晰地意识到机场是社会效益投入产出比很高的行业时，机场要争取获得政府的资源支持就更有利。

（2）主动介绍民航及机场的发展动态与趋势　机场的发展需要有相应的环境与条件，也面临着竞争与威胁。由于地方政府并不一定了解民航，可能认为只要把机场建起来就一定能发展，就一定能达到预期的社会效益目标，由此可能导致对机场的经营过程缺乏持续的关心和支持，甚至片面要求机场的发展速度以致对发展步伐的指责等。如果政府对机场发展规律缺乏了解，将影响机场在政府心目中的形象，进而影响可能获得的政府资源的支持。因此要主动向政府相关部门介绍机场发展的基本原理及其规律、影响机场发展的因素与条件、行业的动态及相关背景、外地政府对机场支持的政策与措施等，同时还应把本机场的发展情况及时通报政府，提高政府对民航业的了解深度及对机场发展的关注，以争取得到更大的支持。

（3）向邻近地区政府推荐机场　由于地理及行政区划跨度的影响，邻近地区的政府机构对本机场提供服务的具体情况及配套条件可能缺乏全面的了解，这将导致因“使用不方便”的错觉不愿或不善使用而影响本机场的市场拓展，同时还可能导致邻近地区政府致力于建设“属于自己”的机场而加剧竞争。我国的一些地区在机场合理的服务半径内同时建设几个机场而出现“谁都吃不饱”的情况多源于此。因此要更广泛地与可以提供服务的邻近地区的政府机构沟通，介绍本机场的航线航班，可提供的配套服务，如陆路、水路交通、商务贵宾服务、宾馆酒店、会议接待、旅游包机等具体服务项目及内容；介绍机场可以提供的优惠条件，并按照邻近政府提出的相关需求改进服务，以提高吸引力及亲切度。同时介绍机场的投资建设与经营情况，改变邻近政府以行政区划认识机场的概念，形成“虽非行政隶属，但能为我所用”的认识，以取得政府的有效支持。例如改善连接机场的交通设施，引导客货源使用本机场，为开通某些特殊的航线（如旅游包机等）提供财务支持，放弃或延缓投资建设辖区内机场等。

（4）向相关国家的外交或商务机构推荐机场　争取外国航空公司开辟本机场的国际航线需要开展对目标航空公司的营销。由于地域及文化差异，机场提供的市场推荐等资料并不一定能得到航空公司的信赖与认可。倘若其国家的驻外机构能认同本机场意见并协助推荐，就更能引起航空公司对该航线的兴趣，提高航线营销的效果。因此，应根据机场的总体战略，与相关国家驻华外交或商务机构建立联系，表达开辟航线的意愿和优势，定期发送机场及相关市场资料，争取获得这些机构的支持，为开辟航线创造更好的条件。

拓展阅读　机场互联网市场营销策略

机场可以研究开发的互联网市场营销策略包括口碑营销、众包、手机应用程序、众筹等。

14.4　机场营销策略

14.4.1　机场产品推介

积极主动是针对传统机场相对于市场的被动性而言的，积极主动地推介自己的产品是机场经营作风的转变和开始，也是开展机场营销的基本动力。

机场的产品推介应注意以下几个问题。

（1）找准机场的市场定位　定位即机场在整体市场的位置，也就是通过对市场的调查分析，找出并发挥本机场的相对优势以更有针对性地对目标市场开展营销。

准确的机场定位应包括两个层面的综合分析。

① 分析本区域内航空运输在各交通运输服务中的位置　应根据所在区域的地理位置、交通环境、自然资源、社会经济发展、国民收入情况以及其他交通设施的发展情况寻找机场的优势，即在现有以及未来的交通总量中所能占据的市场位置。例如在同等社

会经济背景条件下，位于平原地带的铁路、公路交通发达地区对航空运输的需求可能要小于位于多山地区陆路交通较不发达的某些地区；内陆自然资源丰富特别是旅游资源丰富地区的航空需求可能要高于经济比之几倍发达的沿海某些地区。例如四川的九寨黄龙机场，虽位于高原地区，由于旅游资源丰富且陆路交通条件有限，航空在交通运输中的地位就特别突出。该机场通航第一个完整年度旅客吞吐量即达90万人次，远远高于沿海地区某些经济更为发达且同样有旅游资源的机场。这样的机场定位于以旅游为基础的航线航班营销，成功率就很高。

② 分析本机场在行业中的位置　应根据航空需求的调查分析以及国家对机场的总体规划布局和邻近机场的发展情况准确定位本机场的性质及市场拓展方向。例如是以国际航班为主导还是以国内航班为主导，是干线还是支线，是以旅游还是以公务、商务为主导。此外，还应考虑周边机场的影响因素，包括分流的可能及在航线布局、旅客对象、客货比例等方面由于优势不同产生不同的市场侧重面（即市场分工）的可能。机场的定位不应该靠投资者（特别是政府）对机场性质（如定位于国际机场或枢纽、干线机场）的主观意愿来确定，而应是科学的市场调查及机场环境分析得出的结果。以不准确的市场定位开展营销往往会导致营销失败。国内有许多机场定位很高而发展很慢，不无这方面的原因。

准确的市场定位才能准确地选择营销的目标和手段。

首先是航空公司的选择。根据不同的营销目标选择与之相适应的在航权、运力、航线布局、拥有机型等有条件的公司为目标公司。例如英国的利物浦约翰 • 列侬机场原是一个很小的机场，且离英国第三大机场曼彻斯特机场仅1小时车程。该机场根据市场情况进行了准确的定位，即服务于休闲旅客，并紧紧围绕这一定位开拓市场。该机场利用自己是世界著名歌手约翰•列侬的故乡，通过改名等一系列宣传活动来推广自己：把“非繁忙机场”这一劣势转为优势来吸引低成本航空公司和假日旅游包机公司，使机场成为伊西航空的一个基地，并利用良好的地理条件开展夜班货邮，从而成为欧洲发展最快的机场。

其次是客货目标市场的选择。根据市场调查结果，向航空公司提供准确的目标市场分析，以期采取合理的价格措施及促销手段，同时也利于机场围绕这一目标市场采取相关的辅助促销及配套服务措施，保障新辟航线、航班的成功。例如厦门机场在争取开通日本及韩国航线时，充分利用厦门环境舒适且周边具有较多高尔夫球场的优势向全日空、日航及大韩航空积极推荐旅游健身市场，航班开通后，大量日、韩游客组成的高尔夫球旅行团已成为这些航线的重要客源。

最后是航线航班推荐。根据机场的市场定位及市场潜力向航空公司推荐合理的航线和航班，包括合理的时刻安排，不同航季的班期及密度（特别是以旅游为主导的机场）等，使航空公司能在该航线航班上产生更好的营运收益。

（2）选好机场的推介方式　机场的推介方式是灵活多样的，主要有以下几种。

① 信函推介　该方式简单易行，成本低、适用面广，但不易引起营销对象的重视。在市场准备较充足，意向较明确的情况下，以机场高层名义直接向航空公司高层发送推

介函也可能引起良好的效果。

② 访问推介　即派遣专人或团组直接向营销对象推介机场，这一推介方式利于与营销对象沟通，感觉亲切，便于建立直接的互动关系。

③ 会展推介　即通过参加各种行业内或相关的会议、展览并争取在会上发言、发放推介资料或设置展位等推介机场。该方式接触面广、层次高，可以利用这些机会相对集中地与营销对象的中、高层接触、沟通，易于获得新的市场机会。但一次性费用较高，目标不集中也可能产生不好的效果。这一推介方式多用于国际航线的营销。

④ 专题推介　即以召开机场推介会的方式推介机场。该方式主题突出，目的性强，影响面广，但所需费用高，需要动用较多的人力、物力。

上述几种方式各有长处，应根据不同的对象和目标采取不同的方式或综合运用多种方式才能取得更好的推介效果。同时机场营销是一个动态的过程，一次推介只是一个开端，需要与推介对象保持沟通与互动，对推介的各种反应进行紧密跟踪，直至达到营销的目标。

机场推介会是机场营销的重要手段，开好机场推介会应注意把握几个重点。

① 时机与地点的选择　由于机场推介会需要投入较大的成本，因此其推介的目的要明确，选择的时机和地点要恰当，这样才能产生好的效果。例如，1997 年，厦门刚刚获得国家批准的落地签证（口岸签证）的政策，为充分利用这一政策发展厦门机场的国际航线，厦门机场策划了以市政府牵头，机场当局、口岸联检单位、旅游部门等代表参加主办的机场推介团队，在新加坡、马来西亚、菲律宾分别开了 3 场推介会。由于我国当时具有落地签证政策的口岸很少，且同时具有一定的国际航线优势的机场也不多，因此机场的推介得到很大的反响。这类推介会的成功关键在于时机把握的恰当。又比如 2004 年是我国民航客货运输的高速增长年，特别是长三角地区的国际客货需求更是蓬勃增长，为了在区内占据更广阔的市场，杭州萧山机场及南京禄口机场都在外商投资重镇苏州举办了机场推介会，萧山机场提出了“天堂苏杭空港共享”这一既响亮又具吸引力的营销口号，以期吸引更多的国际客、货流向本机场，这些推介会都准确把握了可能获取的市场区域。

② 推介会的准备　信息准备和组织准备是推介会能否成功的关键。信息准备首先要做好市场调查，摸清目标客户的需求条件，即在什么样的条件下更愿意选择本机场。其次是哪些对象（包括政府部门、中介机构如旅行社、货代公司等）对目标客户具有实际的影响力。组织准备则是对目标客户需求条件的前期落实，以及确定邀请参加推介会的对象和参加推介会的代表成员。通常参加推介会的代表应该包括机场所在地政府官员（既表示政府对机场的重视也利于引起推介地政府的重视与支持）、航空公司代表及机场代表。若以推介国际航线为主则应请口岸联检单位一起参加，以介绍通关条件及口岸优势，使目标客户更了解机场的整体服务水平。

③ 推介会效果的跟踪　推介会的召开不能仅仅停留于对邀请对象的一次性宣传或借助媒体造成一次轰动效应，应充分利用推介会期间掌握的客户资源做定向跟踪，了解推介会对客户行为的影响情况，机场采取的各项措施的执行效果以及客户在机场消费过程

中的满意度等，以及时调整机场并协调航空公司调整相关的政策、设施及服务，稳定并持续发展新的客户。

14.4.2 机场品牌传播

在机场营销中应该充分注意品牌策略的运用。实施机场的品牌策略首先是要致力于树立机场品牌，它包括保持良好的安全和服务记录，不断改进服务更好地满足顾客的需求，创造有特色的服务产品形成机场独特的优势等。建立机场品牌还有一个重要因素是提高机场的地缘可达性及机场航线、航班网络的连接性。没有便捷且低成本的地面交通配套，没有开辟较大纵深且具有一定延展潜力的市场区域，没有相对密集的航线航班使旅客、货主有较强的选择性，也谈不上良好的机场品牌。

在建立品牌的同时，应充分注意品牌的“有形展示”，即善于利用构成机场服务的各种有形载体把无形的服务品质表现出来，达到品牌传播的目的，强化客户的机场品牌概念。

机场的品牌传播有以下几种形式。

（1）机场的外在宣传　基于机场的公共基础设施特征，一般情况下都具有较高的知名度。但大众对机场存在的了解并不等于树立了机场的品牌形象，因此需要有计划地安排机场品牌的外在宣传。提起品牌宣传，人们往往会联想到广告，但机场不同于有形产品，也不同于一般的服务产品。通常波音公司可以做单纯的形象广告而无须陈述其产品的具体内容，麦当劳也同样如此，因为他们需要强化客户包括潜在客户对其品牌的意识并引导其购买行为。而机场若仅仅做简单的形象广告，其作用就要大打折扣。一般情况下机场的存在行业内了解，相关区域内的客户也都明白，再通过各种手段强化客户对机场存在的认知就没有太大的实际意义。因为客户需要知道的不是有没有这个机场，而是这个机场能为我提供什么样的服务。因此树立机场品牌的广告应以传达其具有独特性的信息为主导。例如对航空公司而言更希望了解机场客、货市场的成长性及其条件，机场的安全记录情况、服务特征；旅客、货主、旅行社、货代公司更希望了解机场航线航班的分布、密度、时刻安排的动态情况以及机场能为客户创造的独特的价值（如环境的温馨、出入机场或中转的便捷、口岸通关服务的有效保障）；政府机构及相关社区则更希望了解机场的社会贡献度等。简洁而良好的机场评论、有针对性的软广告以及机场专题调研报告都是机场树立品牌、扩大品牌影响力的极好方式。

品牌的外在宣传还有很多有形展示方式，如制作能代表机场服务品牌的影像资料寄送客户或在合适的场合播放，满足客户对服务的心理预期（一些客户可能没有感受服务品质的经验，特别是在特殊情况下如航班延误、中转等，通过系统服务质量的集中展示可以有效提高客户的品牌认知）；参加各种质量评比活动，力争获得较高的奖励（香港、新加坡机场都曾在全球机场的服务质量评比中连续被评为第一名，这对以追求中转旅客为主要增长动力的机场而言，既是最好的有形展示，也是最有效的营销）；向客户做出某些公开承诺，一方面表现机场的服务水准，另一方面能真正满足目标客户的需要。

（2）品牌的内在宣传　品牌的内在宣传即不是通过语言图像、依靠听觉或视觉，而是通过顾客的实际体验传播给顾客的品牌。内在宣传有三个重要方面。

一是创造更好的顾客体验氛围，主要包括环境、过程、服务对象的直接体验。环境体验即创造环保、舒适、可信赖的环境，给旅客以独特的美感，特别是对因中转等需要在机场停留时间较长的旅客，良好的环境体验是品牌成功的重要因素。环境体验重在细节，广播音量、音调、灯光的控制都直接影响顾客的体验结果。过程体验主要在于流程的安排与实施，顾客在接受服务过程中的特殊需求的满足及突发事件的处理情况，特别是后者，顾客的体验最集中也最深刻，往往能成为品牌内在宣传的契机。服务对象体验主要是服务人员的形象、态度及服务水准的展示，这方面我们将在后续的全员营销中重点探讨。需要提及的是服务人员直观形象给顾客的体验，如直接服务旅客岗位的着装应给予亲切感，严肃、威武的制服将给顾客高高在上的距离感；安全保卫人员良好的精神风貌也会对顾客产生直观的安全感。这些都是品牌内在宣传的组成部分。

二是机场员工在服务过程中表现的品牌意识及品牌传播意识。当员工为顾客提供了某项满意的服务并受到顾客赞许时，一句“如果您遇到其他困难（或有其他需要时），我的同事都会这么做（或帮助您）”就不仅能为机场品牌带来活力和个性，而且已经做了最好的品牌宣传。

三是机场在航季高峰或当地节假日及重要活动期间所创造的独特魅力。在顾客特别是嘉宾最集中的时期，如果善于运用各种资源创造具有独特风格或色彩的机场环境，同时为顾客提供更为满意的服务，即能形成良好的品牌效应。我们常会遇到机场在某些重大活动中由于设施、人员准备不足，服务考虑不周，造成顾客甚至是嘉宾的抱怨，这即是对品牌最大的反宣传。国外的一些大机场往往会在重要的节假日或活动期间特别强化机场环境的布置，并在航站楼内开展演出、展览、互动式活动或抽奖等，即是为了强化顾客对机场品牌的认知，形成强烈的印象，从而达到营销的效果。

（3）让顾客传播品牌　“口碑”即企业品牌的传播，而“口碑”的形成主要源自客户。通常顾客的品牌传播是机场营销者所难以支配的，但营销者应创造利于传播的环境。

首先是创造传播的题材。一般情况下机场平淡的服务过程是难以激起传播的愿望的，只有当顾客经受到较强烈的正面或负面的体验时这种愿望才能产生。负面的口碑自然是应该避免的。而创造正面的口碑则需要在研究分析顾客对机场的期待后重点去满足。顾客对服务企业的期待主要有：①提供“够水准的”服务；②实践其服务的承诺；③“多走 1 里路”，即比其他企业在服务上考虑得更细致、更到位以及提供更多的延伸服务；④能马上为顾客解决难题；⑤有失误立即改正及有主动认错的勇气。如果我们的机场在其中的哪个方面表现得比其他机场要好，提供更好的个性化服务，即能够形成顾客传播机场品牌的题材。

其次是鼓励和引导潜在的客户与现有客户的交流。例如，让正在做开辟航线前期调研的航空公司与已经在本机场有成功经验的航空公司（特别是外国航空公司）进行沟通；请有一定影响力的货运代理公司或货主在适当的场合（如行业聚会上）介绍本机场的货运优势、通关条件等。

14.4.3 机场价格政策

价格是市场营销中最重要、最敏感的因素之一。机场的局部有限垄断特征使价格不像完全竞争性企业表现得那么突出，但随着机场竞争的加剧，价格因素也日显重要。在市场经济条件下，影响产品价格的因素是复杂的。而我国的民航机场又是由计划经济时代的事业单位脱胎而来，由全国整齐划一且相对稳定的价格体制而来，在步入市场经济环境并转变为企业经营时，就应该充分研究和认识影响机场价格的因素，并合理灵活地运用价格政策，使机场能在市场经济的环境下取得更好的发展。

影响企业定价的因素主要有成本、需求和竞争三个方面。

成本是产品价值的基础组成部分，通常它决定着产品价格的最低界限，即如果企业的产品价格低于成本，企业便无利可图。但由于机场的社会公共设施及局部有限垄断特性，决定了机场难以按自身的市场目标定价，往往要受行业整体价格的某些约束，加上竞争因素的影响，因此机场难以依靠大幅度提高价格来保持自己的盈利，只能依靠降低成本来保证在社会合理价格下的盈利空间。在一定程度上其生产经营的成本越低，价格的弹性空间也就越大。再者，由于机场成本主要由固定成本（折旧及财务费用）及半固定成本（一定规模下的人工及水电）组成，因此其成本对价格的影响因素也表现出较大弹性。客观上无论其价格是否低于构成成本，只要高于为这一航班提供服务所支付的变动成本，对机场都应当说是有利的。况且，机场还应考虑到由于客货流的增加所带来的非航空性业务的收益。因此机场在进行价格决策时的成本考虑就带有更大的策略性和灵活性。

需求与供给关系决定了产品的市场价格。一般情况下产品价格与需求成正比，而与供给量成反比。与其他产品不同，机场的供求对价格变动的敏感性较低。主要原因一是由于机场的公共设施特征，其价格受社会或政府的监控与约束，不可能完全按供求的关系来决定；二是机场的收费在航空公司该航线上的经营成本比重并不是很大，客货源的保障要比机场的价格弹性对航空公司的经营收益影响更大，因此机场价格（收费）并不能成为航空公司飞与不飞的决定性因素；三是由于机场的投资及建设周期的影响及价格的社会约束，机场价格对机场供给的影响是缓慢而滞后的，或者说机场的供给更多取决于社会利益因素而非价格因素。

竞争对机场的定价有着直接的影响。这主要取决于机场的总体竞争环境及机场自身的竞争战略。在机场密度高、各机场间共同市场区域大的情况下，机场产品价格（收费）的敏感度也相对高，即机场收费对航空公司选择飞哪个机场或飞不飞有一定影响。而当机场确定自己在某区域的竞争战略时，竞争机场的价格则对本机场的价格决策具有决定性的影响。

根据影响机场产品价格（收费）的三大要素的分析，我们可以这样认为，合理灵活地运用价格政策的主要依据是机场的竞争环境与竞争策略。在最高价格既定的情况下，成本是决定价格弹性空间的主要因素（这里排除了政府出于社会利益的需要对机场经营实行补贴的情况)。

从国际民航组织规定的机场中性服务立场出发，机场的价格政策应以公平为原则，对竞争性客户（有竞争关系的航空公司）同一政策，在公布的标准价格下采取灵活的策略，以更好地发挥价格在营销组合中的作用。

机场实行灵活的价格政策的主要办法有以下几种。

（1）航线航班目标价格法　即为了鼓励航空公司开辟新的航线或增加航班，机场采取收费价格折扣、减免相关费用或对航空公司适当的财务补贴的价格策略。例如为保持香港机场在竞争中的优势地位，香港机场当局于 2001 年 3 月至 2002 年 3 月推出新航点优惠政策，即给予开辟新航线的航空公司起降费回扣，首年回扣 50%，次年回扣 25%。该计划实施期间共有 17 家航空公司开辟了 23 条新航线，回扣的优惠金额达 4400 万港元。该优惠办法于 2004 年 9 月起再次推出。又如美国佛罗里达州的墨尔本国际机场，为了与相距 62 英里的奥兰多国际机场竞争，为每家新开辟墨尔本机场航线的航空公司提供至少 20 万美元的初期促销费用，而且一年内免收起降费及售票柜台、行李装运和办公室的费用或租金，而且还为每位乘机旅客提供 8 美元的推销费。这些项目加起来，每家航空公司可获得 120 万美元的优惠补贴。但机场同时要求航空公司承诺在 3 年内至少再向 1 个尚未与墨尔本机场通航的城市每天开通 1 个以上航班。

（2）客货市场目标价格法　即为了提高客货流量或培养某一特定市场，机场采取航班或搭客奖励办法，或采取补贴包舱、包座位的价格策略。例如在“非典”期间，为支持航空公司稳定市场，马来西亚吉隆坡机场和新加坡机场、香港机场都分别对所有飞本机场的航空公司提供 50% 或 15% 的起降费回扣。为鼓励航空公司载运更多旅客到新加坡，保持竞争优势，巩固枢纽地位，新加坡樟宜机场于 2003 年设立 2.1 亿新元的航空枢纽发展基金。航空公司可以获得起降费、办公室和仓库租赁费 15% 的折扣。基金还同时为航空公司进行业务拓展和促销计划提供资助。2004 年又推出 4000 万新元的航空公司搭客增幅奖励计划，对客货流的增长起到很好的推动作用。厦门机场为满足戴尔（Dell）电脑公司及时将产品运往日本的需求，同时培育该机场飞往日本的货运航线，于 2001 年起对货代公司包舱进行补贴。由于有大宗货物的支撑加上舱位销售价格合理，该货运航线发展很快，由原有 1 家公司飞包机发展为 3 家航空公司飞班机或包机，机场也逐步退出包舱的补贴。

（3）机场设施调节价格法　即为了充分有效或更为均衡地利用机场设施设备，同时也减少为短暂高峰期而配备的人员成本，机场根据不同季节、时段、航线采取的不同收费标准的价格策略。例如多数的旅游城市机场，在旅游淡季时往往造成机场设施的大量闲置及工作人员冗余。而几乎所有机场都有较明显的航班高峰时段，在这一时段往往显得设备设施不足，人员紧张，甚至影响到服务质量，而非高峰时段同样出现闲置与冗余。为减缓峰谷之间的差距，提高设施设备及人员的使用效率，降低投资及运行成本，机场若采取在非高峰时段为航空公司提供大幅度优惠的价格政策，对鼓励和引导航空公司减少缩减淡季航班或将航班计划调整到非高峰时段具有一定的影响作用，由此机场与航空公司将共同获益。

14.4.4 机场联动营销

机场虽然具有两类产品、双向客户的特点，但其产品之间的关联性强，围绕着主业而存在，且多数子产品都在同一产业链上。随着机场商业化程度的提高，专业化分工越来越强，机场两部分子产品的经营主体也越来越多。在机场的营销过程中，两类产品之间、各子产品之间以及不同的经营主体之间，能否以机场的主导顾客即航空公司为主要对象，以增加航线航班、提高客货流量为目标，调动一切有效的资源开展营销，是能否形成群体竞争优势并实现机场内各关联企业整体利益最大化的关键。因此，应发挥机场营销的整合功能，在机场服务产业链上的各产品间和各主体间建立营销联动机制，在主业的营销上统一战略目标，统一战术步伐，发挥团队作用形成营销合力，以更有效地实现营销目标。机场的多产品联动营销主要有两种方式。

（1）机场内部的产业链联动　这包括产品的组合及价格的组合。

产品组合即在营销过程中，根据客户的需求由机场当局牵头，组合各经营单位，集中提供各种产品介绍、服务质量标准，集中与客户交流及商洽，一揽子提供客户所需的各种产品。例如飞机起降服务、地勤服务、航站楼服务、货站服务、机务维修服务以及机组过夜和航班延误所需的酒店服务、航空配餐服务等。若各项服务分别由不同的经营主体负责，客户需要逐个项目调查了解分别谈判、签约，一则影响效率，二则在运行中可能增加协调难度而增加客户成本，对营销工作的开展是不利的。

价格组合即在统一的营销战略指导下，为形成更明显的价格优势而采取的联动的价格优惠。不论是航空公司还是旅客货主，机场的成本都由服务链中各环节成本综合构成，一个环节的优惠影响力有限，且可能被其他环节较高的收费所抵消。对旅客而言，较高的陆路运输成本或机场内的其他消费成本甚至可能抵消掉机票的折扣优惠。因此，要形成整体竞争优势，提高营销成效就必须建立机场内部产业链中各经营主体的价格协调机制，以使价格因素在营销整合中发挥更大的作用。

（2）机场集团或联盟内的多机场联动　机场集团或联盟内的多机场联动即集团内或通过建立利益联盟的相关机场为实现某一营销的目标，协调营销行为，最大限度地利用有效资源而开展的营销活动。多机场联动营销同样可以表现在两个方面，一是价格联动，共同形成更有吸引力的价格条件，更有效地提高目标航空公司投入动力的信心；二是多产品组合打造精品航线，形成对市场更大的影响力。倘若起讫的两端机场能与经营该航线的航空公司共同按市场需求提升服务品质，为客户创造更大的价值，则势必形成多方共赢的局面。

14.4.5 机场公关营销

机场公关营销即机场公共关系营销，是指机场为改善与社会公众的关系，促进社会公众对机场的认识、理解、信任和支持，树立良好的机场形象，促进机场产品销售而进行的各种信息沟通、关系协调等系列活动。机场的公共关系营销主要有以下几种方式。

（1）利用各种媒体扩大宣传　机场是社会公众关注的焦点之一，在公众心目中建立什么样的形象对机场的经营与发展具有直接的影响。对机场及其产品的正面宣传的渠道很多，最经济有效的方式一是与新闻单位建立良好的关系，通过新闻媒体正面报道机场的经营动态、发展情况、服务及安全保障、新服务产品的开发、对社会的贡献等。由于新闻媒体具有较高的权威性且覆盖面广，容易取得社会公众的认可和接受。二是利用各种专业杂志发表各种研究性文章，通过机场各方面经验总结及案例引用，树立机场在公众中的形象。以上两种方式都是“投入小，效果好”的宣传方式。三是自办媒体即机场内部的报纸杂志向各相关单位广泛寄送交流，或陈列于航站楼大厅等供公众阅读。国外的大中型机场在宣传方面都倾注了大量的人力和财力。例如德国的法兰克福机场就设置了特殊的公共关系部和新闻部开展有关宣传工作。其公关部主要负责对外新闻发布（召开新闻发布会），以及对政府和各党派开展公关。新闻部则负责向媒体提供稿件，向机场网站提供新闻，采集与机场有关的各种外界的报道。

（2）有针对性地发布营销广告　广告是企业产品促销的有效手段。由于机场产品的特点，就航空性业务产品而言，其广告目标的选择，将决定广告的作用和效果。例如对航空公司的促销就不宜以广告的方式进行，因为航空公司更希望了解的是广告难以表达的市场调查及机场的能力与条件。而对于机场新增的航线航班，通过适当的广告宣传就有助于扩大市场影响，聚集更多的客流与货流，提高新增航线航班的成功率，从表面上看这样的广告投入是替航空公司做市场，但最终还是做了机场的市场。

（3）合理处理投诉与负面事件　机场作为公共服务单位，生产链条长、服务环节多、工作牵涉面广，服务过程中难免出现各种差错和意外，而这些差错和意外又往往最易引起社会公众特别是媒体的关注和炒作。对这些事件的处理直接关系到机场的形象和声誉，甚至会对机场的整体经营管理带来重大影响。良好的应对策略和技巧不仅可以减少或消除这些事件所产生的负效应，有时甚至可以变坏事为好事，为机场树立更良好的公众形象。合理处理投诉及负面事件的主要策略如下。

① 建立投诉受理及调查处理机制　有研究表明，不满意的顾客会向 10 ～ 16 个人（依抱怨的严重性而定）提及其不愉快的经历，而如果你的反应让这些顾客满意，他们只会向半数的人诉说这个经历，而且说的话都是正面的。要使抱怨的顾客满意，首先就是要让顾客“投诉有门”，并启动相应的处理程序。

② 建立良好的投诉协调网络　无论在机场哪个服务环节，由哪个单位提供的服务，只要是在机场经历不愉快事件，一般都投诉于机场。因此应建立各关联单位处理投诉的协调网络及合理的跟踪和反馈工作渠道，避免因非机场本身责任的投诉“石沉大海”，使顾客因对机场误解而产生不良情绪。

③ 设立发言人制度，正面引导媒体舆论　机场出现的不正常状况往往是媒体追逐的焦点，若机场不能主动提供情况，做合理的说明，媒体只能通过其他渠道了解情况，并可能因此做出不利于机场的报道。例如发生航班延误、个别旅客出现不合理要求或过激行为，媒体若得不到正面的信息，常可能片面听取个别旅客的意见，形成不公正的报道，而在社会上引起不良反应。

④ 制订合理的处置预案　包括对各种投诉、不正常状况或负面事件的处理程序、协

调对象、补救措施及赔偿办法，尽可能缩短处理过程，避免扩大其负面影响。

⑤ 及时反馈处理结果　不仅应反馈给顾客，重大的事件应及时通过新闻媒体向社会反馈，显示机场对顾客的责任感，树立顾客对机场的信心。

（4）开展社会公益或专题公关活动　通过支持社会福利项目、赞助文化教育等社会公益事业，组织员工参加社会志愿者组织、扶贫帮困等活动，主动承担社会责任；通过举办各种展览会、联谊会，组织公众对象参观机场等，都是树立机场形象和声誉，提高机场在市场中的地位和影响力的有效办法。

14.4.6　机场全员营销

生产即销售的行业特征决定了全员营销对机场的重要作用。就机场的航空性业务产品而言，其全员营销又有别于其他服务行业的全员推销，它不仅具有直接扩大或增加产品销售量的战术目标，更具有激发全体成员的营销意识为实现机场整体营销目标发挥作用的战略意义。

推进机场的全员营销，应重视以下几个方面的工作。

（1）树立全员营销意识　认识机场营销的必要性和建立机场营销的职能部门对开展机场营销是重要的，但不能把营销界定为仅仅是这些部门的职责。没有各部门的协调配合，任何营销行为都难以获得成功。在机场的生产服务上可分为一线部门与二线部门，而从全员营销的角度上看，机场各部门都应视同为一线部门。各部门及机场的所有工作人员都应围绕机场营销的整体战略，通过为顾客创造更大的价值来赢得更多的客户。

机场的企划部门应把机场营销作为机场竞争发展的要点，把营销与机场的各战略发展阶段和步骤相结合，使营销融入机场的各项经营管理活动，贯穿于机场整个业务流程。

机场的财务部门应善于从营销战略出发，根据机场的投入产出情况、市场及客户的需求提出更具竞争力和吸引力的财务支持策略，特别是相关的价格政策，创造更有利于在经济上共赢的局面。

机场的运行标准部门应从如何满足客户不断提高的服务期待来调整流程设计及运行规范，推动服务质量的持续改进，以更好地满足客户的需求。

生产一线上的安全和服务保障部门更应从如何满足顾客的需要及如何为顾客创造更大的价值来开展工作。例如在服务过程中开展顾客的需求调查或满意度调查，就不应仅视为服务管理的内容，而应放在营销的高度来对待。一方面通过这样的活动来创造顾客更满意的产品，另一方面通过这类活动建立与客户更密切的联系，使客户更具亲切感并感受到更多的尊重。该活动也可视为公共关系营销的一种形式。

如果每个员工都认识到只有满足顾客的需要才能满足机场的发展需要，全员营销的意识就自然形成。每个部门以至每个员工都考虑到我能为客户做些什么？不管这是直接的还是间接的，并从这一角度去开展工作，机场的营销就水到渠成。

（2）建立有利于全员营销的管理机制　服务产品的营销组合突出“人”的因素，是基于服务产品通过人传递及销售出来的特征，因此人力资源管理过程中应充分考虑到全员营销的素质及体制要求。机场员工特别是从事直接服务于客户岗位的员工招聘，应特别关注其“服务于人”的意愿及性格特质，聘用“热心服务”和“乐于助人”的员工，是开展全员营销的基础。培训员工掌握为顾客提供个性化服务的技巧、授权员工在工作过程中有满足顾客合理要求的自由、奖励为顾客所赞赏的员工等都是开展全员营销所必须配套的工作。

建立机场内部的营销沟通与协调机制。机场在开展专项营销活动时，应及时让各部门及员工了解其意图及措施安排，使员工能围绕营销目标做好各项准备工作，并激励员工做好相关的关系营销和交往营销。如当机场开展对低成本航空公司营销时，一方面要调整相关服务及条件以适应和满足低成本航空公司的需求，另一方面应关注传统航空公司的反应及可能对其造成的影响，尽可能不因发展新客户而丢失了老客户。在新老客户的营销过程中机场各部门、环节、员工的行为都可能对能否达到理想的营销效果带来影响。

（3）建立新型的服务文化　传统的服务认识强调按程序及规定完成，满足顾客既定的需求，这样的服务文化是生产任务型的，对顾客需求的满足是被动的。新型的服务文化应是营销式的服务，是“为未来的服务”，它主动去研究顾客的需求并不断去满足顾客对服务的潜在的“期待”。

建立新型的服务文化首先应着力于革新僵化的组织。没有适应竞争环境的组织形式就难有全员营销的组织行为。我国机场传统上以事业单位为主导的组织形式缺乏不断满足客户需求的基本动力，机场的企业化经营及机场服务的专业化将有利于推动以营销为主导的新型服务文化的建立。其次应着力于开展个性化服务，由于旅客对服务的“期待”因人而异，且逐步升级，因此应善于从市场研究发现新的需求，通过提供个性化服务，使客户获得的价值比预期多、成本比预期少，以强化客户关系并获得更多客户。最后，让员工分享营销的成果。即建立合理的薪酬及奖励机制，使员工能从每一条航线开辟，每一个航班增加，每一年客货吞吐量的增长以至每一次顾客对机场及员工的赞赏中得到精神、情感和利益上的满足，从服务中感受营销的成果，也因成果的激励而奉献更好的服务。

拓展阅读　机场营销——多措并举打好组合拳

各大机场为了吸引旅客购物，使出了浑身解数。尽管新技术带来了新的商机，但是只有那种轻松融入行程、带来真正实惠，并让旅客拥有更快乐、更便捷的购买体验的项目，才能为机场及其零售合作伙伴带来长期的吸引力和令人满意的财务业绩。

本章小结

机场产品分为核心产品、主导产品和延伸产品三个层次。

机场营销即机场当局（公司）以市场为导向，采取系统的生产经营行为，为客户提供满足其需要的产品（即机场服务及机场资源），从而实现机场利益目标的过程。机场营销除了具有服务营销的一般特征外，还具有如下三个方面的典型特征：①两类产品；②双重客户；③间接效果。

机场营销策略

机场产品的特点决定了机场客户的多元化。机场营销可以通过以下途径：机场产品推介；机场品牌传播；机场价格政策；机场联动营销；机场公关营销；机场全员营销。

本章练习

一、选择题

第 14 章
练习参考答案

1. 航空器起降服务属于（　　）。

A. 核心产品　　B. 主导产品

C. 外延产品　　D. 延伸产品

2. 机场餐饮、零售等服务属于（　　）。

A. 核心产品　　B. 主导产品　　C. 外延产品　　D. 延伸产品

3. 下列属于机场非航空性产品特征的是（　　）。

A. 不可存储　　B. 顾客直接感知　　C. 多样性　　D. 生产与销售一体

4. 机场营销的对象包括（　　）。

A. 货主　　B. 旅客　　C. 航空公司　　D. 政府机构

5. 机场营销的目的是（　　）。

A. 推进机场经营观念的变革

B. 维护并提高机场形象

C. 创造和赢得更多的客户

D. 提高机场的经济和社会效益

二、判断题

1. 机场产品可分为航空性业务产品和非航空性业务产品。（　　）

2. 机场营销是机场当局以市场为导向，采取系统的生产经营行为，为客户提供满足其需要的产品，从而实现机场利益目标的过程。（　　）

3. 机场航空性业务产品不具有顾客直接感知的特征。（　　）

4. 飞机停场服务、旅客和货物过港服务属于机场的主导产品。（　　）

5. 航空公司是机场营销的最重要对象。 （ ）

三、填空题

1. 机场营销特征包括：__________、__________、__________。

2. 根据机场产品特点，机场营销可分为__________、__________。

3. 机场产品的特点决定了机场客户的多元化。就航空业务而言，其直接客户有__________，间接客户有__________、__________、__________、__________。

参 考 文 献

[1] 曾小舟 . 机场运行管理 [M]. 北京：科学出版社，2017.

[2] 贾锐军 . 机场精益运营管理 [M]. 上海：同济大学出版社，2018.

[3] 汪泓，周慧艳，石丽娜 . 机场运营管理 [M]. 3 版 . 北京：清华大学出版社，2020.

[4] 秦灿灿 . 大型机场旅客集疏运体系规划研究 [D]. 上海：同济大学，2007.

[5] 张永莉，张晓全 . 民营化：民用机场改革的新趋势 [J]. 综合运输，2005（08）：24-26.

[6] 杨杰 . 机场车道边设计要点及运行特性分析 [J]. 中外建筑，2015（07）：129-132.

[7] 王茹，赵明明 . 机场陆侧车道边布局模式研究 [J]. 交通企业管理，2016，31（04）：4-7.

[8] 王维 . 机场场道维护管理 [M]. 北京：中国民航出版社，2008.

[9] 王维 . 机场净空管理 [M]. 北京：中国民航出版社，2008.

[10] 高建树 . 机场道面除冰雪管理 [M]. 北京：中国民航出版社，2008.

[11] 马少华 . 机场特许经营 [M]. 北京：中国商业出版社，2005.

[12] 陈文玲 . 民航货物运输 [M]. 3 版 . 北京：中国民航出版社，2016.

[13] 张辉，樊春雷 . 航空货物运输销售实务 [M]. 北京：中国民航出版社，2012.

[14] 陈芳 . 民航国内货运销售实务 [M]. 北京：中国民航出版社，2010.

[15] 臧忠福，王剑，侯建，等 . 航空货物装卸作业 [M]. 北京：中国民航出版社，2017.

[16] 李奎 . 航空安全管理 [M]. 北京：航空工业出版社，2011.

[17] 周长春 . 航空安全管理 [M]. 北京：西南交通大学出版社，2011.

[18] 孙佳等 . 民航安全管理与应急处置 [M]. 北京：中国民航出版社，2012.

[19] 钟波兰 . 民航运输管理 [M]. 北京：清华大学出版社，2020.

[20] 何蕾 . 民航机场地面服务 [M]. 北京：化学工业出版社，2020.